一本书读懂
法律常识

解答日常法律难题的十万个为什么

张红军◎著

中华工商联合出版社

图书在版编目（CIP）数据

一本书读懂法律常识/张红军著. 一北京：中华工商联合出版社，2015.5
ISBN 978-7-5158-1304-2

I. ①一… II. ①张… III. ①法律－基本知识－中国 IV. ①D92

中国版本图书馆CIP数据核字（2015）第102097号

一本书读懂法律常识

作　　者：张红军
责任编辑：胡小英　邵桃炜
装帧设计：润和佳艺
责任审读：李　征
责任印制：迈致红
出版发行：中华工商联合出版社有限责任公司
印　　刷：唐山富达印务有限公司
版　　次：2015年6月第1版
印　　次：2020年3月第9次印刷
开　　本：787mm × 1092mm　1/16
字　　数：350千字
印　　张：17
书　　号：ISBN 978-7-5158-1304-2
定　　价：39.80元

服务热线：010-58301130
销售热线：010-58302813
地址邮编：北京市西城区西环广场A座
19－20层，100044
http://www.chgslcbs.cn
E-mail：cicap1202@sina.com（营销中心）
E-mail：gslzbs@sina.com（总编室）

序言

法律是保护公民最直接、最有效的工具。一个人从出生、上学、就业、恋爱到结婚，无不受到法律的规制。法律划定了权利和义务的界限，成为人们行为的准绳。

从1986年开始，我们国家已经开展了普法工作，截至目前“六五普法”依然在深入地推进。然而，作为人们生活必不可少的组成部分，并非每个人都熟知“法”这个朝夕相处的伙伴，甚至可以说大部分人对法律感到既熟悉又陌生。熟悉的是几乎每个人每天都会把“法”挂在嘴边，“政府要依法办事”“老百姓要遵章守法”“找律师、打官司”……陌生的是政府要依什么法办事，自己要遵什么章、守什么法，找什么样的律师才合适，如何才能打赢一场官司……这些都是实实在在存在的问题，而除了少数的法律从业者外，对大多数老百姓而言，不仅是普通百姓，很多受过高等教育的人法律知识也普遍欠缺。

法制意识淡薄很可能会让我们面临各种法律风险，甚至某些看似微不足道的小事都会让我们付出惨痛的代价。如果不具备任何法律常识，在自身权利受到侵害的时候想拿起法律的武器去保护自己更是无从谈起。

作为一个经过十年法学教育和八年从事法学工作的人，对于“法律很完善，现实很骨感”的无奈可谓深有体会。日常生活中，周围不少人经常让我帮忙处理一些法律问题，而有些问题可以说是非常简单的，但正是这些对“法律人”而言可称之为常识的法律问题却可能帮助他们化解不必要的纠纷，或者挽回不菲的经济损失。

对大众来说，法律的门槛比较高，大量的法律术语和法律条文如果没有详细的解释说明，很多没有法律基础的人读起来难免觉得晦涩难懂。如何让法走下“神坛”，贴近人们的生活，走进人们的心间，不仅是社会主义法治社会的应有之义，更是每一个人公民的迫切现实需求。

为了让广大读者能够看得明白、弄得清楚、学得会、用得上、遇到法律问题不求人，我根据自己的法律从业经验梳理总结出人们生活和工作中常用的法律主题，内容涉及恋爱、家庭财产处理与继承、扶养与赡养问题、人身问题、财产损害与纠纷、理财消费、消费者维权、创业经营中常见或棘手的各种法律问题，对其中涉及的法律条文和问题进行了解读。

同时，为了增强书的趣味性和可读性，达到“以案说法，以法维权”的目的，我在引用准确、明晰的法律条款和法规政策后，用通俗易懂的语言解释这些法律问题，并通过一些真实、鲜活的案例说明其中的法律含义，从而指导和帮助读者轻松掌握日常必备的法律知识，以法律的思维和眼光看待生活和社会中的是非曲直，从让人们懂得规避风险，理智处理问题，在涉及各类纠纷时能依法维护切身利益。

张红军
2015年5月

目　录

第十四章 公证：一纸文书解决你身边的大小事

第十五章 受了伤尽快鉴定：伤情鉴定与伤残等级鉴定

第十六章 精神损害赔偿：生命中不能承受的痛

第十七章 时效和期限：维权时注意“过期不候”

第十八章 诉讼成本大起底：打官司牵涉的基本费用

附 录 本书引用的法律文件汇总

第一章

含苞待放的生命之花：胎儿的权利

当得知怀孕的那一刻，准父母们激动的心情久久难以平复。感受着肚子里小生命的律动，与生俱来的爱铺天盖地倾泻而来。于是，全家总动员一起伺候孕妇和这个未曾谋面的孩子，唯恐有半点闪失。在父母的眼中，这个即将来到人世的孩子已经是家庭的一员，所有的人都在等待“他（她）”的降临。

当人们给予这腹中胎儿无尽的爱时，却很少有人考虑与胎儿有关的法律问题，比如胎儿是不是“人”、胎儿在法律上有什么权利等。这一方面是因为对新生命的无限憧憬和紧张忙碌，使人们少有时间去思考这些烦琐的法律问题；另一方面，在人们的心目中胎儿还未曾出生，法律对他们来说似乎还是遥不可及的事情。

但是，法律作为社会的行为规范并没有将胎儿遗忘在某个角落，不闻不顾。世界上很多国家如德国、美国等，都对胎儿权益做出了专门法律保护。我们国家也不例外，无论是民事法律还是刑事法律都对胎儿有所涉及。例如，《民法通则》为胎儿预留的继承份额，《刑法》规定审判时对怀孕的妇女不适用死刑等。“存在即合理”，尽管胎儿这朵生命之花尚未绽放，但他（她）的存在已经有了深刻的社会意义，对一个家庭影响重大。所以，法律为生命花朵的盛开遮风挡雨、提供庇护是理所当然的事情。全社会也有责任使胎儿在出生之前得到很好的保护，确保他（她）可以顺利地来到世间。

胎儿是不是人

在很多准父母的眼中，从获知怀孕讯息的那一刻，已经自然地将尚在腹中的胎儿视为家庭的一员，甚至已经为孩子起好了名字。在他们看来，胎儿已经是和我们一样的人了。孩子是社会的未来，是家庭的宝，父母们的这种心情完全可以理解，但这恐怕只是美好的愿望罢了。

从医学角度看，一般将胎儿发育分为受精卵期、胚胎期和胎儿期三个阶段。从受精到第2周为受精卵期，是受精卵形成并且不断裂变增生发育的阶段；从第3周到第8周是人体胚胎的早期发育阶段，通常称为“胚胎期”，在这个时期胚体外型以及各器官系统的发育已初具雏形；从第9周开始进入“胎儿期”，各器官系统逐渐发育成形，并建立了各系统的生理功能。所以，在医学上，胎儿可以理解为妊娠8周以后的胎体。

从法律角度看，我们国家法律并没有规定什么是胎儿。有法学家认为“胎儿者，乃母体内之儿也。即自受胎时起，至出生完成之时止，谓之胎儿”这更多的是一个社会学意味的定义，是对胎儿存在状态及所处生命阶段的直接描述。

此外，我们这里所讲的“人”是指具有法律意义的人，不仅仅是指人作为生物个体的存在，是有血有肉的大活人，更多强调的是一个人存在的社会属性。在法律上，人作为自然人、公民的概念而存在。自然人是与法人相对应的概念，是指人出生之后成为权利和义务的主体；公民是具有一国国籍，并根据该国法律规定享有权利和承担义务的人。我们国家《宪法》明确规定：“凡具有中华人民共和国国籍的人都是中华人民共和国公民。”

因此，不能将胎儿称之为人，准确而言，胎儿不是法律意义上的人。

生命开始于出生。胎儿是自然人生命的原始孕育阶段，在出生之前其仅是母体的一部分，不能作为完整的个体而独立存在。只有当条件成熟时，通过母体的一定生产行为如分娩或流产，才可脱离母体，成为法律或社会意义上的人。

我国《民法通则》第9条规定：**“公民从出生时起到死亡时止，具有民事权利能力，依法享有民事权利，承担民事义务。”**简言之，人的生命始于出生，终于死亡。因此，我们国家法律也没有赋予胎儿民事主体资格，胎儿没有民事权利能力，因此也就不能成为法律意义上的“人”。

讨论“胎儿是不是人”这个问题并非矫情，而是有着深刻的法律意义，因为“胎儿不是法律意义上的人”这个结论决定着胎儿是否享有的权利。人只有在出生之后才成为法律上的人，享有权利和承担义务，因此胎儿并不能成为这些权利的享有者，即使是下文将讲到的财产继承权，也只是法律为其“预留”的份额，只有在胎儿出生之后才能确定其是否能够真正享有。正是基于这个结论，从刑法角度上看，胎儿也不能成为故意杀人罪的对象，因为故意杀人罪针对的对象是人。所以，非法致妇女堕胎的行为不构成对胎儿的故意杀人罪，但可以按照对孕妇的故意伤害罪论处。

胎儿什么时候能够成为人

“瓜熟蒂落”是客观规律，一般认为，只要胎儿从母亲的肚子里出来就是人了。但如果继续深究胎儿从什么时候开始才成为法律意义上的“人”，恐怕很多人就答不上来了。

一些有法律常识的人会说，《出生证》或者《户口本》上记载的出生时间不就是胎儿成为自然人或者公民的日期嘛！

从现有的法律规定看，这个说法无疑是正确的。《民法通则》第9条规定了公民从“出生”时起才具有民事权利能力，也就是成为法律意义上的“人”。《最高人民法院关于贯彻执行〈中华人民共和国民法通则〉若干问题的意见（试行）》（以下简称民法通则司法解释）第1条作了进一步解释：**“公民的民事权利能力自出生时开始。出生的时间以户籍证明为准；没有户籍证明的，以医院出具的出生证明为准。没有医院证明的，参照其他有关证明认定。”**

因此，通俗来说，《出生证》或者《户口本》记载的出生日期就是一个人成为法律意义上的“人”（公民）的起点。很多人在以后的入学、结婚、求职、职务升迁、出国等时都要严格按照《户口本》上的记载填写出生日期。出生日期是一个具有法律意义的时间节点，所以，社会上就出现了一些家长为了赶上9月1日的开学季，甚至剖腹产也要让孩子出生在9月1日之前的怪相。

但是，民法通则司法解释的规定并没有解决这样一个问题，那就是什么才算作是“出生”？

从医学上解释“出生”可能非常容易理解，也就是胎儿从母亲的体内娩出，或顺产或剖腹产，但是在法律上界定“出生”则是一件非常困难的事情。

不同国家对于“出生”的规定也各不相同，由于我国法律并没有明确规定，下面简单介绍一下目前学术界的几种观点：

（1）阵痛说，即母亲即将分娩，开始有规则地阵痛时就是出生；

（2）一部分露出说，即胎儿身体的一部分露出母体时就是出生；

（3）全部露出说，即胎儿身体全部露出母体时就是出生；

（4）断带说，即胎儿的脐带与母体断开之时才是出生；

（5）啼声说，即出生后的胎儿能够发出啼哭声才是出生；

（6）独立呼吸说，即胎儿在母体之外，且能够根据自己的肺部独立呼吸时才是出生。

不同的观点都是站在不同的角度理解“出生”这个问题，也都有各自的法律权益诉求。就我们国家而言，目前比较认可的是最后一种意见，也就是独立呼吸说，即认为应以胎儿能够独立呼吸之时为出生时间，这也符合人们的通常理解。

根据独立呼吸说的观点，自然人在独立呼吸之时才有资格享有民事权利，承担民事义务。简言之，胎儿完全脱离母体，独立存在并且能独立呼吸就算出生。这是一个化茧成蝶的过程，至此母亲的孕育使命才算完成。

如果说上面的学术观点过于理论化的话，我们可以通过解词的方式理解何谓“出生”。从字面看，“出生”包括两个部分：“出”与“生”。“出”是指胎儿从“娘胎”里出来，与母体分离而成为独立个体，“出”的原因包括分娩、流产等，“出”的方式可以分为顺产、剖腹产等；“生”是指胎儿与母体分离后必须是活的个体，时间长短没有关系。未脱离母体不能视为出生；如果离开母体前就是死胎或离开母体时已经死亡，这两种情况也不能算作出生。

当胎儿离开母体，并且存活下来，无论时间长短都应当视为已经“出生”，开始成为一个“人”，享有民事权利能力，其权利也开始受到法律的保护。基于此，对于出生后存活的胎儿如果将其遗弃致使婴儿死亡的，则有可能触犯了遗弃罪或故意杀人罪。具体而言，将婴儿遗弃在能够获得救助的场所，比如人流较大的超市、车站、码头或者国家机关门口，会认定为遗弃罪；如果将孩子放置在不能获得救助的地方，比如垃圾桶、下水管道或者人迹罕至的荒郊野外，会被认定为故意杀人罪。例如根据媒体报道，一位年轻的女工人半夜在冲凉房产子后，将孩子其遗弃在地板上，未采取任何保护措施，冲完血迹后便回宿舍睡觉，结果第二天婴儿被发现后已死亡，最终人民法院按照故意杀人罪判处这位女工人有期徒刑。

胎儿权利知多少

与出生后的自然人相比，胎儿在母体之中非常脆弱，极易受到伤害，在整个社会体系中属于弱势群体的范畴。但是胎儿也是社会大家庭的成员，是即将出生的人。“有人的地方就有江湖”，有江湖就有规则，规则演化成法律。法律有义务为胎儿提供保护，对胎儿权益的保护程度体现着一个国家的文明程度。

抛开法律不说，就是从人道主义的角度出发，胎儿也应该享有一些与生俱来的权利，比如在母体内健康发育、安全出生、出生时享有基本生存条件等，这些都是即将出生的生命天然应当享有和不可剥夺的权利。我国《刑法》第49条规定：**“犯罪的时候不满18周岁的人和审判的时候怀孕的妇女，不适用死刑。”**对审判时怀孕的妇女不适用死刑的出发点就是为了保护胎儿，因为犯罪的是怀孕妇女，而胎儿是无辜的，不能因为母亲有罪而株连胎儿。

虽然我国《民法通则》第9条规定胎儿不具有民事权利能力，但法律还是为保护胎儿出生后的利益设置了一些特殊的规定。譬如，按照我国《继承法》第28条规定：**“遗产分割时，应当保留胎儿的继承份额。胎儿出生时是死体的，保留的份额按法定继承办理。”**这里规定了胎儿的财产继承权。此外，在我国的司法实践中，胎儿对侵犯其权益的加害人享有请求赔偿的权利。

下面介绍几种我国法律保护的胎儿权利：

（一）胎儿的健康权

《民法通则》第98条规定公民享有生命健康权。生命健康权是自然人最重要的人身权利。具体而言，法律上的健康权是指以保护自然人肌体生理机能正常运作和功能完善发挥为内容的权利。胎儿的健康权是指其孕育期间所享有的生理机能正常发育的权利。虽然胎儿不是自然人或者公民，我国法律对胎儿的健康权也并没有做出规定，但这并不意味着胎儿不享有健康权。

现实生活中，受孕完成之后，胎儿存在于母体内，可能会随着母体受损而受损，导致胎儿不能出生或出生后有缺陷。对母体的伤害或多或少或直接或间接都会对胎儿造成一定的损害。侵害母亲健康权的行为往往同时也损害了胎儿的健康权。如果母亲只能针对自己的遭受的伤害请求赔偿，那胎儿的利益就得不到保护。因此，此时应当赋予胎儿针对加害人的损害赔偿请求权。

这里需要解释一下损害赔偿请求权的含义。损害赔偿请求权是一个法律术语，指因权利人受到侵害而享有的要求加害人承担损害赔偿责任的权利。举一个简单的例子，当一个人被他人饲养的狗咬伤，那么受害人对狗的主人就享有损害赔偿请求权，要求狗主人赔偿其因为被狗咬伤而遭受的损失，比如医疗费、误工费等。

据报道，某医院在实施剖腹手术过程中，由于疏忽大意，医务人员误将胎儿左脸中间割开一道伤口，后经整容治疗仍有明显疤痕。婴儿的父母认为，该伤口是由于医务人员助产时违反接生操作规则造成的，并且该手术导致婴儿容貌终身受损，对孩子以后的生活造成极大影响。所以父母以婴儿的名义向法院起诉，要求该医院赔礼道歉，并做出相应赔偿。

在本案中，不少人认为婴儿不应该是原告。因为他在出生时受产钳伤害时还是胎儿，属于母体的一部分，并未取得公民身份，不具有独立的人格，当然也就不具有请求损害赔偿的权利能力。但是胎儿迟早要出生，所以为保护其未来的合法利益就有必要保护胎儿时期的利益。只有这样才能保证人格权利的完整性和延伸性，使胎儿不因出生前和出生后而被人为割裂开。不过，由于胎儿并不具有民事权利能力，不是民事主体，不能享有请求权，所以在司法实践中只能由父母代为起诉，行使损害赔偿请求权。最终，经司法鉴定，法院认定胎儿在分娩前受到医生产钳伤害，医生的助产行为与出生后婴儿的脸部损伤存在因果关系，判令医院一次性赔偿十余万元。

（二）胎儿的财产继承权

有这样一个案例：

王女士和丈夫于2000年结婚，婚姻生活一直都很美满。2000年10月王女士的丈夫因为交通事故意外身亡。当时王女士已怀有6个月的身孕。丈夫去世后留下了价值100万元的遗产，王女士的公公婆婆说1/3给王女士，剩下的2/3都归他们。但是王女士坚决不同意，她认为孩子虽然还未来到人世，但迟早会出生。孩子是丈夫的骨肉，丈夫的遗产理应有孩子的一份。因双方争执不下，王女士起诉到人民法院，最终法院支持了王女士的诉讼请求，给未来的小宝宝分了一份遗产。王女士悲伤孤寂的心得到了些许慰藉。

人民法院支持王女士的依据正是《继承法》第28条。该条规定：**“遗产分割时，应当保留胎儿的继承份额。胎儿出生时是死体的，保留的份额按法定继承办理。”**依照这一规定，如果被继承人留有尚未出生的胎儿，继承人在分割遗产时，应当为该胎儿保留一定的遗产份额。所保留的遗产份额一般应等同于各继承人所取得的遗产份额的平均数。

法律之所以做出如此规定，是因为胎儿虽不具备民事行为主体资格，然而却是公民或自然人的生命孕育阶段，是民事主体资格在生理意义上的客观准备，因此法律为其“预留”一定的权益，这正是法律公平和正义价值的充分体现。

此外，《最高人民法院关于贯彻执行〈继承法〉若干问题的意见》（以下简称“继承法司法解释”）第45条做出了进一步的规定：**“应当为胎儿保留的遗产份额没有保留的应从继承人所继承的遗产中扣回。为胎儿保留的遗产份额，如胎儿出生后死亡的，由其继承人继承；如胎儿出生时就是死体的，由被继承人的继承人继承。”**

这也就意味着，为胎儿保留遗产并不意味着该胎儿可以当然继承这份遗产，因为此时胎儿还无权利能力，只有等到胎儿活着出生成为婴儿时，他才具有权利能力，真正取得遗产。通常为胎儿保留的遗产份额由胎儿的母亲代为保管或行使权利。如果胎儿出生后死亡，该份额由胎儿的继承人（如父母、兄弟姐妹等）继承；如果胎儿出生时就已经死亡的，则为该胎儿保留的遗产份额仍然作为被继承人的遗产，由被继承人的其他继承人按照法律规定继承。

下面是一个更极端的案例：

李某是个生意人，家境殷实，父母早已去世，几年前老伴也因病去世，三个儿子如今都各自成家立业。2003年李某的小儿子（李三）被一场车祸夺去生命，当时妻子魏某已经怀有7个月的身孕。然而祸不单行，两个月后李某也突然发病，还没来得及立下遗嘱便撒手人寰。

安葬完父亲后，李某的长子（李大）和次子（李二）将其遗留下的90万元的遗产进行了分割。分割财产时并没有通知魏某，因为她被认为是“外人”。

魏某了解到情况后，立即向李大和李二提出异议，认为李某的财产应当一分为三，因为其腹中的胎儿是李家的骨肉，理应分得一份遗产。但遭到了李家两兄弟的反对，认为弟弟李三已经去世，魏某怀的孩子不具有继承权。在这种情况下，魏某一纸诉状递到人民法院，要求保护腹中胎儿的合法权益。

这个案例有一个特殊情况，胎儿的父亲李三先于被继承人李某也就是其父亲去世。这种情况下应该怎么办呢？这就涉及代位继承的问题。我国《继承法》第11条规定，被继承人的子女先于被继承人死亡的，由被继承人的子女的晚辈直系血亲代位继承。代位继承人一般只能继承他的父亲或者母亲有权继承的遗产份额。

法院根据上述规定认定魏某腹中的胎儿是具有继承权的，胎儿虽未出生，但其继承权应予保护。故判决李三虽然已经死亡，但仍应为胎儿保留三分之一的遗产份额，并由其妻魏某腹中的胎儿代位继承。

魏某代位继承并不等于胎儿已经实际拥有这份遗产，而是需要根据胎儿出生之后的情况决定遗产的归属：①如果胎儿出生时已经死亡（即死胎），胎儿不再对30万元（即李某遗产的1/3）不享有继承权，应由李大和李二继承，即每人各得45万元；②胎儿出生后存活的，由孩子自己继承30万元。

（三）胎儿的抚养费赔偿请求权

胎儿一出生，其法定监护人如父母等就负有抚养义务。但如果胎儿尚在母腹中的时候，其抚养义务人由于他人的侵权行为导致死亡或伤残而丧失劳动能力，必然会使胎儿在出生后丧失本应受到的抚养，侵权人自然应当对胎儿所遭受的损害予以补偿。

江苏省发生过这样一起案例：

2000年2月，秦某驾车在高速公路上行驶与另一小客车相撞，事故导致秦某当场死亡。经认定，对方驾驶员应负事故全部责任。此时，秦某的妻子吴某已怀孕8个多月。当年3月份，死者秦某的父母和妻子吴某向苏州市平江区人民法院提起诉讼，要求对方驾驶员所在的公司赔偿丧葬费、被抚养人生活费、死亡补偿金等合计14万余元。案件受理后，吴某生下死者秦某的儿子。法院将死者秦某的儿子追加其为原告，吴某以法定代理人身份要求增加赔偿儿子的抚养费2万元。

但被告并不认可原告的说法，提出《民法通则》第119条规定："侵害公民身体造成死亡的，加害人应当向被害人一方支付死者生前抚养的人必要的生活费等费用。"因此，被告及其代理律师认为抚养费应当仅限于"死者生前抚养的人"，既然秦某的儿子在秦某死亡时尚未出生，他当然不能获得抚养费的赔偿。

但法院并没有支持被告的意见。法院经过审理认为："死者生前抚养的人"应当理解为既包括死者生前实际抚养的人，也包括应当由死者抚养的人。由于受害人与遗腹子是父子关系，在交通事故发生时，孩子没有出生，不具有民事主体资格，但孩子出生后便具备了民事主体资格，因而可以向事故责任方主张赔偿。作为人的生命的孕育过程和初始状态的胎儿，虽然不具有民事权利能力，但法律对其权利的保护理应延伸至受孕后和出生前，从而使其在实际出生后能够得到及时和有效的司法救济。因此，法院支持了吴某要求赔偿儿子抚养费的诉讼请求，这种处理方式也符合我国民法的公平正义原则。

从上面案例可以看出，胎儿的民事权益是法律赋予胎儿作为一个即将出生的自然人所享有的最基本的生存权益。但与自然人保护相比，胎儿权益的范围是受到限制的。否则，如果将胎儿的生命权益完全等同于自然人的权益，那么依此推理，计划生育中的强制堕胎行为就有可能构成故意杀人罪，这显然与法与理不符。

其实，法律保护胎儿权益的目的不是为了提升胎儿的地位，也不是要将胎儿与法律意义上的人同等对待，而是为了保障胎儿在出生以后能够健康地生存和成长，法律保护的是胎儿的“未来”。胎儿不是现实生存的人，因此，这只是一种期待的权益，如果胎儿在其出生时已经死亡，则上述谈到的民事权益便不存在了。

第二章

年龄的红线：法律关于不同年龄人群的规定

从出生的那一刻起，时间就开始无情地为我们记录年龄，就如同岁月为树木刻下年轮一样，时光总会在我们的脸上留下了经过的痕迹。1岁、2岁、6岁、18岁、30岁、60岁……纵使你有“上九天揽月，下五海捉鳖”的本领，也阻挡不了时光的流逝。

在不同的年龄，人的能力不同，从事的活动也不相同，也就是人们常说的“吃多少饭，干多大事”。在古代，不同年龄阶段的人称谓也不相同，比如未满周岁的称为“襁褓之年”；到了三岁则为“孩提之年”；女孩15岁称为“及笄之年”，男孩15岁称为“束发之年”；女孩20岁是“桃李年华”，男孩20岁称为“弱冠三年”……

在一个法律社会，年龄不仅对应着你的身材容貌、生活阶段，还有着深刻的法律含义。不同年龄的人在法律上的地位也不相同，相应地他们享有的权利和应当承担的责任也不相同。无论是民事法律、刑事法律还是劳动法律中，都有对于相关年龄人群的法律规定。在法律的世界中，不同的年龄意味着不同的“秘密”。

民法关于民事行为能力年龄的规定

从民法的角度看，在不同的年龄节点，一个人的民事身份也不相同。下面让我们看一看民法的详细规定：

1. **完全民事行为能力人**。18周岁以上的公民是成年人，具有完全民事行为能力，可以独立进行民事活动。16周岁以上不满18周岁的公民，以自己的劳动收入为主要生活来源的，视为完全民事行为能力人。

2. **限制民事行为能力人**。10周岁以上的未成年人可以进行与他的年龄、智力相适应的民事活动；其他民事活动由他的法定代理人代理，或者征得他的法定代理人的同意。

3. **无民事行为能力人**。不满10周岁的未成年人由他的法定代理人代理民事活动。

我们每个人随着年龄的增长，从无民事行为能力人变成了限制民事行为能力人，最终在18岁成为成年人也就是可以独立进行民事活动的完全民事行为能力人。这时，很多学校都会组织年满18岁的学生开展成人礼仪式，宣告他们从少年儿童时代迈向成人阶段。

看了上面的法律规定，有人可能会问："民事行为能力"什么意思？说到"民事行为能力"，大家可能会记起我们在第一章中提到了"民事权利能力"（《民法通则》第9条规定，公民从出生时起到死亡时止，具有民事权利能力，依法享有民事权利，承担民事义务）。这两个名词有两字之差，含义有何不同呢？

从法律概念的角度区分，自然人的民事权利能力是指法律赋予自然人享有

民事权利、承担民事义务的资格；民事行为能力是指能够以自己的行为依法行使权利和承担义务，从而使法律关系发生、变更或消灭的资格。

听起来上面的区分比较晦涩和拗口，其实通俗来说两者的区别在于“有没有”和“能不能”。我们举个例子说明二者的不同：比如一个4岁的孩子，在亲人死后他就拥有继承财产的民事权利，这是因为他从一出生就具有了民事权利能力；但是此时他并不具备民事行为能力，不能自主支配继承的财产，而只能由他的监护人代其保管和使用继承的财产。而且，他如果损坏了邻居的玻璃，也不用为此承担赔偿责任，而是由他的监护人赔偿。当他达到18岁具有了民事行为能力的年龄后，作为成年人开始接触和熟悉社会行为规则，并积累了一定的社会生活经验，便可以自由地进行民事行为，对自己行为负责。此时他可以从监护人的手中接收财产保管和使用的权力，同时对自己的行为承担全部责任，如果侵犯了别人的权益，就应当自己进行赔偿。

不同年龄阶段的人可以从事的活动范围不同，比如10岁以下的孩子由于年龄小，无论是生理还是精神的发育程度还不能完全满足社会发展的需要，社会经验欠缺，因此需要在父母或者其他监护人的照顾下成长；而10岁以上的未成年人可以进行与他的年龄、智力相适应的民事活动，因为这一阶段的人尚未完全具备认知能力，无法完全辨别和控制自己的行为，比如让一个16岁的孩子去购买一辆汽车显然是不合适的。

那么在法律上未成年人的行为有何后果？谁来为他们的行为承担责任呢？根据法律规定，未成年人的行为由其监护人通常是父母承担相应的责任，可以说监护人就是未成年人的“防火墙”，我们会在后面专门讲到监护人对未成年人行为的责任。

这里需要注意的是《合同法》第47条的规定：**“限制民事行为能力人订立的合同，经法定代理人追认后，该合同有效，但纯获利益的合同或者与其年龄、智力、精神健康状况相适应而订立的合同，不必经法定代理人追认。相对人可以催告法定代理人在一个月内予以追认。法定代理人未作表示的，视为拒绝追认。合同被追认之前，善意相对人有撤销的权利。撤销应当以通知的方式做出。”**作为父母需要注意其中“催告”和“追认”的规定，谨慎行使自己的权利。

通过下面的案例我们可以更好地理解这一点：

许先生刚满16周岁的儿子自己预订了一辆价值10余万元的汽车。随后4S店找到许先生要求其协助办理购车贷款手续。虽孩子还未成年，但是因为心疼孩子，许先生最终还是咬牙同意以儿子的名义办理的贷款，自己掏钱支付月供。可是贷款后不久，许先生生意失败，难以支付月供，出现了多期贷款未还的情况。于是银行将许先生告上法庭，要求其继续履行还款义务，但许先生提出儿子购买汽车时只有16岁，因此购买合同无效。法院认为许先生协助4S店办理儿子购车贷款手续就是以自己的行为表明了对儿子购买行为的追认，因此购车合同有效，故判决其偿付银行贷款本金余额及利息、罚息，并承担案件诉讼费用。

在这个案例中4S店联系许先生的行为就是一种“催告”，而许先生同意支付车款正是“追认”的表现。因此，作为家长，当孩子出现一些大额消费行为时，可以依据《合同法》第47条对孩子的行为不予追认，以避免造成更大的损失。

刑法关于刑事责任年龄的规定

生活中对于犯罪的儿童人们常称之为少年犯或青少年犯。《现代汉语词典》对“少年”一词的解释是：“指人十岁左右到十五六岁的阶段”；对“青年”的诠释为：“指人十五六岁到三十岁左右的阶段。”事实上在我们国家刑事法律中没有“少年”和“青年”的称谓，而是涉及刑事责任年龄问题。

刑事责任年龄是法律规定行为人对自己的犯罪行为负刑事责任必须达到的年龄。我国《刑法》第17条第1款和第2款规定：**“已满16周岁的人犯罪，应当负刑事责任。已满14周岁不满16周岁的人，犯故意杀人、故意伤害致人重伤或者死亡、强奸、抢劫、贩卖毒品、放火、爆炸、投毒罪的，应当负刑事责任。”**

根据这个规定，刑事责任年龄可以划分为三个阶段：

1．**完全负刑事责任年龄**。已满16周岁的人犯罪，应当负刑事责任。

2．**相对负刑事责任年龄**。已满14周岁不满16周岁的人，犯故意杀人、故意伤害致人重伤或者死亡、强奸、抢劫、贩卖毒品、放火、爆炸、投放危险物质罪等八种罪名的，应当负刑事责任。换言之，如果14周岁至16周岁的人犯罪，只要不是这八种罪名，都不予追究刑事责任。

3．**完全不负刑事责任年龄**。不满14周岁的人，不管实施何种危害社会的行为，都不负刑事责任。

对于一般公民来说，只要达到一定的年龄，生理和智力发育正常，就具有了相应的辨认和控制自己行为的能力，从而具有刑事责任能力。刑法关于行为能力的判定依据就是人的辨认、控制自己行为能力的有无和强弱。

从上面的规定可以看出，是否年满14周岁是这种辨认、控制自己行为能力有与无的界限，而16周岁是这种能力由弱转强的分水岭。这种规定其实是一种法律的拟制，也就是说法律认为在16岁时绝大部分人已经能够控制个人行为，但这并不意味着每一个人到了16周岁都必定具有完全的辨认、控制自己行为的能力，也不是每一个未满14周岁的人都必然不具有这种能力。

需要注意的是，这里的“周岁”是按照公历的年、月、日计算，从周岁生日的第二天起算。此外，因不满16周岁不予刑事处罚的，刑法规定责令他的家长或者监护人加以管教，必要的时候，也可以由政府收容教养。

通过刑法和民法对行为能力年龄的不同规定可以看出，它们的共同点就是采用三分法，将行为能力视为一个从无到有、从弱到强的发展过程。它们的不同之处在于行为能力的起点和终点以及之间的跨度不一样，具体而言，相对刑事责任能力的起点与终点为14岁和16岁，中间跨度为2年；相对民事行为能力人年龄的始点与终点则为10岁和18岁，中间跨度达到了8年。

之所以出现这个差别是因为刑法针对的是具有社会危害性的行为，一旦达到刑事责任年龄就要承担刑事责任，而刑事责任的后果往往非常严重，往往涉及人身自由受限，所以刑罚的适用应当慎之又慎。由于未成年人的心智发育尚不完全，宜用教育方式而非惩罚性行为，所以将相对刑事责任年龄和完全刑事责任年龄的跨度设计为2年，并且将16岁作为完全刑事责任年龄的起点，目的在于有效地关心少年儿童的健康成长，对于他们发生危害行为时，坚持教育为主、惩罚为辅的方针，着重于教育、改造、挽救。民法规范的是平等的民事主体之间的关系，将相对民事行为能力起点设定为10岁，允许其进行与他的年龄、智力相适应的民事活动，符合青少年生理和心理发展规律，有利于培养未成年的自主生活能力。

近年来未成年人犯罪呈现高发态势，由未成年人制造的案件屡见不鲜，其中不乏恶性案件，而且呈现出犯罪行为的养成和发生早、行为低龄化、手段成人化等特点，比如安徽省合肥市曝出“毁容门”，17岁少女因拒绝恋爱请求，被人泼油纵火烧成重伤。面对“花季之殇”，社会应当给予未成年人更多的爱和关注。

但是有些人却企图钻法律的空子，认为“法不责幼”，结果导致自己锒铛

入狱。媒体就报道过这样一个案例：

15岁的小飞召集一群小伙伴，利用学校放学之际，多次使用刀、棍、砖头等威胁或殴打单独行走或年龄偏小的学生，索要随身携带的手机、现金等。而且小飞自学法律，认为根据《关于审理未成年人刑事案件具体应用法律若干问题的解释》的规定："已满14周岁不满16周岁的人使用轻微暴力或者威胁，强行索要其他未成年人随身携带的生活、学习用品或者钱财数量不大，且未造成被害人轻微伤以上或者不敢正常到校学习、生活等危害后果的，不认为是犯罪。"他运用自己掌握的"法律知识"，打消小伙伴抢劫时的犯罪顾虑。甚至在被抓获的当天，他还满不在乎地对办案民警说："我是未成年人，我已经查过法律书了，不满16周岁的不负刑事责任。"但他其实不知，判断未成年人强行索要他人财物的行为是否构成犯罪，关键在于其使用暴力的程度。小飞等人的行为已不仅仅是轻微的暴力，他们持刀、棍、砖头对未成年人实施殴打、威胁，已经对被害人的精神和肉体造成巨大的伤害，其行为已经构成抢劫罪。按照《刑法》的规定，15岁的人应当对抢劫罪承担刑事责任。最终，"学艺不精"的小飞被判处有期徒刑四年零三个月。

为了更好地保护未成年人，《刑法》规定已满14周岁不满18周岁的人犯罪，应当从轻或者减轻处罚。这里的规定是"应当"，也就是说必须从轻或减轻对犯罪的未成年人的刑罚。《刑法》第49条还规定，犯罪的时候不满18周岁的人不适用死刑。需要提醒的是，不适用死刑的条件是"犯罪的时候不满18周岁"，也就是说未成年人犯罪时即使离18周岁生日还差一天或两天，包括生日当天实施极其严重危害社会的行为也不能对其适用死刑（包括死刑缓期执行），但是死刑之外的其他刑罚如管制、拘役、有期徒刑、无期徒刑等仍然适用。

此外，1999年开始施行的《预防未成年人犯罪法》、2007年开始施行的《未成年人保护法》等法律都给予了青少年更好的保护。2006年最高人民法院出台的《关于审理未成年人刑事案件具体应用法律若干问题的解释》对如何在未成年人犯罪案件中贯彻"教育为主，惩罚为辅"的原则做出了更为详细的规定。《刑事诉讼法》第274条规定：“审判的时候被告人不满18周岁的案件不公开审理”；第275条规定：“犯罪的时候不满18周岁，被判处5年有期徒刑以下刑罚的，应当对相关犯罪记录予以封存。犯罪记录被封存的，不得向任何单位和个人提供，但司法机关为办案需要或者有关单位根据国家规定进行查询的除外。依法进行查询的单位，应当对被封存的犯罪记录的情况予以保密。”

而且，一些地方法院已经开始针对未成年人案件设立专门的审判法庭，比如2013年4月全国首个高级法院未成年人综合审判庭在北京市高级人民法院成立。该审判庭是全国首个在高级法院中，将未成年人刑事、民事、行政案件一起纳入审判范围的综合审判庭。将这些案件交给专门做未成年人审判工作的法官审理，能够更好地运用适合未成年人身心特点的特殊审理方式，取得更好的审判效果。但是，我们应当清醒地看到，之所以对于年龄较小的孩子给予相对较轻的惩罚不是为了保护他们犯罪，而是保护他们的身心健康，给他们改过自新的机会。

行政处罚法关于行政责任年龄的规定

《行政处罚法》第25条规定："不满14周岁的人有违法行为的，不予行政处罚，责令监护人加以管教；已满14周岁不满18周岁的人有违法行为的，从轻或者减轻行政处罚。"

《治安管理处罚法》第12条规定："已满14周岁不满18周岁的人违反治安管理的，从轻或者减轻处罚；不满14周岁的人违反治安管理的，不予处罚，但是应当责令其监护人严加管教。"

从上面的规定可以看出，《行政处罚法》和《治安管理处罚法》对行政违法责任年龄的规定是一致的，即14岁。实施违法行为时未满14岁的，不予处罚，因为这个年龄阶段的孩子体力、智力发育还未完全成熟，控制和辨别是非的能力不强，实施违法行为时往往比较盲目、轻率，即使给予行政处罚也无助于避免违法行为的再次发生；不过，年满14岁的人就应当承担行政责任，接受行政处罚，但应从轻或者减轻，原因在于这个年龄的孩子应具备了一定的辨别和控制能力，使用适当的处罚可以起到警戒和教育作用。

虽然未成年人实施盗窃、诈骗等违反治安管理的行为处罚较轻，但是那些教唆、组织未成年人实施这些行为的人则可能触犯刑法，构成组织未成年人进行违反治安管理活动罪。这个罪名是在2009年修订《刑法》时新增加的罪名。根据规定，对组织未成年人进行盗窃、诈骗、抢夺、敲诈勒索等违反治安管理活动的，处3年以下有期徒刑或者拘役，并处罚金；情节严重的，处3年以上7年以下有期徒刑，并处罚金。

劳动法关于童工和未成年工的规定

不满16周岁的人属于童工，除特殊情况外，不能成为劳动主体。我们国家制定有《禁止使用童工规定》，根据规定，文艺、体育和特种工艺单位在按照国家规定并履行特定程序的前提下，可以招用未满16周岁的未成年人，除此以外，其他任何单位禁止招用未满16周岁的未成年人。

《刑法》还规定了雇佣童工从事危重劳动罪。根据规定，违反劳动管理法规，雇佣未满16周岁的未成年人从事以下三类劳动：超强度体力劳动，或者从事高空、井下作业，或者在爆炸性、易燃性、放射性、毒害性等危险环境下从事劳动，情节严重的，处3年以下有期徒刑或者拘役，并处罚金；情节特别严重的，处3年以上7年以下有期徒刑，并处罚金。

虽然法律已经明文禁止，但是使用童工的现象屡禁不绝，尤其是一些小企业因订单不确定、管理不完善等因素而使用童工的情况较为普遍，主要集中在包装、加工、玩具、电子等手工计件行业。此外，寒暑假期间常常成为企业违法使用童工的高峰期，主要原因是部分中等职业学校、技校组织学生进厂实习时，让一些不满16周岁的未成年学生也从事生产劳动。针对这种情况，企业管理者应当树立合法用工的意识，坚决不使用童工，否则会招致劳动部门的行政处罚，甚至可能构成犯罪。

未成年工是指年满16周岁未满18周岁的劳动者。在我国，年满16周岁、未满18周岁的未成年人，如果完成了规定年限的义务教育，不再继续升学的，依法可以从事有经济收入的劳动或者个体劳动。这是年满16周岁未满18周岁的未成年人享有的劳动权利，也就是这部分未成年人享有要求劳动就业的机会和按

劳取酬的权利。这与《民法通则》第11条第2款关于“16周岁以上不满18周岁的公民，以自己的劳动收入为主要生活来源的，视为完全民事行为能力人”的规定是一致的。

现实生活中，有人认为“未成年工”就是童工，这是一种误解，两者是完全不同的概念。但是，未成年工仍然属于“未成年人”，为保护他们的特殊权益，《劳动法》等相关法律都做出了特殊保护规定。如果用人单位招聘未成年工，应在劳动部门进行登记备案，而且还应当定期对未成年工进行体检，同时按照1995年1月1日开始实施的《未成年工特殊保护规定》规定的未成年工劳动范围安排工作。

《未成年工特殊保护规定》第3条明确规定用人单位不得安排未成年工从事以下范围的劳动：

1.《生产性粉尘作业危害程度分级》国家标准中第一级以上的接尘作业；

2.《有毒作业分级》国家标准中第一级以上的有毒作业；

3.《高处作业分级》国家标准中第二级以上的高处作业；

4.《冷水作业分级》国家标准中第二级以上的冷水作业；

5.《高温作业分级》国家标准中第三级以上的高温作业；

6.《低温作业分级》国家标准中第三级以上的低温作业；

7.《体力劳动强度分级》国家标准中第四级体力劳动强度的作业；

8. 矿山井下及矿山地面采石作业；

9. 森林业中的伐木、流放及守林作业；

10. 工作场所接触放射性物质的作业；

11. 有易燃易爆、化学性烧伤和热烧伤等危险性大的作业；

12. 地质勘探和资源勘探的野外作业；

13. 潜水、涵洞、涵道作业和海拔3000米以上的高原作业（不包括世居高原者）；

14. 连续负重每小时在6次以上并每次超过20公斤，间断负重每次超过25公斤的作业；

15. 使用凿岩机、捣固机、气镐、气铲、铆钉机、电锤的作业；

16．工作中需要长时间保持低头、弯腰、上举、下蹲等强迫体位和动作频率每分钟大于50次的流水线作业；

17．锅炉司炉。

未成年工正处在成长发育时期，正在向成人阶段过渡，身心发育尚未完全定型，过重和过度紧张的劳动，以及高温、有毒有害气体等不良的工作环境等，都可能影响他们的健康，甚至引起疾病。

然而，一些不规范的用人单位不仅不能按照未成年人的特殊保护标准对未成年工进行劳动保护，甚至连普通劳动者的劳动保护程度都未达到，不为其缴纳社会保险，不进行安全生产教育，不配备完善的安全生产器具等。

据媒体报道，1992年出生的武汉人郭某在17岁时到当地一家公司担任压冲工，双方未签订书面劳动合同。2009年9月，工作仅一个多月的郭某在生产车间操作冲压机时双手被压断。为争取经济赔偿，2010年4月郭某提起了劳动仲裁，仲裁委裁决后用人单位不服诉至法院，法院最终判决被告公司与郭某解除劳动关系以及工伤保险关系，被告公司向郭某支付一次性伤残补助金、一次性医疗补助金、一次性伤残津贴、一次性护理费、停工留薪期工资、残疾辅助器具费、残疾辅助器具维修保养费等共计116万余元。对于这家用人单位而言，真可谓是“人财两空”！

第三章

小儿难养：监护和监护人的责任

监护制度是民事领域的一项重要制度，我们国家在1987年1月1日起施行的《民法通则》中就已经建立了监护制度，对监护人的范围、职责等做出了明确规定。但是，长期以来，我国民众的家族观念根深蒂固，养儿育女通常被视为家庭内部的事情，与他人没有关系，与法律更不沾边。因此，在日常生活中，人们对于“监护”这个字眼仍然非常陌生，也往往弄不清楚自己是否是监护人以及应当承担的职责。所以，搞明白“监护”是怎么回事以及如何行使监护权是一件很重要的事。尤其是对有孩子的家庭而言，“监护”的意义显得更为重要。需要说明一点，我们这里讨论的是对未成年人的监护，不包括对精神病人的监护。

“监护”是个什么玩意

监护，顾名思义就是监督保护。在法律上，监护有明确的定义，它是指对于无民事行为能力人和限制民事行为能力人的人身、财产及其他合法权益进行监督、保护的一项制度。

一般而言，完全民事行为能力人应当对自己的行为负责；无民事行为能力人（不满10周岁的未成年人）、限制民事行为能力人（10周岁以上不满18周岁的未成年人）造成他人损害的，由监护人承担民事责任。所以，监护从其本质上讲就是对缺乏行为能力人监督和照顾的制度。监护设立的目的主要是为了保护无民事行为能力人和限制民事行为能力人的合法权益，从而维护社会秩序的稳定。

（一）哪些人可以成为未成年人的监护人

我们都知道，父母是孩子的监护人。除此之外，其他人可以成为孩子的监护人吗？

当然可以。根据法律规定，在一定条件下，未成年人的亲属甚至所居住的街道居委会都有可能成为监护人。《民法通则》第16条规定，如果未成年人的父母已经死亡或者没有监护能力，他的祖父母、外祖父母、兄、姐中有监护能力的人可以担任监护人，关系密切的其他亲属、朋友如果愿意承担监护责任，经未成年人的父、母的所在单位或者未成年人住所地的居民委员会、村民委员会同意的，也可以担任监护人。如果这些人都已经去世或者没有监护能力，则由未成年人的父、母的所在单位或者未成年人住所地的居民委员会、村民委员会或者民政部门担任监护人。所以监护人不但可以是作为个体的自然人，还可

以是村委会、居委会等单位组织。

被监护人完全没有行为能力的，由监护人代其进行民事活动。被监护人行为能力受限制的，进行民事活动也应该由他的监护人代理，或者征得监护人的同意才能够从事相关活动。

（二）监护人责任重大

监护人应当维护被监护人的利益，认真履行自己的职责。具体而言，我国《民法通则》第18条和民法通则司法解释第10条规定，监护人的职责是：

1．保护被监护人的身体健康；

2．照顾被监护人的生活；

3．管理和保护被监护人的财产；

4．代理被监护人进行民事活动；

5．对被监护人进行管理教育；

6．代理被监护人进行民事诉讼。

作为父母，应当“各扫自家门前雪”，看管好自己的孩子。比如自己的孩子同其他小朋友玩耍时被打伤了，并因此花了不少医药费。在这种情况下，作为受伤孩子的监护人，要求对方赔偿一切损失也许是不恰当的，因为有可能伤人和受伤的孩子双方的监护人都负有“履行监护职责不当”的责任，应当共同承担孩子受害的后果。

让我们看一个案例：

8岁的明明和7岁的亮亮都居住在出租屋内，经常一起玩耍。2011年7月20日下午，亮亮又来找明明玩耍，明明的妈妈忙着做家务，没有多想便答应了。两人来到亮亮家后，发现亮亮妈妈收衣服后没有锁上五楼天台的门便出门买菜了。两人兴奋地跑上楼顶玩耍。没想到，明明突然攀爬至平台护栏外的飘台处，失足坠楼，送医院后抢救无效死亡。随后，明明的妈妈将出租屋房东和亮亮的母亲告上法庭。法院经审理查明出租屋楼顶所设置的护栏高度并未达到相关规定的最低标准，存在安全隐患，出租屋房东未及时进行修缮，且未尽到足够的管理义务，对明明的死亡承担40%的责任；亮亮妈妈作为监护人，放任儿子与其他小孩登上天台玩耍，且在使用出租屋天台后，未将天台门关闭，导致意外发生，承担30%责任；明明妈妈严重忽视对孩子的监护，未尽到应尽的监护义务自行承担30%的责任。

在这个案例中明明和亮亮的妈妈由于都没有尽到监护的责任，因此对于明明的死都要承担一定的责任。

可以说，孩子在成长的过程中充满了各种危险与不测，可谓是“步步惊心”。当父母们发现自己责任重大，一定会感到“如履薄冰”。

但是监护并非包办孩子的一切，有一部分父母就走向了另一个极端。比如，一方面为了给孩子的将来提供保障，另一方面也为了规避未来我们国家可能实行的遗产税，一些父母在孩子未成年时就已经购置了房产并且将房产登记在孩子名下。但由于从法律上来说房产属于孩子所有，当父母遇到资金周转困难的情况，作为监护人的父母除非是为了孩子的利益，一般情况下并不能对未成年子女名下房产进行按揭、抵押、转卖。而且，一旦家庭出现债务危机，除非能证明子女的房产不属于家庭共同财产，否则即使是登记在子女名下的房产也难免被债权人追偿要求法院进行执行拍卖。

监护不是要替孩子做主，为人父母也不应当把自己看作是孩子的“救世主”，决定孩子的一切，监护不是让父母为孩子套上“枷锁”，而是为孩子创造宽松自由的成长空间。

（三）监护不仅仅是家庭内部事务

长期以来，对未成年人的抚养和照顾基本上都是由家庭来承受的，监护也就成为纯粹的家庭内部事务，家庭成员以外的人很难插手，监护人损害未成年子女的事情也时有发生。

晶晶今年15岁，她的姑姑终身未婚，因病去世后给她留下一笔不菲的遗产，并注明用作她日后上学的费用。平日里不务正业、赌博成性的父母亲得知后便要求女儿给他们一部分钱以作赌资。晶晶不给，夫妻俩便骂女儿“忘恩负义”，他们声称把晶晶一把屎一把尿拉扯大不容易，而且提出晶晶现在还是未成年人，还

和父母生活在一起，晶晶的财产也就是家庭的共有财产，应由父母为其保管。最终，在当地司法部门的介入下，晶晶的财产才得以保全。

父母虽然是未成年子女的监护人，但根据法律的规定，除为被监护人的利益外，父母并没有权力随意处置未成年子女的财产，如果处置，应当征得该子女的同意。

此外，对孩子的家庭暴力事件层出不穷，据北京青少年法律援助与研究中心统计，仅2008年1月至2012年6月，媒体就报道了至少429件儿童遭受家庭暴力案件，这些案件中儿童都受到严重伤害，造成非死即残的严重后果。“南京母亲饿死女童”“贵州父亲虐待亲生女儿5年”……一幕幕血淋淋的场面触目惊心。虽然这样的毒母和毒父分别因故意杀人罪和虐待罪被判处有期徒刑，但是更多的情况下，非法监护行为往往达不到虐待或者故意伤害的程度，亲戚、邻居的规劝往往没有作用，街道居委会或者工作单位的调解也往往是无疾而终。由于没有办法对施加伤害的父母进行必要的制裁，造成有些父母有恃无恐，变本加厉地殴打、虐待孩子。比如有的父母不履行监护职责携带子女进行乞讨，按照《治安管理处罚法》，“胁迫、诱骗或者利用他人乞讨的”可以“处十日以上十五日以下拘留，可以并处一千元以下罚款”。可是如此轻微的处罚根本不足以触动这些不良父母的神经，公安机关也只能陷入“抓了放，放了再抓”的恶性循环，而孩子受到的心理伤害却是一生挥之不去的。

我国现行的《民法通则》《未成年人保护法》等法律已规定，父母或者其他监护人不履行监护职责或者侵害被监护的未成年人的合法权益，经教育不改的，人民法院可以根据有关人员或者有关单位的申请，撤销其监护人的资格，依法另行指定监护人。可以说这种“终止父母权利”的规定在国外已经非常成熟了，但是在我们国家虽然有规定却操作性很差，实际上很少发生父母被撤销监护权的情况。

在我们的生活中，亲戚朋友往往认为“家丑不可外扬”，外人会说“别人家里的事情少管”，不禁有人慨叹：“人命天注定！”孩子的命运只能寄希望于他能够出生在一个幸福的家庭，上天赐予有责任心、懂得爱护他的父母了。

为此，近年来有人呼吁我们国家应当建立国家干预监护权制度，对于侵犯未成年人合法权益的监护人坚决依法撤销其监护权。2013年北京市在朝阳、丰台、密云3个区县就开展了未成年人社会保护试点工作，对监护人不履行监护职责、侵害未成年人权益的，在进行劝诫、制止，经教育不改的，村（居）委会可支持未成年人申请法律援助，向法院起诉撤销其监护权，依法另行指定监护人。其间，未成年人将由未成年人救助保护机构进行临时监护，被撤销监护权的监护人应当依法继续负担抚养费用。

2014年12月18日，最高人民法院、最高人民检察院、公安部、民政部联合发布了《关于依法处理监护人侵害未成年人权益行为若干问题的意见》。该意见于2015年1月1日实施，意在破解监护权剥夺的“最后一公里”问题。

意见明确了监护侵害行为的范围，规定对于监护侵害行为，任何组织和个人都有权劝阻、制止或举报。此外，还规定公安机关应当采取措施，及时制止在工作中发现以及单位、个人举报的监护侵害行为，情况紧急时将未成年人带离监护人。

根据意见规定，监护人有下列七种情形的，人民法院可以判决撤销其监护人资格：

1. 性侵害、出卖、遗弃、虐待、暴力伤害未成年人，严重损害未成年人身心健康的；

2. 将未成年人置于无人监管和照看的状态，导致未成年人面临死亡或者严重伤害危险，经教育不改的；

3. 拒不履行监护职责长达6个月以上，导致未成年人流离失所或者生活无着的；

4. 有吸毒、赌博、长期酗酒等恶习无法正确履行监护职责或者因服刑等原因无法履行监护职责，且拒绝将监护职责部分或者全部委托给他人，致使未成年人处于困境或者危险状态的；

5. 胁迫、诱骗、利用未成年人乞讨，经公安机关和未成年人救助保护机构等部门三次以上批评教育拒不改正，严重影响未成年人正常生活和学习的；

6. 教唆、利用未成年人实施违法犯罪行为，情节恶劣的；

7. 有其他严重侵害未成年人合法权益行为的。

（四）监护权不同于抚养权

有人往往弄不清楚监护权和抚养权的区别，实际上有监护权并不代表有抚养权。从范围上看，监护权的内容不仅包括代为参加民事活动，还包括对被监护人的人身、财产和其他合法权益进行监督和保护，远远超出了“抚养”仅对被抚养人的生活进行照料、管理的范围。

在离婚案件中，双方争夺的实际上是子女的抚养权，而不是监护权。民法通则司法解释第21条规定：“**夫妻离婚后，与子女共同生活的一方无权取消对方对该子女的监护权。**”换句话说，夫妻离异之后，父母对子女的监护权仍然存在，因为父母对子女的亲权、监护权是基于父母与子女之间的血缘关系产生的，不受父母之间婚姻关系解除的影响。《婚姻法》第36条第1款规定：“**父母与子女间的关系，不因父母离婚而消除。离婚后，子女无论由父或由母直接抚养，仍是父母双方的子女。**”父母对子女的监护权与由谁抚养并没有关系，也就是说丧失抚养权的一方仍然对子女拥有法定的监护权。

《最高人民法院关于人民法院审理离婚案件处理子女抚养问题的若干具体意见》是目前法院解决夫妻离婚后子女抚养问题的主要法律依据。法院一般从有利于子女身心健康，保障子女的合法权益出发，结合父母双方的抚养能力和抚养条件等因素决定孩子抚养权的归属。具体而言，2周岁以下的子女一般随母方生活；对2周岁以上未成年的子女，父方和母方均要求随其生活，优先考虑丧失生育能力、无子女而对方有其他子女，以及已经长期与其共同生活的一方等；对10周岁以上的未成年子女随父或随母生活发生争执的，法院可以征求孩子本人的意见。父方与母方抚养子女的条件基本相同，双方均要求子女与其共同生活，但子女单独随祖父母或外祖父母共同生活多年，且祖父母或外祖父母要求并且有能力帮助子女照顾孙子女或外孙子女的，可作为子女随父或母生活的优先条件予以考虑。

孩子的事情谁做主

不少家长都感觉到自己与未成年的孩子之间缺少共同语言，家长说的话孩子常常不理不睬，对孩子的行为也很难理解，有的甚至达到了整日无话可说、形同陌路的地步。两代人之间在文化、观念、心理等方面差异造成了“代沟”的出现，也导致孩子往往认为父母总是在干预自己的事情。比如有的孩子看到同学都拿着名牌手机，于是偷偷用自己的压岁钱买了一部价值不菲的新手机，结果被父母发现后训斥，而且要求把手机退回商家。在类似的问题上人们不禁会问，父母可以决定孩子的行为吗？如果可以，他们的决定权有多大呢？

如果从法律上回答这个问题，那么答案是：一般情况下父母可以决定不满10岁的孩子的行为，10岁以上的孩子可以在一定范围内自主决定自己的行为。根据《民法通则》第58条的规定，不满10周岁的未成年人实施的行为无效。10周岁以上的未成年人可以进行与他的年龄、智力相适应的民事活动；其他民事活动由他的法定代理人代理，或者征得他的法定代理人的同意。《合同法》也有类似的规定，其中第47条就规定：“限制民事行为能力人订立的合同，经法定代理人追认后，该合同有效，但纯获利益的合同或者与其年龄、智力、精神健康状况相适应而订立的合同，不必经法定代理人追认。”

对于什么是“与其年龄、智力状况相适应的民事活动”，法院会结合行为与儿童生活相关联的程度、儿童的智力能否理解其行为并预见相应的行为后果，以及标的数额等方面进行认定。一般而言，数额几元、几十元的买卖，价值不大物品的借用，以及单纯对孩子有利并且不损害他人权益的行为，比如取得荣誉权、著作权、发明权等，都属于这样的活动。而像进行大

额买卖、签订合同，进行法律诉讼，如出庭作证等则超出了孩子的能力范围，需要由家长决定。

显然，对于孩子未经家长同意购买手机、电脑等价值较大的物品时，如果家长反对，是可以要求出售物品的商家予以退货的。但是对于购买学习用品、必要的衣物，孩子可以自己拿主意。所以，对于那些自己忙着上班，家里“小屁孩”傻乎乎在网上买了各种昂贵商品的家长而言，碰到这种事儿切勿着急抹泪、自认倒霉，因为只要没经家长同意，这种合同会被法院认定无效。但是，对于孩子接受奖励、赠予、报酬这类纯获利益的行为，监护人不得以孩子无民事行为能力、限制民事行为能力为由，主张以上行为无效。

那么如果孩子私自向他人借款呢，将如何处理呢？有这样一个案例：

在校中学生小福向学校附近的饭店老板周某借现金1500元之后，将所借款全部用于上网和请同学吃饭。还款期届满后，周某多次向小福索要未果，无奈之下，周某转向小福的父亲索要。小福的父亲以儿子借钱时未经父母同意为由而拒付。周某诉到法院，要求判令被告小福偿还借款，承担诉讼费用。法院审理认为，周某明知被告为未成年人，仍然借钱给他，具有一定过错，应负一定的责任；小福在未经其监护人同意的情况下向他人借钱，属无效民事行为。最后法院判决小福所借1500元由原告周某自行负担300元；其余欠款由小福的父母作为监护人偿还。

在这个案例中，1500元对于一个还是中学生的孩子而言，显然超出了他合理的使用范围，需要经家长同意，借款行为才有效。

父母对于未成年子女上网、谈恋爱等情况是否有权干涉呢？我国《未成年保护法》第11条要求父母或者其他监护人应当关注未成年人的生理、心理状况和行为习惯，以健康的思想、良好的品行和适当的方法教育和影响未成年人，引导未成年人进行有益身心健康的活动，预防和制止未成年人吸烟、酗酒、流浪、沉迷网络以及赌博、吸毒、卖淫等行为。《黑龙江省未成年人保护条例》甚至将“早恋”列为家庭保护的内容，允许父母“进行批评、教育、制止和矫正”，一度引发了社会的热议。所以，父母对孩子的教育既是责任也是义务。但是，这样的教育应当有一定限度，避免采用过激行为干涉孩子正常的生活，从而给孩子造成不良的心理影响，比如《预防未成年人犯罪法》第20条就规定未成年人的父母不得迫使其离家出走，放弃监护职责。

既要管生，又要管养

在人们的意识里，对于孩子犯下的错误，父母承担责任应该是天经地义的事情，就像上节案例中提到的小福借钱后无力偿还，法院判决由其父亲代为偿还。这其中的法律依据是什么呢？依据就是未成年人尚未具备完全的民事行为能力，父母作为监护人有责任进行看管和教育，对于其不当行为也应当承担责任。

具体而言，我国《婚姻法》第23条规定：“父母有保护和教育未成年子女的权利和义务。在未成年子女对国家、集体或他人造成损害时，父母有承担民事责任的义务。”《侵权责任法》第32条规定：“无民事行为能力人、限制民事行为能力人造成他人损害的，由监护人承担侵权责任。监护人尽到监护责任的，可以减轻其侵权责任。有财产的无民事行为能力人、限制民事行为能力人造成他人损害的，从本人财产中支付赔偿费用。不足部分，由监护人赔偿。”《民法通则》第133条也有相似的规定。

需要注意的是，“监护人尽到监护责任的，可以减轻其侵权责任”这句话的言外之意是，监护人即使尽到了监护责任也不能免除赔偿责任，只能减轻其责任。可以说，这样的规定不可谓不严格。但是父母切莫因为如此规定而去对孩子施以最严厉的防范措施和最严格的纪律要求，限制他们的活动范围，阻止孩子正常的社交活动。未成年人天性好动，对各种事物充满好奇之心，由于缺乏足够的认识能力和判断能力，他们很难判断自己行为的危险性和后果，但过度的干预无异于“因噎废食”，不利于孩子身心的健康成长。

如果父母已经离婚，未取得抚养权的父母一方是否应当对孩子致人损害承担赔偿责任呢？来看一个案例。

丁某与丈夫潘某因夫妻感情破裂离婚，10岁的儿子小明随丁某一起生活，潘某已一次性付给儿子抚养费。一次小明在放学的路上违章骑车将在路边行走的老大爷撞伤，花掉医药费3000余元。受害人亲属找到丁某赔偿，但丁某已下岗无力支付这笔费用。无奈中，受害人亲属找到潘某，要求其帮助承担部分费用。但潘某认为孩子已判归丁某抚养，孩子的事情与自己无关，拒不承担任何费用。

事实上，潘某的理由并不成立。这是因为民法通则司法解释第158条已明确规定：**“夫妻离婚后未成年子女侵害他人权益的，同该子女共同生活的一方应当承担民事责任；如果独立承担民事责任确有困难的，可以责令未与该子女共同生活的一方共同承担民事责任。”**这个规定表明，父母与子女的关系不因父母离婚而消除。离婚后，子女无论由哪一方抚养，仍是父母双方的子女。对未成年子女民事损害行为所造成的后果，非共同生活的一方在一定条件下也有赔偿他人经济损失的义务。也就是我们通常所讲的“既要管生，又要管养”，而且还要管到底。看来，父母和孩子之间真是一对天生的“冤家”啊！

第四章

老之将至：让法律成为“幸福夕阳”的守护神

一段时间以来，老龄化问题成为社会关注的焦点。21世纪的中国已进入不可逆转的老龄社会。随着老龄化进程的不断加快，加大对老年人权益的法律保护逐渐成为社会共识，老有所养已经成为人民群众最关心、最直接、最现实的利益问题。

《老年人权益保障法》是我国第一部也是唯一一部系统保障老年人权益的法律。这部法律从家庭赡养与抚养、社会保障、社会服务、参与社会发展等方面对老年人权益进行了规范和保障。自1996年颁布以来，该法在保障老年人权益，维护老年人合法权利方面发挥了重要作用。为了积极应对人口老龄化问题，适应社会转型带来的变化和挑战，2012年12月28日全国人大常委会对《老年人权益保障法》进行了修订，并已于2013年7月1日开始实施。新修订的《老年人权益保障法》进一步完善了我国的养老法律制度，努力实现老有所养、老有所医、老有所为、老有所学、老有所乐的目标。尤其是为了应对家庭空巢化危机，“常回家看看”入法引发了社会的广泛响应。该法第18条明确规定：“**家庭成员应当关心老年人的精神需求，不得忽视、冷落老年人。与老年人分开居住的家庭成员，应当经常看望或者问候老年人。**”

本章中，让我们看看相关法律是如何具体保护老年人权益的。

法律对老年人违法犯罪行为的宽宥

随着我国老龄化社会的到来，老年人违法犯罪呈逐渐上升趋势，一些老年人“晚节不保”。老年人违法犯罪案件逐年增多，已成为全社会不容忽视的重要问题，这也带来了一系列社会问题。一项社会调查显示，伤害类、诈骗类、公职类以及邪教犯罪占到老年人犯罪案件的“半壁江山”。

在人们的心目中，老年人是经过大风大浪的一个群体，为什么老了反而走上犯罪的道路？可以说，出现这一现象的原因是多方面的。首先，人随着年龄的增大，感官功能降低，反应迟钝，行为控制能力减弱，尤其是老年人辨认和控制自己行为的能力会逐渐减弱，有的甚至会完全丧失。其次，由于缺少家庭和社会的关爱，老年人心理上很容易产生孤独和失落感，往往表现出以自我为中心的倾向，具有固执、偏执、幼稚、易被激怒等特点，成为“老顽童”“老小孩”，造成在人际冲突时缺乏宽容的态度，往往会因为琐事而突然情绪失控，出现攻击性的语言和行为，导致违法犯罪行为的发生。再次，我国老年人文化层次普遍较低，尤其是农村老年人情况更为严重，造成这一群体法律知识缺乏，分不清哪些是法律允许的事情，哪些是法律禁止的事情，而且守法意识淡薄，法盲现象普遍存在。

那么对待老年人的违法犯罪行为应当如何处理呢？尊老爱老是中华民族的传统美德。从法律角度看，老年人是一个弱势群体，其身体、精神健康状况和知识水平是造成老年人犯罪的主要原因。中国古代如汉朝、清朝等已经有对老人违法犯罪宽宥的制度。因此，我们不能将他们与普通成年人犯罪一样对待，而是应该像对待未成年人、妇女等弱势群体一样，在法律上给予足够的宽容。

正是基于以上考虑，我国《治安管理处罚法》《刑法》从“矜老恤幼”传统和老年人心理生理特点出发，对他们违法犯罪做出了从轻处罚的规定。《治安管理处罚法》第21条规定：**“对于70周岁以上的人，依法应当给予行政拘留处罚的，不执行行政拘留。”**2011年5月1日起施行的《中华人民共和国刑法修正案（八）》规定：**“已满75周岁的人故意犯罪的，可以从轻或者减轻处罚；过失犯罪的，应当从轻或者减轻处罚。审判的时候已75周岁的人，不适用死刑，但以特别残忍手段致人死亡的除外。”**

也有人对法律对老年人的宽容态度持反对意见，认为放宽对老年人违法犯罪的处罚，可能造成老年人违法犯罪率猛增，甚至可能引起负面社会效应。比如媒体曾报道过厦门一位七旬老人第8次诈骗时被抓，47年中共计7次入狱1次越狱。此外，在社会广为关注的四川蒋某诬陷搀扶小孩撞倒自己事件中，尽管蒋某讹人之举被广为指责，但因其年逾七旬，虽然公安机关给予其7天的行政拘留，但最终也只能不予执行。这种处理结果既让人郁闷，又让人哭笑不得。在这种情况下就使执法陷入“两难”境地——如果严惩，由于老人年龄大，进看守所或监狱怕他们身体受不了；如果从轻，又容易助长极少数老人为老不尊、倚老卖老，甚至形成“法不责老”的想法。

我们每个人都有老去的一天，就像在公交车上为老人让座就是在为未来的自己让座一样，法律对老年人违法犯罪行为的宽宥符合社会的公理和大众常识。此外，应当看到，对于目前老年人违法现象大幅增加的现实，法律的宽宥只是应对之策，无助于问题的解决。社会和家庭等多方面的共同关爱才是延续尊老爱老传统的根本之道，才能营造“日落夕阳，红满天下”的和谐场景。

“老无所养”怎么办

赡养老人是每个人不可推卸的法律责任。我国《宪法》《婚姻法》和《老年人权益保障法》等法律都明确规定了赡养扶助父母的义务，比如我国《婚姻法》第21条规定了子女对父母有赡养扶助的义务，《老年人权益保障法》第14条也做出了具体规定：**“赡养人应当履行对老年人经济上供养、生活上照料和精神上慰藉的义务，照顾老年人的特殊需要。”**赡养人不但包括子女，根据《婚姻法》的规定，有负担能力的孙子女、外孙子女，对子女已经死亡或子女无力赡养的祖父母、外祖父母，也应当承担赡养的义务。所以凡是有赡养能力的人，不分男女，不论婚否，都必须担负起这个责任。可是，虽有法律明确规定，很多人却未能真正承担起赡养老人的义务。

（一）小不养老，告还是不告？

古人讲“百善孝为先”，孝是中华传统文化提倡的行为。然而，关于子女不赡养父母甚至虐待父母、侵犯老人财产的事情经常见诸报端，令人唏嘘不已。在现实生活中，有人出于种种原因不愿赡养老人，甚至认为自己所提出的拒绝赡养老人的理由合情合理。很多老人碍于亲情或面子，也不会诉诸法律。除非万不得已，很少有老人会“撕破脸皮”，与自己的子女对簿公堂。而且，老百姓往往认为“清官难断家务事”，很多父母与子女之间的矛盾并非“一日之寒”，法官作为局外人难以解决。所以，告还是不告往往成为老人需要决定一个大问题。在涉及老年人的民事案件中，赡养纠纷和财产纠纷居多。

1. 赡养纠纷多

在中国，很多老年人都有“养儿防老”这个观念，认为儿女多了，等自己

老的时候就能老有所依，老有所养。可是，一些老人一生辛辛苦苦养育儿女，可老了却落得老无所养，甚至连吃口热饭都成了一种奢望。

对子女不履行赡养义务的，《婚姻法》赋予了无劳动能力的或生活困难的父母要求子女付给赡养费的权利。老人可以向法院起诉，要求儿女履行赡养义务。

不过，赡养纠纷往往是一笔“糊涂账”，尤其是子女越多，由于赡养责任分配不均，争议越大。在起诉之前，老人还是最好请亲戚朋友或者村委会等组织先进行调解，一旦对簿公堂，容易激化矛盾，使子女产生“越告我，越不养你”的抵触情绪。

如果最终决定走诉讼程序，关于打官司的成本方面，老人可以完全放心，根据《诉讼费用交纳办法》，老人可以向法院申请免除诉讼费用。如果自己文化程度低，还可以向法院申请司法援助，由律师免费提供法律咨询和支持。

赡养费的多少往往是争议的焦点问题。实际上，赡养义务在履行上要以赡养人的实际能力为限，由赡养人与被赡养人协商解决，如果不能协商解决的，则由法院根据当地的经济水平、被赡养人的实际需求、赡养人的经济能力综合认定。在判决时，法院不会要求儿女超出自己能力之外支付赡养费。在陕西省还发生过老人通过法院向三个儿子讨回了每月300元的赡养费，而儿子们却竟然因赡养费过高，自己无力支付又将老人告上法庭的情况，让老人伤心不已。

赡养费执行难可能是老人担心的另一个问题。比如在农村地区，法院判决儿女每年拿出100斤小麦，但子女拒不执行，父母不得已只能申请强制执行，这无疑会进一步伤害双方之间本已脆弱的感情。

此外，在赡养纠纷案件中，为保护老年人的权益，我国《民事诉讼法》有一种特殊的规定——先予执行制度。所谓先予执行制度，是人民法院在做出判决之前，裁定作为被告人的儿女先交给老人一定数量的赡养费或者扶养费，并立即执行。这个制度可以及时有效地保障了老人的合法权益，在一定程度上避免了执行难问题。

现在，越来越多的老人提出了“精神赡养”的要求。哈尔滨市的一位老人衣食无忧，但仍然以无人赡养的名义起诉自己的儿子，要求他必须每周探望自己一次，对自己进行精神安抚。2013年7月16日，河南省首例“常回家看看”

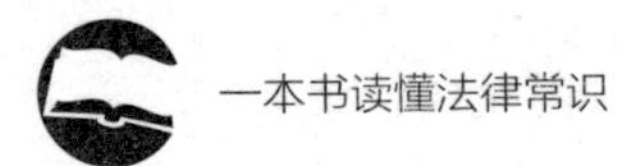

赡养案在中牟县法院开庭审理。80多岁的梁大爷告儿子不带母亲看病，而且拒绝向两位老人提供医疗费和生活费。在法庭上，梁大爷和他的儿媳妇因言语激烈一度还险些打了起来。其实本案中老人需要的不仅是赡养费的问题，更多的还是希望儿子平时多关心，多和他们说点贴心话。但是，即使法院判决儿女应当定期探视老人，由于没有有效的强制手段，如果双方的“心结”打不开，如果儿女们没有真心、真情，法律也是鞭长莫及。

有时，老人的做法也会令法官无所适从。媒体就报道过一起子女争夺赡养权的离奇案子。

王老太在唯一的儿子家住，三个女儿去大哥家探望母亲时，常被拒之门外，即使被允许探望，也常常遭监视。于是女儿希望将老太接到自家赡养，但儿子以母亲只愿意由他赡养为由予以拒绝。三个妹妹遂以赡养权被大哥侵犯为由，将其告到法院，要求大哥归还对母亲的赡养权。而当法院去找王老太了解情况时却被告知，她只住在儿子家，哪儿都不去。面对如此情景，法院也不知如何是好了。

2．财产争议大

《老年人权益保障法》对老年人的财产都规定了明确的保护措施。该法第22条规定：“**老年人对个人的财产，依法享有占有、使用、收益和处分的权利，子女或者其他亲属不得干涉，不得以窃取、骗取、强行索取等方式侵犯老年人的财产权益。**”第16条规定：“**老年人自有的或者承租的住房，子女或者其他亲属不得侵占，不得擅自改变产权关系或者租赁关系。**”

但是有时财产纠纷往往是老人自己一手造成的，比如父母对子女“偏心”有时就会带来纠纷。一位老人有三个子女：两个女儿和一个儿子。老人偏爱儿子，于是把自己唯一的一套房子留给儿子，希望儿子养老送终。但房子过户后，儿子和儿媳妇对老人并不好。而两个女儿因为老人偏心而心怀怨恨，也不愿赡养。老人没有办法，最后跟儿子撕破脸皮，打起了官司。最终，房子虽然要回去了，可亲情却破裂了。

其实，在财产问题上老人完全可以依照个人意愿通过遗嘱继承方式处置自己的财产。《继承法》第16条规定：**“公民可以依照本法规定立遗嘱处分个人财产。”**遗嘱是单方面的法律行为，老年人设立遗嘱时，无须征得遗嘱继承人的同意，也不需要得到其他法定继承人的赞同。只要遗嘱是老年人真实意思的表示，遗嘱就能获得法律的认可，具备法律效力。但是，受传统文化的影响，谈订立遗嘱，似乎是一件不吉利的事情，因此我们国家上没有订立遗嘱的传统。

不过随着人们法律意识的加强，很多人开始重视遗嘱在解决财产纠纷上的作用。2013年中国老龄事业发展基金会和北京阳光老年健康基金会联合建立了中华遗嘱库。北京市60岁以上老年人只需携带身份证件和遗嘱原件前往中华遗嘱库登记中心，即可免费办理遗嘱登记。如果老人尚未订立遗嘱或对订立遗嘱过程不了解，中华遗嘱库将安排专业律师提供免费咨询，指导老人订立遗嘱。

在继承问题上，虽然子女同属第一顺序的法定继承人，但老人还是要“一碗水端平”。不过也要防止绝对平均主义。对于那些在生前有谋夺财产、虐待、遗弃等行为的“不孝之子”，老人可以通过立遗嘱取消他们的遗产继承权；有赡养能力和赡养条件而不尽赡养义务的子女，分配遗产时，老人可以减少他们继承的份额，尽了主要赡养义务或者与父母共同生活的子女，老人可以在遗嘱中多分配给他们一些财产。

此外，遗赠也是督促“养儿防老”的一种有效方式。《继承法》规定，公民可以立遗嘱将个人财产赠给国家、集体或者法定继承人以外的人。《老年人权益保障法》也规定，老年人可以与集体经济组织、基层群众性自治组织、养老机构等组织或者个人签订遗赠扶养协议或者其他扶助协议。负有扶养义务的组织或者个人按照遗赠扶养协议，承担该老年人生养死葬的义务，享有受遗赠的权利。所以对于有房产的老人，最好不要过早地把房产过户给子女，老人可以与子女签订遗赠扶养协议，以督促子女履行赡养义务。并且，房产也不一定非得遗赠给儿女，如果儿女不孝，老人可以与儿女之外的人或组织签订遗赠扶养协议，来解决养老问题。

（二）拒绝赡养的行政和刑事责任

我国《治安管理处罚法》和《刑法》对虐待、遗弃老人的行为都有明确的规定。《治安管理处罚法》第43条规定，虐待家庭成员，被虐待人要求处理的，以及遗弃没有独立生活能力的被扶养人的，处5天以下拘留或者警告。如果情节恶劣，虐待、遗弃行为严重侵害了老人的权益，可能会构成虐待罪和遗弃罪，受到刑法的处罚。

在刑法上，虐待罪是指行为人经常以各种手段对其共同生活的家庭成员的精神、肉体进行摧残、折磨、迫害，情节恶劣的行为。我国《刑法》第260条规定：虐待家庭成员，情节恶劣的，处2年以下有期徒刑、拘役或者管制。致使被害人重伤、死亡的，处2年以上7年以下有期徒刑。媒体曾报道过一位年过六旬的男子经常采取打骂等手段虐待其82岁的亲生母亲。其母死后，该男子被以虐待罪提起公诉，最终法院一审以虐待罪判处有期徒刑2年。

遗弃罪是指对于年老、年幼、患病或者其他没有独立生活能力的人，负有抚养义务而拒绝抚养，情节恶劣的行为。我国《刑法》第261条规定，对于年老、年幼、患病或者其他没有独立生活能力的人，负有扶养义务而拒绝扶养，情节恶劣的，处5年以下有期徒刑、拘役或者管制。

75岁的吴老太中年守寡，含辛茹苦把儿子抚养成人。儿子成家后又拖着病体照看孙子。孙子长大参加工作后，儿子却把母亲当成累赘，稍不如意就破口大骂。迫不得已吴老太只能靠捡拾废品为生，后来患上了老年痴呆症，但儿子却一直不闻不问。有一天吴老太走失，一周后被人发现已经死在了一个垃圾堆旁。最终，吴老太的儿子以遗弃罪被判处有期徒刑4年。

幸福的家庭大致相同，而不幸的家庭各有各的不幸。子女不赡养老人无外乎生活琐事纠纷，家庭纠纷是造成老人无人奉养的主要原因，一些外人看来很小的事，当事人放在心上就是大事。如何将家庭纠纷“大事化小，小事化了”是一门大学问。

羊有跪乳之恩，鸦有反哺之义。赡养老人不仅是人的天性，更是依情、理、法都不能推卸的责任。因此，我们每个人都应当尽自己最大的努力扶养老人，形成“老吾老，以及人之老”的良好氛围，使他们能够度过一个幸福的晚年。

第五章

无须回报的付出：如何防范赠予纠纷

我国民法规定，公民对自己的财产有处分的权利，赠予正是处分权之一。赠予在我们的生活中非常常见，比如亲戚朋友之间的赠予、社会公益事业中的赠予，但这些赠予行为也常常引发纠纷。

从法律上讲，赠予是赠予人将自己的财产无偿给予受赠人，受赠人表示接受的一种行为。《合同法》第185条的规定非常明确，赠予合同是赠予人将自己的财产无偿给予受赠人，受赠人表示接受赠予的合同。从这个定义上可以清楚地看出，赠予合同必须是当事人双方具有共同的意思，如果赠予人有赠予的表示，但受赠人并不愿意接受，赠予合同也不能成立。通俗一点讲，赠予是一种发生在双方之间的行为，与我们经常讲的馈赠这种单方行为不同。

本章中将要讨论的，就是在赠予中应当注意的事项。

赠予必须采用书面形式吗

“赠予必须采用书面形式吗？”这是人们在赠予时经常会问的一个问题。有人认为，既然《合同法》都已经把赠予作为合同的一种形式予以规定了，那么显然赠予必须采用书面的形式。

对于这个问题，我们首先需要澄清一点，并非所有的合同都是书面形式。在《合同法》第10条中规定，当事人订立合同可以采用书面形式、口头形式和其他形式。这种书面形式既可以是合同、协议，也可以是往来的信件、传真、电子邮件，甚至QQ聊天记录、微信等。所以，法律并没有要求赠予合同必须为书面形式。事实上，在不少情况下，赠予发生在亲朋好友之间，或者是赠予人为履行道德义务而赠予财产于他人，这些赠予多是以口头形式订立的。而且，有的赠予金额非常小，也不会再去烦琐地拟定一个赠予合同。

但是在某些情况下，采用书面的赠予方式却是必要的。一种情况是法律规定采用书面形式的，这种情况下当事双方就必须采用书面形式，比如在房产赠予时，涉及在房屋登记部门办理产权过户，需要提交书面的赠予合同。另外一种情况是当事人之间为了防止不必要的争议而采用书面赠予的形式。这是因为一般情况下，赠予时赠予人将自己的利益无偿赠送给别人，按照《合同法》规定，赠予人在赠予财产的权利转移之前可以撤销赠予。从受赠人的角度考虑，如果担心赠予人在赠予财产转移之前不承认之前做出的赠予表示，甚至存在撤销赠予的可能，就应当劝说赠予人签订书面的赠予合同，如果有条件的话还可以进行公证。因为法律规定，经过公证的赠予合同，赠予人不交付赠予的财产的，受赠人可以要求交付。

如果要签订赠予合同的话，建议内容一定要明确，具体而言应当包括：合同当事双方、赠予的财产内容、财产目前状况、赠予合同履行的时限以及方式、赠予是否附条件以及什么条件、赠予合同的违约责任以及争议解决方式等等。

但是，无论是采用何种形式进行赠予，双方之间必须有共同的赠予意思，也就是“你情我愿”，不能“秃子剃头一头热”。比如婚后由夫妻一方父母出资为子女购买的房屋，产权登记在出资人子女名下的，就可以视为对自己子女一方的赠予，认定为夫妻一方的个人财产。

当然，这里所说的“赠予意思”必须是真实的，如果是为了规避国家的税费而进行虚假赠予，由于违反了国家的强制性规定，因而是无效的，甚至会“聪明反被聪明误”，招致有关机构的处罚。还有的人可能会出于误解而进行赠予，比如北京就发生过这样的案例：

有一位赵老太，儿子犯罪被刑事拘留，她担心自己的房产会被法院查封拍卖，经人参谋，马上将自己的20间房产全部赠予了儿媳和孙子，以为这样法院就不会查封其房产了。赠予协议签订后，她发现儿媳没有以前热情了，于是起诉到法院。法院认定赵老太签订赠予协议的主要目的是防止因儿子犯罪累及自身房产，赠予并非其真实意思表示，属于一种重大误解的行为，因此判决依法撤销了这份赠予协议。

所以，我们在进行赠予之前一定要“三思而后行”，慎之又慎。因为一旦做出决定，就要进入法律的规制范围，必须按照法律的规定行事。

哪种赠予合同适合你

有人会提出这样的疑问：赠予不是无偿的吗？怎么可以附加义务呢？其实，赠予的无偿性与附义务并不冲突。想一想，一个人要把自己的财产送给对方，让对方承担一定的义务，接受一定的约束也不是没有道理。

《合同法》也明确规定了附条件赠予这种形式。如果赠予人在赠予财产时对受赠人有一定的要求，则可作为一个赠予的条件。该法第190条规定，赠予可以附义务，受赠人应当按照约定履行义务。如果受赠人不履行赠予合同约定的义务，就是一种对自己诺言和对赠予人意愿的违背，从某种意义上讲也损害了赠予人的利益，赠予人可以撤销赠予。所以，如果受赠人无法满足赠予人提出的条件，或者受赠人的行为让赠予人不满意，赠予人可以名正言顺地拒绝履行赠予义务。

有些拥有一定财产的孤寡老人为了老有所依，往往会以赠予财产作为条件让受赠人为自己养老送终。这里可能会存在两种赠予的形式：**附扶养义务的赠予合同和遗赠扶养协议**。附扶养义务的赠予合同就无须多解释了，就是受赠人承担扶养义务的赠予合同。而遗赠扶养协议属于继承法上的概念，在第4章已经做过解释。它是公民与扶养人签订协议，扶养人承担该公民生养死葬的义务，享有受遗赠的权利。**两者最关键的区别在于前者是赠予人于生前将财产交付受赠人，并由受赠人履行扶养义务，而后者赠予的是公民的遗产，扶养人只有在承担生养死葬的义务之后，才能获得协议约定的被扶养公民的遗产**。很多老年人往往区分不清楚两种赠予方式之间的区别，因而产生纠纷。

同为一个社区的两位老人刘某和张某都是一个人生活，没有儿女。刘某与一直与照顾自己的侄儿王某签订了赠予协议，约定由王某承担其生养死葬义务，同时将自己的房屋赠予王某。但之后不久，王某反悔，拒绝扶养刘某，并把刘某的房屋擅自用做经营杂货的商店。而张某与街坊马某签订协议，约定由马某负责其生活费用和日常生活的照顾以及死后的安葬，张某的三间房屋在其死后归马某所有。半年后，马某也反悔，拒绝扶养张某。

刘某和王某之间就属于附扶养义务的赠予合同，而马某与张某之间属于遗赠扶养协议。从老人的角度讲，同为要求他人承担生养死葬义务，选择遗赠扶养协议更有利于保护自身权益，因为在遗赠扶养协议中，不需要于生前交付赠予财产，只有扶养人完成生养死葬义务后才能取得其遗产；而附扶养义务的赠予合同要求赠予人于合同签订后即将财产交付受赠人，一旦受赠人不履行义务，虽然赠予人可以行使撤销权，向受赠人追回已赠财产，但在这种情况下，由于物品已经交付给受赠人，赠予人就会处于非常被动的情况。

此外，需要注意的是，如果附义务赠予的财产有瑕疵，赠予人在附义务的限度内需承担与出卖人相同的责任。但是如果没有附加义务，赠予人就不用承担责任。媒体报道过一起合租的两个人因赠送空调发生纠纷的案例：

周某与林某在一起合租了4年，周某由于工作调动去其他地方租房了，由于空调无法搬走于是送给了林某。可是，一天空调突然发生自燃，林某房间烧毁殆尽，财产损失严重。空调销售方认为林某不是空调购买人，而且也无法证明是因空调本身原因造成火灾，因此不愿赔偿。林某思来想去觉得是周某赠予的空调引发了火灾，于是要求他赔偿。

在这个故事中，周某出于好心将空调不附加任何条件送给了林某，因此不用承担林某火灾的损失。

赠予能撤销吗

赠予能否撤销是很多人关注的问题。比如媒体曝光有些企业在灾害袭来时承诺认捐，过后却不及时履行承诺，甚至干脆不履行。这类开“空头支票”、搞“捐赠秀”的企业是否可以随意地撤销自己的捐赠？

《合同法》对于可以撤销赠予的情况有明确规定。除了前一节中提到的受赠人不履行赠予合同约定的义务时赠予人可以撤销的情况外，《合同法》还规定了下面几种撤销赠予的情况：

一是一般情况下，赠予人在赠予财产的权利转移之前可以撤销赠予，但具有救灾、扶贫等社会公益、道德义务性质的赠予合同或者经过公证的赠予合同不能撤销。

法律赋予赠予人后悔的权利是考虑到他们可能会因一时情绪冲动、思虑欠周，贸然应允将不动产等价值贵重物品无偿给予他人，从而导致财产的损失。但是，如果是手机、金银首饰等动产已经作为赠予交给对方，汽车、房产等按照国家规定已经办理了过户手续的，就不能再撤销了。比如《最高人民法院关于适用〈中华人民共和国婚姻法〉若干问题的解释（三）》第6条就规定，婚前或者婚姻关系存续期间，当事人约定将一方所有的房产赠予另一方，赠予方在赠予房产变更登记之前撤销赠予，另一方请求判令继续履行的，人民法院不予支持。因为此时由于房产尚未过户，赠予的一方享有撤销的权利。

此外，《合同法》第195条的规定：**“赠予人的经济状况显著恶化，严重影响其生产经营或者家庭生活的，可以不再履行赠予义务。”**赠予人“泥菩萨过江自身难保”，这时也就不要想着帮助别人了。

而对于上面我们所说的公益捐款则不可以“诺而不捐”。某些企业在赈灾晚会等正式场合公开承诺捐款，这就意味着其与接受赈灾捐款的机构或受赠人建立了公益赠予合同的关系，受赠方可以据此要求其依法履行赠予义务。针对这种情况，《广州市募捐条例》规定“捐赠人到期不履行或者不完全履行协议的，募捐组织可以催告、依法向法院申请支付令或者起诉”。所以，对于企业而言，在对外做出捐赠的承诺时，一定要慎重，不要图一时的风光而超越企业的经济能力，不自量力，最后“赔了夫人又折兵”。

二是严重侵害赠予人或者赠予人的近亲属，以及对赠予人有扶养义务而不履行的情况。

因为感情往往是赠予合同赖以存在的基础。如果发生受赠人严重侵害赠予人或其近亲属的情况，或者应该抚养而不抚养的情况，感情基础就没有了，赠予合同也将失去存在的意义，因此，法律赋予赠予人此时有权撤销赠予。这里赠予人的近亲属，根据法律规定包括赠予人的配偶、父母、子女、兄弟姐妹，祖父母和外祖父母，孙子女和外孙子女。这里的抚养包括夫妻之间的扶养、父母对子女抚养和子女对父母的赡养。

生活中发生过这样的“悲剧”：父母将自己房屋通过签订赠予合同的方式赠送给儿子，并且办理了公证手续，但儿子却不尽赡养义务，且经常骚扰父母的正常生活，导致父亲出现脑溢血，最终法院依法判决撤销了赠予，儿子最终“竹篮打水一场空”。

需要注意的人，根据《合同法》的规定，这里的撤销权**赠予人应当自知道或者应当知道撤销原因之日起1年内行使；如果是赠予人的继承人或者法定代理人行使撤销权，应当自知道或者应当知道撤销原因之日起6个月内行使。**一旦超出这个时限再向法院起诉，法院将不会支持诉讼请求。

爱情有风险，赠予需谨慎

随着人们生活水平的提高，恋爱中男女之间赠送礼物包括彩礼的标准也是“水涨船高”，“三金”“五金”已是家常便饭，“豪赠”更是不断出现。但是，就像人们常说的那样，热恋中的人是盲目的。不是每一段恋情都会开花结果，一旦双方闹分手，要求归还赠送礼物的现象非常普遍。“非诚勿扰”节目的女嘉宾获赠宝马车后悔婚，最后经法院调解后返还男方的新闻更是赚足了眼球。套用一句比较流行的话就是：“爱情有风险，赠予需谨慎。”

恋爱期间的财产赠予一般包括三种：一是彩礼，二是房、车、首饰等贵重物品，三是礼尚往来互赠的小礼物。

彩礼是我国几千年来的婚嫁风俗，往往不是出自男方的意愿，且金额往往较大，在有些农村地区甚至有举债付彩礼的情况，其目的就在于男方希望与女方缔结婚姻关系，因此从法律上可以看作是一种附条件的赠予。《最高人民法院关于适用〈中华人民共和国婚姻法〉若干问题的解释（二）》第10条规定地比较明确：当事人请求返还按照习俗给付的彩礼的，如果查明属于以下情形，人民法院应当予以支持：

（一）双方未办理结婚登记手续的；

（二）双方办理结婚登记手续但未共同生活的；

（三）婚前给付并导致给付人生活困难的。

适用前款第（二）、（三）项的规定，应当以双方离婚为条件。

对于这个规定，我们可以这样解读，那就是：双方没有结婚的，所附条件

没有达到，应当返还彩礼；已经结婚又离婚的，除未共同生活以及导致给付人生活困难的情况外，原则上不再返还。

实践中，由于有法律的明确规定，对于彩礼的返还问题一般比较容易解决，比较棘手的是房、车、首饰等贵重物品。法院在审理这类案件时，往往会根据当地经济水平和双方收入水平考虑财产价值的大小。对于价值较大财物以及对给付人具有较大的特殊纪念价值意义的财物，特别是对给付方的生活造成影响和困难，如房产、汽车、贵重首饰、较大金额现金等，虽然是自愿给的，但因为是为了达到结婚目的，因此会支持返还请求；对于给付的价值不大的财物，属于礼尚往来，一般按赠予处理，不予支持返还；对双方共同消费的支出，例如购买衣物、食品等日常生活必需品、共同旅行开支等，虽为一方支付，但因该钱款支出已消费完成，一般不再返还。

但是现实生活的复杂程度往往超出了我们的想象，上面所做的这些简单分类看似科学而且便于操作，但是男女之间有很多特殊复杂的情况往往会令人大跌眼镜。

有这样一对男女，热恋之中的男方严某不仅时常给予女方叶某大数额的金钱以表诚意，而且还将工资卡交给叶某管理，但双方因筹备婚事而发生纠纷，最终分手。严某声称，通过现金存入、银行转账等方式，再加上工资卡中的钱，陆续给了叶某达40万元，而叶某只承认收到了33万元，而且说其中一部分已经在恋爱期间消费了。最后，严某提供了银行转账凭证、工资单等各种证据，在法院的调解下叶某退回了30余万元。

还有的女孩在分手之后竟然不得不面对前男朋友亮出的账单：就餐2次，消费294元，人均147元；吃火锅10次，共计消费520元，人均260元；钱柜唱歌4次，消费480元，人均240元；星巴克喝咖啡17次，总计518元，人均25.9元……购买上衣一件，469元；皮靴一双980元……此情此景令人汗颜，而男方的理由也很充足：那都是我的辛苦钱啊！

更有奇葩“80后”男白领与女友分手，起诉对方索百元安全套钱。其实分手双方并无深仇大恨，往往是一方试图挽回感情，而对方态度坚决，因此企图通过诉讼以“报复”泄愤。

这类案件由于恋爱消费本身很难认定，消费比例也不容易确定，按照民事案件“谁主张，谁举证”的原则往往很难提供有效的证据，因而诉讼主张很少能够得到法官的支持。

第六章

创业不易，法定代表人难当：“法定代表人”是个什么人

“法定代表人”这个称谓对很多人来说既熟悉又陌生。这是因为一方面目前社会创业潮流涌起，很多人都正在或者希望创办自己的公司，当老板，成为公司的法定代表人，有一些人甚至已经成为一些知名公司的法定代表人。生活中法定代表人出现的频率也非常高，我们常常会听到有人说“我是法定代表人，我说了算，出事我负责……”但另一方面，一般大众对于法定代表人的相关法律问题知之甚少，比如法定代表人的含义是什么，哪些人可以当法定代表人，法定代表人的权力以及可能存在的法律风险等。本章中就对有关问题进行介绍。

“法定代表人”是什么人

我国立法对于法定代表人制度的相关规定主要体现在《民法通则》《公司法》《企业法》《民事诉讼法》等法律规定中。我国《民法通则》第38条规定：**“依照法律或者法人组织章程规定，代表法人行使职权的负责人，是法人的法定代表人。”**因此，法定代表人可以理解为依照法律或法人章程规定，代表法人行使职权的法人主要负责人。

这里首先需要解释一下什么是“法人”。法人是民事法律领域的一个非常重要的制度，它是相对于自然人而言的。所以有人说“法人不是人”，从某种意义上讲这种说法是对的，因为法人是依法成立的组织，法律赋予其一种拟制的人格，将其作为“人”对待，而非真正的“人”。

法人可以分为企业法人（如公司法人，国有独资企业、中外合作企业等非公司制法人等）和非企业法人。非企业法人又可以分为机关法人（如行政机关、司法机关、军事机关）、社会团体法人（如基金会、行业协会、俱乐部等）和事业单位法人（学校、医院等）三类。所以并非像很多人理解的那样只有公司才有法定代表人。这里我们讨论的主要是公司的法定代表人。

法人不像我们自然人一样具备意思能力和行为能力，它必须借助自然人才能运转，其中最重要的就是担任法定代表人的自然人。可以说，**法定代表人是法人民事行为能力的主要实现者，对外代表法人从事民事活动。**

（一）如何才能成为公司的法定代表人？

我国法律实行单一法定代表人的制度，这也就意味着一个公司只能有一个法定代表人。那么一个人如何才能成为公司的法定代表人呢？

《公司法》第13条规定：**“公司法定代表人依照公司章程的规定，由董事长、执行董事或者经理担任，并依法登记。”**在公司成立时，股东们可以自行决定是由董事长、执行董事还是总经理担任法定代表人。因此，担任董事长、执行董事或者经理是成为公司法定代表人的首要条件。

其次，在成为董事长、执行董事或者经理后还应当在工商部门进行登记，才能最终取得法定代表人的资格。当公司法定代表人发生变更时，也应当到工商部门办理变更登记手续。但是，法定代表人变更的工商登记意义在于向社会公示公司的代表权状态。工商登记的法定代表人对外具有公示效力，涉及公司以外的第三人因公司代表权而产生争议，应以工商登记为准；如果公司内部股东之间因法定代表人任免而发生争议，应以有效的股东会任免决议为准，在公司内部产生效力。举一个例子：

由于公司人事变动，A不再担任法定代表人，而是更改为B，但公司迟迟未作工商变更登记。如果某人要起诉法院，他通过工商查询得到公司法定代表人为A，那么他就可以在起诉书中写明A为被告公司的法定代表人，而不必查明实际法定代表人是B，但公司在应诉时应当由B代表公司出庭。

因此，一般情况下，一个自然人经过公司法和公司章程规定的程序被选举为法定代表人，并经工商登记而公示，即具有公司法定代表人身份。

并非任何人具备了上述两个条件就可以担任法定代表人，法律还规定了一些消极条件。根据《企业法人法定代表人登记管理规定》第4条的规定，下列人员不能担任法定代表人：

1．无民事行为能力人或者限制民事行为能力人，比如未成年人以及不能辨认和控制自己行为的精神病人；

2．正在被执行刑罚或者正在被执行刑事强制措施的人，比如正在监所服刑或者被逮捕的人；

3．正在被公安机关或者国家安全机关通缉的人；

4．因犯有贪污贿赂罪、侵犯财产罪或者破坏社会主义市场经济秩序罪，

被判处刑罚，执行期满未逾五年的人；因犯有其他罪，被判处刑罚，执行期满未逾3年的人；或者因犯罪被判处剥夺政治权利，执行期满未逾5年的人；

5．担任因经营不善破产清算的企业的法定代表人或者董事、经理，并对该企业的破产负有个人责任，自该企业破产清算完结之日起未逾3年的人；

6．担任因违法被吊销营业执照的企业的法定代表人，并对该企业违法行为负有个人责任，自该企业被吊销营业执照之日起未逾3年的人；

7．个人负债数额较大，到期未清偿的人；

8．有法律和国务院规定不得担任法定代表人的其他情形的。

企业法人法定代表人一旦出现不得担任法定代表人情形，在法定的3年限制期内不能在已任职的企业法人中继续担任法定代表人，也不能担任其他企业法人的法定代表人。

（二）法定代表人与法人代表的区别

法人代表并不是一个法律概念，更多的是人们一种通俗的称谓，一般是指根据法人的内部规定担任某一职务或由法定代表人指派代表法人对外依法行使民事权利和义务的人。如在处理某一具体事务中，某人自称为某公司的法人代表等。法人代表是基于法人的临时授权，在某一项业务或事务中代表法人的自然人，其实质是受法人委托从事某项业务活动的人，具体到一个公司而言，就如同公司的代理人一样。

生活中很多人将法定代表人简称为法人代表，认为二者是一回事。这种看法其实是片面的，法定代表人与法人代表的区别非常明显。

从对外关系看，法人与法人代表之间是一种意定的委托代理关系，权力来自于法人出具的授权委托书；而法人与法定代表人之间是一种法定的代表关系，法定代表人的代表职权来自法律的明确授权，不需要法人再另行出具授权委托书。下面这个案例可以很好地说明法定代表人和法人代表之间的区别。

李某是一家公司的董事长，因公司未支付其工资，向法院提起诉讼，要求公司支付其工资，诉状中列明原告本人也是公司的法定代表人，因此李某既是本案的原告又是本案被告的法定代表人，在庭审中既作为原告陈述，又要代表

被告答辩，形成“自己告自己”的奇特景象。

其实，在这个案子中，当李某起诉公司时就不应该再作为法定代表人代表公司了，公司应该另行选任代表人作为法人代表参加诉讼。

（三）法定代表人与董事长、经理的关系

董事长是依照法律规定，主持股东大会和召集、主持董事会会议的董事。董事长职权主要包括负责主持股东会会议和董事会的召集和主持等。

经理是在法人中负责生产经营管理工作的自然人，是法人董事会决议的执行人员。法人中是否设经理，根据公司性质和规模而定。对于有限责任公司，法律规定可以设经理，也可以不设经理；对于股份有限责任公司，法律规定必须设经理。经理的聘任和解聘，由董事会决定，其对董事会负责。经理的职责主要是对法人内部生产经营工作的管理权。

法定代表人与董事长、经理的关系与由法定代表人由谁担任来决定的。如果法定代表人由董事长担任，经理不过是公司的一名高管人员，没有公司或者法定代表人的授权不能代表公司；如果法定代表人由经理担任，对内经理有生产经营活动的管理权，对外可以直接代表公司进行各种活动，而此时董事长只是个“闲差”，主要是监督经理履行职权，并不具体执行公司内部事务。但现实中，董事长与经理由一人担任的现象比较普遍，尤其是中小公司。

（四）法定代表人的权力

总体而言，法定代表人是公司的全权代表，在国家法律、法规以及公司章程规定的职权范围内行使职权、履行义务，代表公司参加民事活动，对公司的生产经营和管理全面负责。《合同法》第50条就规定：**“法人或者其他组织的法定代表人、负责人超越权限订立的合同，除相对人知道或者应当知道其超越权限的以外，该代表行为有效。”**从某种意义上讲，担任了公司的法定代表人，即掌控了公司的核心权力。

具体而言，法定代表人的权力主要包括：

对外签字权

法定代表人是代表企业行使职权的签字人，代表企业签订合同、各类法律文书，法定代表人签署的文件是代表企业法人的法律文书，对企业具有法律效力。基于此，为了便于行使签字权，公司的公章等财物也往往由法定代表人管理。在订立合同过程中，法定代表人签字常常被视为合同的生效条件。如果未经法定代表人同意或者授权，其他任何人以公司的名义签订合同都被认为是一种越权行为。

财务的控制权

根据我国银行贷款相关规定，人民银行对企业贷款实行贷款证管理，只有获得贷款证的企业才有资格向银行贷款，而法定代表人的身份是贷款证必须记载的内容。银行对企业账户实行预留印鉴的管理方式，预留的印鉴一般包括企业财务专用章、法定代表人章和财会人员章。因此，如果没有法定代表人同意和签名，企业无法到银行办理业务，比如支取存款、票据汇兑等。

参与诉讼权

《民事诉讼法》第48条规定法人由其法定代表人进行诉讼。法定代表人有权直接代表本单位向人民法院起诉和应诉，其所进行的诉讼行为就是本单位的诉讼行为，直接对本单位发生法律效力。

实际上，当公司遇到官司时，往往不会是什么好事情。法定代表人唯恐避之而不及，常常不知所踪，致使案件审理无法进行。如果遇到这种情况，法院会采取以下方式确定公司的法定代表人：①公司章程对公司诉讼代表权的人选确定有约定的，按照章程约定。②建议公司召开临时股东会，或以股东协商方式选定公司诉讼代表人。③公司不能通过股东会议或协商方式确定诉讼代表人的，对设有董事会的公司，通知副董事长代表公司参加诉讼。对未设董事会的公司，通知其他董事代表公司参加诉讼。其他董事有两人以上的，可协商确定其中之一。协商不成，法院可予以指定。④公司董事会或董事中无适合人选的，基于公司监事会的法定职责，法院可指定公司监事会主席或执行监事代表公司参加诉讼。⑤通过以上途径仍不能确定，法院可指定与担任法定代表人的股东或董事提起的诉讼没有明显利害关系的其他股东作为公司的诉讼代表人。

担任法定代表人存在的法律风险

法定代表人是法人民事行为能力的主要实现者，对外代表法人从事民事活动。法定代表人应当在法律、行政法规和企业法人组织章程规定的职权范围内行使职权。官司不仅应对法定代表人在职权范围内进行的合法民事行为的后果负责，而且对法定代表人在执行职务过程中的违法行为也应承担民事责任，但这并不表示法定代表人本人不用承担任何法律责任。

尽管法定代表人在公司管理的过程中享有诸多权力，但在现行中国法律体制下，法定代表人对其行为及企业的行为也要承担相应的民事、行政和刑事责任，甚至可以说承担了较大的法律责任和风险，即使是挂名的法定代表人也可能要承担相应的责任。

（一）民事责任

法定代表人代表着企业从事各项活动，由于自己行为的过错，法定代表人既可能是对公司承担民事责任，也可能对公司之外的第三方承担民事责任。

首先说法定代表人对公司可能承担的民事责任。法定代表人在履行职责时应当遵守法律、行政法规和公司章程，对公司负有忠实义务和勤勉义务。但法定代表人本身是自然人，作为自然人有着自己的个人利益，存在做出私利行为的倾向。如果法定代表人由于自己的行为导致公司利益受损，公司可以要求其赔偿。《公司法》第149条规定：**“董事、监事、高级管理人员执行公司职务时违反法律、行政法规或者公司章程的规定，给公司造成损失的，应当承担赔偿责任。”**法定代表人作为公司高管之一，如果没有尽到谨慎、勤勉、忠诚、保密等义务就应当对自己的过错承担相应的赔偿责任。

其次再谈谈法定代表人对第三方的民事责任。一般情况下，法定代表人的职务行为就是公司的行为，因而由此产生的民事责任由公司承担，法定代表人不向第三人直接承担民事责任。民法通则司法解释第58条规定：企业法人的法定代表人和其他工作人员，以法人名义从事的经营活动，给他人造成经济损失的，企业法人应当承担民事责任。

但是，如果法定代表人是公司的股东，通过滥用公司法人独立地位和股东有限责任逃避债务，严重损害公司债权人利益的，应当与公司一起对公司债务承担连带责任，《公司法》第20条对此做出了明确规定。比如，股东作为法定代表人对公司出资显著不足，有的甚至共用一本账、一个银行账号，还有空壳公司、脱壳经营等。当债权人找到公司讨债，公司已经成为空壳公司，公司法定代表人往往会说："公司经营不善，明天就申请破产"。如果债权人找到公司的股东，股东会说："股东依法对公司债务承担有限责任，不对债权人承担债务清偿责任。"对于控制股东滥用法人资格的行为，公司的债权人往往是"哑巴吃黄连，有苦说不出"。这种情况下，债权人应当及时向法院起诉，甚至可以申请诉前财产保全，避免损失扩大。实践中，由于公司的经营信息多为内部信息，债权人很难获取，所以法院往往只要求原告提供一定形式的证据，包括举证证明其所受损害与滥用公司法人人格的行为之间存在因果关系等，然后再由股东承担一定的举证责任，举出证据证明不存在滥用公司法人人格的情形，平衡双方之间的信息不对称。

此外，如果一人公司的法定代表人是公司股东，那么根据《公司法》第63条的规定，如果其不能证明公司财产独立于股东自己的财产，也应当对公司债务承担连带责任。比如你一个人开办了一人有限责任公司，注册资金50万元，由于股东只有你一个，你有可能会把自己的其他财产也投入到公司的经营里面，或者你可能把公司的盈利变成自己的财产，这样你的财产就与公司的财产脱离不了关系了，这种情形叫作"公司的财产没有独立于股东自己的财产"，这样公司一旦破产，公司所欠的债款就必须用公司的财产和你个人的财产来偿还，这叫作"对公司债务承担连带责任"。实践中，这种情况多是因为股东作为法定代表人对公司过度控制，导致公司和股东的资产、财务、业务、机构、

人员发生高度混同，甚至公司和股东共用一本账、共享一个银行账号、共用同一落款、同一公司的信封等。

因此，对于公司的日常经营活动，最好按照公司章程的规定，由股东会或董事会进行决策，法定代表人不要自行决断；同时，对于违反法律、行政法规或公司章程的事项，法定代表人也应明确提出异议，并记载于相应的会议记录，以避免不必要的法律风险。

（二）行政责任

《民法通则》第49条是法定代表人承担行政责任的直接依据。该条规定：企业法人有下列情形之一的，除法人承担责任外，对法定代表人可以给予行政处分、罚款：

1. 超出登记机关核准登记的经营范围从事非法经营的；

2. 向登记机关、税务机关隐瞒真实情况、弄虚作假的；

3. 抽逃资金、隐匿财产逃避债务的；

4. 解散、被撤销、被宣告破产后，擅自处理财产的；

5. 变更、终止时不及时申请办理登记和公告，使利害关系人遭受重大损失的；

6. 从事法律禁止的其他活动，损害国家利益或者社会公共利益的。

民法通则司法解释第61条规定：人民法院审理案件时，如果查明企业法人有民法通则第49条所列的六种情形之一的，除企业法人承担责任外，还可以根据民法通则第49条和第134条第3款的规定，对企业法定代表人直接给予罚款的处罚；对需要给予行政处分的，可以向有关部门提出司法建议，由有关部门决定处理。

公司管理相关法律法规也有规定，比如《公司登记管理条例》第74条规定公司在进行清算时隐匿财产，对资产负债表或者财产清单作虚假记载或者在未清偿债务前分配公司财产的，除对公司进行罚款的行政处罚外，也要对公司直接负责的主管人员和其他直接责任人员处以1万元以上10万元以下的罚款。由于法定代表人往往是公司行为的直接负责人员，因此行政机关可以根据相关规定对他们予以行政处罚。

此外，如果公司存在债务违约或者偷税漏税等问题，其法定代表人也可能会被行政机关采取限制离境等措施。比如《最高人民法院关于适用〈中华人民共和国民事诉讼法〉执行程序若干问题的解释》第37条规定：**“被执行人为单位的，可以对其法定代表人、主要负责人或者影响债务履行的直接责任人员限制出境。”**《税收征收管理法》第44条规定：**“欠缴税款的纳税人或者他的法定代表人需要出境的，应当在出境前向税务机关结清应纳税款、滞纳金或者提供担保。未结清税款、滞纳金，又不提供担保的，税务机关可以通知出境管理机关阻止其出境。”**

（三）刑事责任

法定代表人的刑事责任主要存在于单位犯罪之中。在我国刑法中，对单位犯罪实行单罚制和双罚制并用的制度，具体包括：有的单位犯罪只追究单位的责任；有的单位犯罪只追究主管人员和主要责任人员的责任；有的单位犯罪则既追究单位的责任又追究主管人员和主要责任人员的责任。

因此，如果公司触犯刑法被追究刑事责任的时候，法定代表人作为管理公司事务的高级管理人员，往往会被认定为“直接负责的主管人员和其他直接责任人员”，与公司一起被判处刑罚，受到刑事制裁。因此，法定代表人并不好当，要知法懂法，避免因不懂法而受到刑罚。

当然，并不是说单位犯罪中法定代表人一定会被追究刑事责任。如果是单位其他管理人员组织实施了犯罪，不在法定代表人的分工范围之内，法定代表人对本单位的犯罪也不知情，那就不能认定其是直接负责的主管人员。

单位犯罪中既对单位判处刑罚也对个人判处刑罚的罪名较多，比如强迫职工劳动罪、生产销售伪劣产品罪、偷税罪、侵犯著作权罪、非法经营罪等。下面就介绍一些常见的法定代表人可能承担刑事责任的罪名：

1. **重大劳动安全事故罪。**《刑法》第135规定：安全生产设施或者安全生产条件不符合国家规定，因而发生重大伤亡事故或者造成其他严重后果的，对直接负责的主管人员和其他直接责任人员，处3年以下有期徒刑或者拘役；情节特别恶劣的，处3年以上7年以下有期徒刑。

2. **工程重大事故罪。**《刑法》第137条规定：建设单位、设计单位、施工

单位、工程监理单位违反国家规定，降低工程质量标准，造成重大安全事故的，对直接责任人员，处5年以下有期徒刑或者拘役，并处罚金；后果特别严重的，处5年以上10年以下有期徒刑，并处罚金。

3．**教育设施重大安全事故罪**。《刑法》第138条规定：明知校舍或者教育教学设施有危险，而不采取措施或者不及时报告，致使发生重大伤亡事故的，对直接责任人员，处3年以下有期徒刑或者拘役；后果特别严重的，处3年以上7年以下有期徒刑。

4．**消防责任事故罪**。《刑法》第139条规定：违反消防管理法规，经消防监督机构通知采取改正措施而拒绝执行，造成严重后果的，对直接责任人员，处3年以下有期徒刑或者拘役；后果特别严重的，处3年以上7年以下有期徒刑。

5．**违规披露、不披露重要信息罪**。《刑法》第161条规定：依法负有信息披露义务的公司、企业向股东和社会公众提供虚假的或者隐瞒重要事实的财务会计报告，或者对依法应当披露的其他重要信息不按照规定披露，严重损害股东或者其他人利益，或者有其他严重情节的，对其直接负责的主管人员和其他直接责任人员，处3年以下有期徒刑或者拘役，并处或者单处2万元以上20万元以下罚金。

6．**虚假破产罪**。《刑法》第162条规定：公司、企业通过隐匿财产、承担虚构的债务或者以其他方法转移、处分财产，实施虚假破产，严重损害债权人或者其他人利益的，对其直接负责的主管人员和其他直接责任人员，处5年以下有期徒刑或者拘役，并处或者单处2万元以上20万元以下罚金。

7．**雇用童工从事危重劳动罪**。《刑法》第244条规定：违反劳动管理法规，雇用未满16周岁的未成年人从事超强度体力劳动的，或者从事高空、井下作业的，或者在爆炸性、易燃性、放射性、毒害性等危险环境下从事劳动，情节严重的，对直接责任人员，处3年以下有期徒刑或者拘役，并处罚金；情节特别严重的，处3年以上7年以下有期徒刑，并处罚金。

8．**出版歧视、侮辱少数民族作品罪**。《刑法》第250条规定：在出版物中刊载歧视、侮辱少数民族的内容，情节恶劣，造成严重后果的，对直接责任人员，处3年以下有期徒刑、拘役或者管制。

值得注意的是，2014年4月24日第十二届全国人民代表大会常务委员会第八次会议通过的《全国人民代表大会常务委员会关于〈中华人民共和国刑法〉第三十条的解释》规定：“**公司、企业、事业单位、机关、团体等单位实施刑法规定的危害社会的行为，刑法分则和其他法律未规定追究单位的刑事责任的，对组织、策划、实施该危害社会行为的人依法追究刑事责任。**”可以说，这是一个大规模扩展公司犯罪中个人责任的条款，值得所有企业家重视。

《刑法》第三十条规定：“**公司、企业、事业单位、机关、团体实施的危害社会的行为，法律规定为单位犯罪的，应当负刑事责任。**”根据此规定，单位负刑事责任的范围限于“法律规定为犯罪的”，即要在《刑法》分则的具体条文中找到对应的单位法律责任条款，才能判处刑事责任。现行刑法中，单位犯罪主要是在经济领域中判处，有些犯罪如杀人、伤害、盗窃、拘禁等一般不规定单位犯罪。但在实际生活中，存在单位决策实施盗窃，如窃水、窃电的情况，或者单位为了打倒竞争对手，雇凶杀人，或者为了追债，单位非法拘禁他人。按照以前的司法实践，如果是单位实施了犯罪行为，而又没有对应法条可以定罪，个人行为、个人动机、个人所得都没有，单位就无法定罪，单位无罪后，个人也可以不追究刑事责任。

而现在的立法解释对上面提到的杀人、伤害、盗窃、拘禁等行为，虽然不认为是单位犯罪，不由单位承担刑事责任，但对组织、策划、直接实施这些行为的人按自然人犯罪追究刑责。这就变成了所有单位实施的犯罪行为，不论单位有没有罪，单位负责人和直接责任人都会百分之百被追究，尤其是法定代表人作为公司的主要负责人，责任更是在所难免。

第七章

中国式合伙：联手之前说扯清，和而不火是关键

很多人在看了香港著名导演陈可辛执导的《中国合伙人》之后深受感动，影片中“土鳖”黄晓明、“海龟”邓超和“愤青”佟大为三位好朋友为了梦想一起打拼，最后成功实现人生理想。可以说这部影片浓缩了我们国家一代创业者的成长历程，而其中三个人的合伙形式或许会让许多有创业梦想的人深受启发。2013年9月马云宣布阿里巴巴集团实行合伙人制度，也让更多人对合伙这种制度产生了浓厚的兴趣。

合伙制度并非起源于我们国家，而是起源于古罗马。但这并非说我国古代就没有合伙这种制度，春秋时期管仲与鲍叔牙“同贾南阳”就是合伙或者说合本经营的原始形态，明代万历年间还出现了统一的合伙契约文书。

合伙制度在我们国家有着深厚的历史和广泛的群众基础，无论是古代还是现代，无论是改革开放之前还是之后，无论是经济发达的沿海地区还是经济落后的西部地区，无论是城市还是农村，合伙已经被中国的商人们灵活、熟练地运用在自己的商业活动之中，而且取得了非常好的经营效果。合伙作为一种古老的经营方式和经济组织形式，在现代企业制度盛行的今天依然保持着旺盛的生命力，被人们广泛采用。

那么，在我们国家合伙究竟是怎样一种组织形态，有哪些优点和缺点以及如何才能成立合伙企业并且有效运转呢？我想，很多人尤其是立志创业的人会非常想弄明白这些问题。

一般意义上的合伙是几个人集合在一起为了同一目的而努力，比如合伙做生意、合伙办公司，甚至结伴旅游等。从法律上讲，合伙有明确的定义和概念。目前，我们国家有关合伙的规定主要包含在《民法通则》和《合伙企业法》两个法律文件之中。一般而言，合伙是指两个以上的民事主体共同出资、共同经营、共负盈亏。

在我国，合伙大致可以分为个人合伙、法人合伙（联营）和合伙企业三种形式。个人合伙是自然人或者说公民之间的合伙；法人合伙一般称之为“法人联营”，是企业之间或企业与事业单位之间的单位合伙；合伙企业是根据《合伙企业法》的规定、经国家工商管理机关登记成立的一种企业。从法律适用的角度看，个人合伙和法人合伙适用《民法通则》及民法通则司法解释，合伙企业适用《合伙企业法》。

对于投资者而言，由于采用三种方式中的哪种方式进行创业可能会影响以后组织管理形式、法律责任承担等问题，所以投资者在投资前首先要考虑的是采用何种合伙形式。本章就分别对三种不同的合伙形式进行解读，为投资者提供参考。

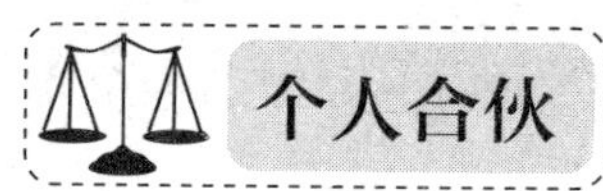

个人合伙

《民法通则》第30条规定："个人合伙是指两个以上公民按照协议，各自提供资金、实物、技术等，合伙经营、共同劳动。"从本质上讲，个人合伙是一种对外承担连带责任的自然人联合经营体。个人合伙是生活中十分普遍的民间投资形式，形式灵活，不局限于企业形式，也可以是个体工商户，临时性的合伙协议甚至无须到工商部门办理登记手续。相对于合伙企业而言，个人合伙受到的法律规制较少，简便易行。

（一）字号对合伙的作用是什么？

《民法通则》第33条规定，个人合伙可以起字号，依法经核准登记，在核准登记的经营范围内从事经营。因此，个人合伙是否起字号完全取决于各个合伙人的意愿，但如果起字号就要到工商部门办理核准登记，一般登记为个体工商户，相应地，不起字号的个人合伙不需要办理工商登记。

参照《个体工商户名称登记管理办法》，个人合伙的字号和个体工商户的字号一样不能随便起名字，比如党政机关名称、部队番号，"中国""中华""全国""国家""国际"等字词、汉语拼音、字母、外国文字、标点符号等均不能用在字号当中。

字号对合伙的作用是什么呢？事实上，经过登记的字号就相当于一个企业的名称，在对外宣传中起到了品牌的作用，对于扩大合伙的知名度作用很大。

此外，根据民事诉讼法的规定，起字号的个人合伙在民事诉讼中，应当以依法核准登记的字号为诉讼当事人，并由合伙负责人为诉讼代表人。合伙负责人的诉讼行为对全体合伙人发生法律效力。未起字号的个人合伙，合伙人在民事诉讼中为共同诉讼人。合伙人人数众多的，可以推举诉讼代表人参加诉讼，诉讼代表人的诉讼行为，对全体合伙人发生法律效力。推举诉讼代表人，应当办理书面委托手续。

（二）口头合伙协议有效吗？

虽然《民法通则》第31条规定个人合伙应当订立书面合伙协议，但事实上，个人合伙成立非常简单，只要投入资金、有个口头约定就可以了。民法通则司法解释第50条规定："当事人之间没有书面合伙协议，又未经工商行政管理部门核准登记，但具备合伙的其他条件，又有两个以上无利害关系人证明有口头合伙协议的，人民法院可以认定为合伙关系。"因此，书面合伙协议并不是合伙成立的必要条件，只要有口头的合伙意思表示，共同经营、共同劳动、共同承担连带责任，也可以视为是合伙。

如果要签订书面的合伙协议，根据《民法通则》第31条规定，合伙协议的内容包括出资数额、盈余分配、债务承担、入伙、退伙、合伙终止等事项。需要注意的是，起字号的个人合伙因为需要办理工商登记，因此必须要有书面合伙协议。如果是口头合伙协议，最好能有两个以上无利害关系人的证明，否则一旦发生纠纷不一定能够得到法院的认可，存在一定的法律风险。风险包括两种：一种是在赢利时，一方为了侵吞合伙盈利拒不承认对方是合伙人，反而主张是民间借贷关系；另外一种是在亏损时，一方为了逃避合伙的连带责任拒不承认自己是合伙人，而主张相互之间是民间借贷关系。而书面合伙协议是区分个人合伙和民间借贷的最重要也是最直接的证据，因此建议当事人一定要签订并保存好书面合伙协议。

合伙企业往往都是基于朋友、亲属之间的信任而共同开展经营活动。由于信任和对法律认识的缺失，大家往往对合伙协议不重视，签订的内容也非常简单，导致存在很多隐患，合伙纠纷案件也非常多，朋友亲戚关系也因此而受损。

（三）合伙期间积累的财产咋分配？

个人合伙的财产分为两类：一类是投入的财产，另一类是经营中积累的财产。

《民法通则》规定，合伙人投入的财产由合伙人统一管理和使用。这部分财产的性质很明确，即归各合伙人各自所有。夫妻一方以共同财产与他人合伙

的，在离婚时法院可以判决入伙的财产分给一方所有，分得入伙财产的一方对另一方应给予相当于入伙财产一半价值的补偿。

那么合伙期间经营积累的财产的性质呢?《民法通则》规定属于合伙人共有。但至于是共同共有或者按份共有，还需要按照不同情况进行区别。

《物权法》第103条规定：“**共有人对共有的财产没有约定为按份共有或者共同共有，或者约定不明确的，除共有人具有家庭关系等外，视为按份共有。按份共有人对共有的不动产或者动产享有的份额，没有约定或者约定不明确的，按照出资额确定；不能确定出资额的，视为等额享有。**”所以，各合伙人对合伙经营积累的财产是共同共有还是按份共有关系取决于他们之间的约定。通常，为公平起见，合伙人之间一般会约定按照各自出资额约定为按份共有。

在确定经营中积累的财产性质之后，合伙财产的使用和处分问题就可以按照《物权法》的规定解决。即有约定按照约定执行；没有约定或者约定不明确的，各合伙人都有管理的权利和义务。如果要处分共有的合伙财产以及对合伙财产作重大修缮，按份共有的应当经占份额2/3以上的合伙人同意；共同共有的应当经全体合伙人同意。

（四）合伙经营如何管理更明确？

《民法通则》规定，个人合伙的经营活动由合伙人共同决定，合伙人有执行和监督的权利。合伙人可以推举负责人。合伙负责人和其他人员的经营活动，由全体合伙人承担民事责任。个人合伙原则上由合伙人共同决定，也可以约定按照多数合伙人或多数份额的原则进行管理。

个人按照协议提供资金或者实物，并约定参与合伙盈余分配，但不参与合伙经营、劳动的，或者提供技术性劳务而不提供资金、实物，但约定参与盈余分配的，视为合伙人。在合伙经营过程中增加合伙人，书面协议有约定的按照协议处理；书面协议未约定的须经全体合伙人同意；未经全体合伙人同意的，应当认定入伙无效。

合伙事务管理的重中之重是账务管理。目前比较普遍的现象是合伙财务混乱，记账登记等财务行为缺乏监督，具有较大的随意性，甚至不乏篡改账目、毁坏账目的情形。一些合伙人因合伙纠纷诉至法院时，由于自身并不掌握合伙账目或合伙财产，而被诉一方合伙人很少主动配合进行账目清算，双方对合伙账目存在较大争议，导致合伙开支与合伙盈余等账目无法查清。其实，当事人因合伙纠纷诉至法院，多是希望借助法院对合伙财产和账目进行审查，然后进行债权债务以及盈余分配。但往往由于缺少证据，法院会以因合伙未经清算、账目无法查清，不予受理，或者在受理之后驳回原告诉讼请求。

（五）合伙中出现债务纠纷怎么办？

按照《民法通则》规定，个人合伙中合伙人对合伙债务承担无限连带责任，不存在合伙企业中的“有限合伙人”。因此，合伙债务属于连带债务，全体合伙人对合伙经营的亏损额，对外应当负连带责任；对内则应按照协议约定的债务承担比例或者出资比例分担；协议未规定债务承担比例或者出资比例的，可以按照约定的或者实际的盈余分配比例承担。但是对造成合伙经营亏损有过错的合伙人，应当根据其过错程度相应地多承担责任。

只提供技术性劳务，不提供资金、实物的合伙人，对于合伙经营的亏损额，对外也应当承担连带责任；对内则应当按照协议约定的债务承担比例或者技术性劳务折抵的出资比例承担；协议未规定债务承担比例或者出资比例的，可以按照约定的或者合伙人实际的盈余分配比例承担；没有盈余分配比例的，按照其余合伙人平均投资比例承担。

如果某个合伙人既有合伙债务又有个人债务，怎么处理呢？首先，对于合伙债务，当他对没有能力清偿时，应由其他合伙人代为清偿，然后代偿的合伙人向其追偿，他的合伙债务也就转化为了个人债务，由个人的财产予以清偿；其次，对于个人债务，应当以其个人财产清偿，不足时才可以用其合伙财产偿还，此时其他合伙人无须承担连带责任。

实践中，由于当事人缺少必要的法律知识，对合伙债务分担的规则不甚了解，甚至有一些动机不纯的当事人故意混淆视听，往往会向其他合伙人提出返还投资款、垫付款、支付合伙期间的费用、赔偿经营亏损的损失或者支付合伙亏损补偿款等不当要求。由于《民法通则》等相关法律规定比较笼统，法院有时也担心法律条款的把握不准，处理方式经常是不予受理或受理后对当事各方

进行调解，引导原告主动撤诉。

（六）退伙是想退就能退吗？

俗话说“合久必分”，有合伙就会有退伙。古人还有一句话叫作“好合好散”，如何做好退伙的处理也是一门学问。

法律没有规定哪些情况下可以退伙，因此在订立合伙协议时最好予以明确。退伙一般分为自愿退伙、自然退伙和开除退伙三种。自愿退伙无须解释；自然退伙是指合伙人死亡而自然终止了合伙资格；开除退伙一般是由于某一合伙人故意损害合伙利益而被其他合伙人一起决定要求其退出。

合伙协议中可以约定退伙的条件，比如必须经营一定时间后才能退出等。总之，退伙的基本处理原则是有协议的按协议处理，没有协议约定的，原则上应予准许。但因其退伙给其他合伙人造成损失的，应当考虑退伙的原因、理由以及双方当事人的过错等情况，确定其应当承担的赔偿责任，不能“拍拍屁股就走人”。

退伙并不意味着债务的消失。合伙经营期间发生亏损，退伙时未按约定分担或者未合理分担合伙债务的，退伙人对原合伙的债务仍然应当承担清偿责任；而且即使退伙人已分担合伙债务的，对其参加合伙期间的全部债务仍负连带责任。这种债务的连带承担方式令很多人忌惮，也是合伙相对于公司最明显的缺点，因此会转而选择承担股东“有限责任”的公司作为经营形式。

此外，合伙人退伙时分割的合伙财产，应当包括合伙时投入的财产和合伙期间积累的财产，以及合伙期间的债权和债务，也就是说挣的钱和赔的钱都要结算。入伙的原物退伙时原则上应予退还；一次清退有困难的，可以分批分期清退；退还原物确有困难的，可以折价处理。

如果合伙如果经营不下去，合伙人之间应当及时协商进行清算，必要时要及时向法院申请进行财产保全和证据保全，避免个别合伙人擅自处理合伙财产给其他合伙人造成经济损失。

法人合伙中的合伙人要一辈子背债吗

法人合伙是我国特有的一种合伙形式，世界上其他各国并不区分法人合伙与个人合伙。我国《民法通则》将联营分为法人型联营、合伙型联营、合同性联营，一般认为，合伙型联营就是法人合伙。

根据《民法通则》第30条的规定，**法人合伙是指两个或两人以上的法人之间根据合伙合同的约定而设立的，共同出资、共同经营、共享利益、共担债务，不具有法人资格的经济联合组织。党政机关和隶属党政机关编制序列的事业单位、军事机关、工会、共青团、妇联、文联、科协和各种协会、学会及民主党派等，不能成为联营合同的主体。**

实际上，在生活中很多企业之间的合作会采用这种形式，但是当事人往往没有意识到，以至于在发生纠纷时不知道如何维护自己的权益。

法人合伙这种形式相对于成立合伙企业或者公司而言，具有成立和运营程序简便等特点，尤其是在大型工程项目中经常被运用。而且，与个人合伙相比，合伙的主体是依法承担有限责任的法人，因此，其合伙人不像个人合伙那样承担无限责任，一辈子都要背着债，而是一种“相对”的无限责任，即各合伙人只以各自所有或经营管理的财产为限承担合伙债务责任，而不以其成员的个人财产承担债务。这一点与公司的债务承担方式类似。

在经营管理上，一般法人合伙会采用“联席会议”的形式，也有的推举一名合伙人进行管理，不再另行设立执行机构，这对那些以一个企业为核心，附加若干中小企业的法人合伙比较实用。但由于由一个成员法人执行，容易发生“自己代理”的情况，损害合伙的利益，可谓是一把“双刃剑”。

合伙企业常常出现在哪些领域

合伙企业是指依法在中国境内设立的由各合伙人订立合伙协议，共同出资、合伙经营、共享收益、共担风险，并对合伙企业债务承担无限连带责任的营利性组织。2007年6月1日起施行的新《合伙企业法》对合伙企业的形式、解散、清算等都做了非常明确的规定。

新《合伙企业法》扩大了合伙人的范围，合伙人不再局限于自然人，公司等法人和其他组织也可以进行合伙，这可以让更多的个人更快地找到有实力的合伙人，完成创业的梦想。

新《合伙企业法》还规定了两类新的合伙企业形态：特殊的普通合伙企业和有限合伙企业。特殊的普通合伙企业是以专业知识和专门技能为客户提供有偿服务的专业服务机构而设立的普通合伙企业，比如会计师事务所、律师事务所、设计师事务所等。特殊的普通合伙仅适用于以专门的法律、会计等知识与技能为客户提供有偿服务的机构，这是因为这些专门知识和技能通常只为少数、受过专门知识教育与培训的人才所掌握，而在向客户提供专业服务时，个人的知识、技能，职业道德、经验等往往起着决定性的作用，与合伙企业本身的财产状况、声誉、经营管理方式等都没有直接和必然的联系，合伙人个人的独立性极强。因此，一个合伙人或者数个合伙人在执业活动中因故意或者重大过失造成合伙企业债务的，应当承担无限责任或者无限连带责任，其他合伙人以其在合伙企业中的财产份额为限承担责任。这也正是与一般合伙企业的不同之处。但是，合伙人在执业活动中非因故意或者重大过失造成的合伙企业债务以及合伙企业的其他债务，同样由全体合伙人承担无限连带责任。

有限合伙企业是由普通合伙人与有限合伙人组成，前者负责合伙的经营管理，并对合伙债务承担无限连带责任，后者不执行合伙事务，仅以其出资额为限对合伙债务承担有限责任。相对于普通合伙企业，有限合伙企业允许投资者以承担有限责任的方式参加合伙成为有限合伙人，有利于提高投资者的积极性，使拥有财力的人作为有限合伙人，拥有专业知识和技能的人作为普通合伙人，实现“能人和富人共舞”，有人甚至说有限合伙企业是世界上“最具有生命力”的企业。因此有限合伙的形式往往应用于风险投资机构，从事高科技项目的投资，对建设创新型国家意义重大。

此外，与个人合伙和法人合伙不同，根据《合伙企业法》的规定，清算是合伙企业终止的必经程序，未经清算，企业不得终止。但在个人合伙和法人合伙中，合伙协议是约束合伙人的直接依据，合伙终止只需合伙人达成书面协议即可。当合伙人约定的终止事由出现或合伙人决定终止合伙之情形发生，合伙即可终止。

合伙企业、个人独资企业、公司，哪种方式好

在创业开始阶段，选择合适的组织形式对于创业的成功至关重要。目前来看，在我们国家主要有合伙企业、个人独资企业、公司等形式可供选择，而且每种组织形式都有明确的法律予以规定。笼统地讲合伙企业好还是个人独资企业或公司好，并没有多大意义，每个投资者应当结合自身实际进行选择。下面列明一些组织形式的特点以供参考：

合伙企业

优点：一是资本来源广泛，出资方式多样，可以用货币、实物、知识产权、土地使用权或者其他财产权利出资，也可以用劳务出资，合伙人之间优势互补、荣辱与共，大家“拧成一股绳”；二是管理方式灵活，法律的干预和限制较少，每个合伙人都可以参与企业的经营管理，容易调动积极性，自主性较强，效率也较高；三是从纳税角度讲，合伙企业并不是纳税的主体，而是采用“先分后税”的方法，在计算出应纳税所得后分配到各合伙人缴纳。

缺点：一是相对于公司而言，资金来源渠道和企业信用能力有限，造成合伙企业的规模不可能太大。二是合伙人多的情况下造成“三个和尚没水吃”的局面，容易产生内耗和分歧，而且一旦有合伙人破产、死亡等情况往往导致合伙无法进行下，所以合伙企业存续的时间一般不会很长。三是各合伙人之间是连带责任，一旦一个合伙人经营失误，所有合伙人都被连累，而且彼此之间约定的按份责任不能对抗外部的债权人，加重了经营的风险。

个人独资企业

优点：一是创立容易，不需要与他人协商自己决定就可以成立一家属于自己的企业；二是注册手续简单，注册费用低，但是在我国逐渐取消公司注册资本实缴制度后，这个优势将不再存在了；三是决策自主，凡事一个人说了算，所谓“船小好调头”，经营灵活多变，容易适应复杂的市场竞争。

缺点：一是个人能力、资源有限，决定了个人独资企业的信誉低，抗风险能力差。二是个人承担无限责任，一旦出现亏损，除了企业本身的财产外，个人财产也要用于清偿债务，加大了投资风险。三是缺乏规范的管理制度，个人的决策往往具有很大的随意性和盲目性，造成企业存在的持续性差。

公司

公司包括有限责任公司和股份有限公司两种，股份有限公司由于注册资本要求较高，很少有创业者采用，有限责任公司是绝大多数创业者乐于采用的组织形式。如果是一个人创业，可以采用一人有限公司的方式。

优点：一是有限责任，也就是公司以其全部资产清偿债务，在公司的资产不足以清偿债务时，债权人不能要求股东承担责任，公司也不得将其债务转让到其股东身上；二是公司治理结构比较规范，大公司一般设立有董事会、监事会，小公司有执行董事、监事，规范的内部管理可以确定决策的科学性，有利于公司的长期生存。一人公司既是大股东，又是董事长、总经理、财务总监，具备了个人独资企业的优势。

缺点：随着国家推行注册资本登记制度改革，降低准入门槛，公司会越来越成为创业者的首选。但是这种形式并非没有缺点，无懈可击，作为一种规范的组织形态，国家法律对于公司的规定非常明确具体，公司的内部组织、运营、税收等都要接受比其他形式更为严格的规制。

总之，在市场经济条件下，商业组织不只是公司这样一种形式，而是多元的结构。在公司之外，还有合伙企业、个人独资企业、个体工商户等形式。他们各有自己的适应性，公司尤其是股份公司更多地被大企业采用，合伙企业、个人独资企业则更多被小企业采用。公司最适应市场经济的发展，能为国民经济做出更大的贡献，而合伙企业、个人独资企业多为劳动密集型企业，可以创造更多就业机会。可以说，他们各有自己的优势，不应有高低之别，投资者要根据自身情况，“私人定制”属于自己的企业形式。

第八章

商业秘密：谁动了你的奶酪

“二十一世纪什么最重要？人才！”为什么人才重要，不仅是因为人掌握着各种技能，而且因为他们的脑子中装着秘密。商场如战场，商业秘密是企业的生命和核心利益，是其能够在市场竞争中立于不败之地的关键所在。秘密一旦泄露，企业就会失去竞争优势，面临停产歇业甚至破产倒闭的困境，给投资人带来难以估计的损失。因此，在激烈的商战中，为了赢得竞争优势，几乎每一个企业都会千方百计保护自己的秘密不受侵犯。

然而，目前我们国家商业保密保护状况不容乐观，根据一项调查，某一地区有高达41.6%的企业遭遇过商业机密被窃取的情况，而且这还是一个保守数字。医药化工、网络等技术型企业与大量的外贸型企业更是成为商业秘密被侵犯的“重灾区”，商业秘密泄露已成为企业发展的重大隐忧之一。

目前我们国家没有专门的商业秘密保护法，但《民法通则》《反不正当竞争法》《民事诉讼法》《保守国家秘密法》《刑法》《劳动法》《公司法》等法律法规中都对商业秘密保护做出了规定，对侵犯商业秘密严重的行为，甚至可以追究刑事责任。

作为企业的经营者，非常有必要了解和掌握商业秘密保护的法律知识，而且一定要对哪些企业秘密可以作为商业秘密进行保护，以及商业秘密遭到侵犯时如何进行保护等问题烂熟于心。只有这样，才能在最大程度上保护自身利益，使企业立于不败之地。

哪些秘密属于商业秘密

将哪些秘密属于商业秘密作为本章的第一个问题提出来，并不是为了像教科书一样给商业秘密下定义，规定它的概念和范畴，而是因为商业秘密是一个法律概念。只有当一个企业的秘密成为法律意义上的“商业秘密”之后才能够获得相关法律的保护，而并不是像有人理解的那样凡是企业重要的信息都可以成为商业秘密。因此，弄清楚商业秘密的范围和归属是能够保护商业秘密要解决的首要问题。

我们国家的《反不正当竞争法》《刑法》和《关于禁止侵犯商业秘密行为的若干规定》对商业秘密都规定了非常明确的概念。根据规定，商业秘密是指不为公众所知悉、能为权利人带来经济利益、具有实用性并经权利人采取保密措施的技术信息和经营信息。

从这个定义可以看出，一个企业秘密要成为商业秘密需要具备三个条件，缺一不可：不为公众所知悉；能为权利人带来经济利益、具有实用性；权利人采取了保密措施。

第一，不为公众所知悉。这是指该信息是不能从公开渠道直接获取，不为其所属领域的相关人员普遍知悉和容易获得。《最高人民法院关于审理不正当竞争民事案件应用法律若干问题的解释》（以下简称不正当竞争司法解释）规定了六种情况下法院可以认定有关信息不构成不为公众所知悉，也就是不属于商业秘密：①该信息为其所属技术或者经济领域的人的一般常识或者行业惯例；②该信息仅涉及产品的尺寸、结构、材料、部件的简单组合等内容，进入市场后相关公众通过观察产品即可直接获得；③该信息已经在公开出版物或者

其他媒体上公开披露；④该信息已通过公开的报告会、展览等方式公开；⑤该信息从其他公开渠道可以获得；⑥该信息无须付出一定的代价而容易获得。

第二，能为权利人带来经济利益、具有实用性。这个比较容易理解，只要信息具有确定的可应用性，能为权利人带来现实的或者潜在的经济利益或者竞争优势即可。

第三，权利人采取保密措施。不正当竞争司法解释规定了七种可以认定属于采取保密措施的情况：①限定涉密信息的知悉范围，只对必须知悉的相关人员告知其内容；②对于涉密信息载体采取加锁等防范措施；③在涉密信息的载体上标有保密标志；④对于涉密信息采用密码或者代码等；⑤签订保密协议；⑥对于涉密的机器、厂房、车间等场所限制来访者或者提出保密要求；⑦确保信息秘密的其他合理措施。法院会根据所涉信息载体的特性、权利人保密的意愿、保密措施的可识别程度、他人通过正当方式获得的难易程度等因素，认定权利人是否采取了保密措施。

根据上面的解释，通俗讲，凡是对公司有利、能在竞争中获胜，并经公司有意加密的“信息”都是商业秘密。在秘密受到侵犯时，工商部门、法院等会认定其属于商业秘密，并进而采取相应的法律保护措施。在审判实践中可以看到，很多企业恰恰是由于没有建立保密制度、采取保护措施，导致本应属于商业秘密的信息无法被认定为商业秘密。

从范围上看，商业秘密是一种“信息”，其范围非常广泛，存在于企业的方方面面，存在于它的产供销各个环节。总体上，商业秘密可以分为技术信息和经营信息两种。设计、程序、产品配方、制作工艺、制作方法等属于技术信息；管理方法、客户名单、货源情报、产销策略、招投标中的标底及标书内容等信息属于经营信息。商业秘密中的客户名单，一般是指客户的名称、地址、联系方式及交易的习惯、意向、内容等，包括汇集众多客户的客户名册，以及保持长期稳定交易关系的特定客户。

一般情况下，经营信息很容易证明，但是技术信息由于其专业性、技术性、复杂性就不那么容易界定了。如果在诉讼中发生争议，甚至需要进行司法鉴定，而且法院对鉴定结果的依赖性非常高，往往会根据鉴定结论决定一个技术信息是否属于商业秘密。根据有关材料，目前全国在最高法院和司法行政机构登记的知识产权司法鉴定机构共有50余家，其中国家科技部知识产权事务中心是比较权威的一家鉴定机构。在刑事案件中公检法机关均可以委托鉴定，民事案件中除法院外，当事人也可以自行委托鉴定。由于没有统一的收费标准，有的鉴定机构以工作量为标准收费，有的则将收费与财产标的挂钩按比例收取，因此收费差异较大，如果需要进行鉴定建议事先进行咨询。需要注意的是，对于商业秘密的鉴定，不是直接鉴定相关的信息是否构成商业秘密，而是鉴定是否公知即公开性，如果是公知信息则不构成商业秘密；即便是非公知信息，也不一定就构成商业秘密，这还要看商业秘密的价值性，即技术信息带来的利益或潜在的利益。

从来源上看，除了企业自身生产经营中积累的秘密外，商业秘密还主要产生于以下三个渠道：一是职务技术成果。也就是企业员工为执行单位工作任务，或利用本单位的物质技术条件所完成的技术成果。根据《合同法》的规定，这种成果属于单位所有。二是委托开发。公司除自行开发研究之外，往往也会出资委托其他公司或科研机构研究开发生产技术。根据《合同法》规定，这种商业秘密的归属由当事人自行约定，如果没有约定或约定不明的委托人和被委托人共同拥有。一般情况下，企业作为委托人都会选择由自己成为成果的所有人。三是合作开发。有时企业也会和其他公司和科研机构取长补短合作开发技术项目。此时也需要合作各方约定成果的归属，没有约定或约定不明的，合作方均有使用权、转让权和专利申请权。

此外，企业经营者还需要明白的一个问题是商业秘密和专利之间的区别。商业秘密大体上分为两类：一类是不符合专利性要求的信息，比如客户名单等经营信息或发明创造性不够，而不能被授予专利权的制造方法；还有一类是符合专利性要求、可以通过专利进行保护的发明。此时，企业往往面临一个选择，那就是将这个发明作为商业秘密保护还是申请发明专利。之所以需要做出选择是因为商业秘密和专利的保护方法不同。

专利包括发明、实用新型和外观设计，受国家《专利法》保护的力度大，由于技术特征已获国家认可，因此在被侵权时容易举证，胜诉的成功率很高。

但是专利的保护期有限制，最长为20年，一旦超过这个期限，专利人就必须将专利公之于众，这样其他人就可以轻而易举地获得相关信息，而且申请专利需要花费一定的费用，获得专利后还需要缴纳年费。

商业秘密主要靠企业自己采取保密措施保护，一旦被侵权，商业秘密所有人举证的难度较大，但是商业秘密保护没有时间限制，可以无限期进行保护，而且不需要缴纳任何费用（当然自己保护秘密也需要付出一定的经济成本）。

通过上面的比较可以大致看出，对于那些容易被反向工程破解的，采取保密措施仍容易泄漏的，或者科技价值期限短的技术可以考虑采用专利的方法，对于那些不容易被反向破解，而且科技价值期限长的技术则采用商业秘密的方法进行保护，例如可口可乐饮料配方于1886年5月被发明，距今已有一百多年了，一直没有申请专利。但这项配方发明采用技术秘密保护获得的经济利益，比申请专利保护取得的经济利益要大的多得多。所以有人说，可口可乐最大的成功就是商业秘密。因此，我们可以很好地利用商业秘密和专利之间的关系，如果权利人一旦发现自己拥有的商业秘密被泄露，可以尽快向国家专利局申请专利权，直接取得《专利法》保护，避免秘密的进一步外泄。

保密无难事，只怕有心人——商业秘密保密措施

窃取企业商业秘密的方式五花八门，主体也是多种多样，有国内企业的竞争对手、猎头机构、专业窃密人员，也有国外经济间谍、情报人员。很多企业经营者不禁慨叹："明枪易躲，暗箭难防"啊！很多人反映，打商业秘密的官司最后都输了，输在哪儿呢？就输在保密措施不利。保密措施是什么？就是你自己必须拿商业秘密当回事儿，真正采取各种有效手段进行保护。比如可口可乐配方只有几个核心人物知道，并被锁在银行的保险柜里，这就是保密措施。当然，这只是一种最简单的保密措施。在保护商业秘密方面，企业还可以有很多其他方式和方法。

（一）扎紧篱笆防住狼，健全内部保密制度

一个商业秘密被泄露可能使小企业客户瞬间流失，举步维艰；可能给中型企业带来上千万元的损失，濒临破产；也可能使一个蒸蒸日上的大企业走向衰落。根据统计，相对于外部竞争对手的主动侵入，企业内部人员成为商业秘密外泄的主要途径，其中企业内部雇员以人才流动为由，带走企业秘密的占有相当大的比重，而对企业威胁和危害最大的，则是企业高管人员携带商业秘密"跳槽"的行为。由于这些人对企业经营和技术情况了如指掌，所以在跳槽后往往会"情不自禁"地使用原单位的商业秘密。一个企业经营者如是说："日防夜防家贼难防，一不小心，可能你的新技术、新产品刚研发出来，满行业就都是你家的技术了。"而企业内部缺少行之有效的商业秘密保护制度正是导致企业商业秘密被泄露的主要原因。根据某地区的调查，高达91%的企业在商业秘密的保护和防止窃取上伤脑筋，其中经常性伤脑筋的占到了31.5%。可以看

出，防间谍对企业家而言，是个不小的压力。

首先，企业要明确自己的哪些信息可以成为商业秘密。它不是大到无边的，必须找出商业信息的秘密点进行保护。上面已经说过，权利人采取保密措施是信息成为商业秘密的要件之一，当侵犯商业秘密事件发生后，法院一定会问你商业秘密有哪些，采取了什么保护措施等问题，如果企业拿不出来证据证明那么胜诉的概率就较小。

秘密一般可以分为三类：绝密级，即关键性商业秘密，比如制造技术、设计方法、产品配方、生产工艺等，一旦泄露将遭受灭顶之灾；机密级，即重要性商业秘密，比如客户名单、谈判招投标信息、财务信息等，这类秘密的泄露虽然不至于引起灾难性后果，但会使企业大伤元气；秘密级，即一般性商业秘密，比如企业的发展规划和计划、营销方式等，这些秘密一旦被竞争对手拿到，就会使企业遭受一定的损失。

其次，设立专门的保护部门，建立相应的规章制度。大的企业一般由知识产权部、法律事务部等部门负责保密审查事宜。保密规章制度一般应考虑商业秘密的范围、商业秘密的管理者及责任、商业秘密档案管理、商业秘密的申报与审查、商业秘密的保密义务、相应处罚等内容，做到有章可循、责任到人。

再次，采取物质保护手段，加强对信息载体的保管。秘密的载体可以是文件、设计图纸、软件，也可以是实物如样品、动植物新品种等。可以采取的手段包括保密区域的设立与隔离；保密装置的设置可以使用保险柜保存文件，电脑加密码保护等；公文、书刊、函件、图纸、报表、磁盘、胶片、幻灯片、照片、录音带等文件资料的使用管理办法的制定；严格的外来人员来访登记制度；废弃物的处理规定等，这些都属于采取合理的保密措施。

最后，企业应当建立相应的人事管理制度。加强人事管理的原因在于秘密是掌握在一个人的手中，准确地说是“藏”在一个人的脑子中，你很难举证他是否窃取了秘密。比如在高科技单位，一个技术总监的跳槽可能会带动他所掌管的整个部门人员的跳槽，这个“关键先生”一旦离开，技术也带走了，管理也拿走了。再比如一个高级酒店的餐饮总监将手下全部带走跳槽到另外一个新开业的酒店，这个新酒店从装修到菜单、到客户名单甚至菜式，全部都与原

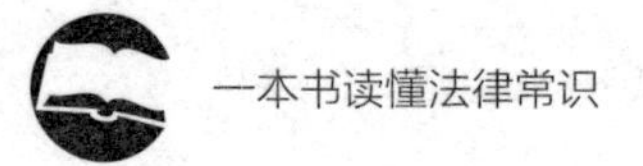

来那个酒店一样。所以，对于商业秘密的保护而言，人事管理是一个重要的手段，而分解权力则是其中的重中之重。

商业秘密保护最重要的是管住人，因此应该把接近商业秘密的人和区域限制在最小的范围之内，尽量缩小涉密范围，对于一些重大秘密应尽可能将其关键部分进行分解，使每一涉密者只能接触到秘密的其中一部分，无法掌握全部的秘密内容。有的企业在业务上只重用一个人，图的是节省人力成本，但是将“宝”押在一个人身上风险很大。一个企业主在因为员工跳槽导致公司秘密泄露后就说：“如果以前多用几个人，将客户资源分散化，就不会因为一个人的背叛而致使公司险些覆灭。”所以，鸡蛋不应该放在一个篮子里。而且针对不同的信息对不同的人员要有相应的约束，有的企业笼统地在规章制度中规定“凡是涉及商业秘密的人员，要有保守秘密的义务”，这样的规定意义并不大。

（二）签订保密协议和竞业限制协议

我们重点说一说企业如何通过与员工签订保密协议来保护自身的商业机密。作为用人单位，要保护好自己的商业秘密，除了形成良好的企业文化、培养员工的忠诚度、指望员工具有良好的品德修养之外，还要与员工签订保密协议、竞业限制协议等，建立良好的监督和激励制度才是根本。

其实，员工作为用人单位的成员有义务也有责任维护企业的秘密，切勿一时糊涂起贪念，触犯了法律的底线。我国《公司法》就规定了公司的董事、监事和高管人员对公司负有忠实义务和勤勉义务，不得擅自披露公司秘密，否则所得的收入应当归公司所有。而且《劳动法》《劳动合同法》等法律法规中都对用人单位与劳动者之间关于商业秘密保护的内容做出了规定。

下面需要说明一点的是，保密协议、竞业限制协议是两种不同的东西。实践中出于保护本单位商业秘密的考虑，用人单位在与劳动者签订劳动合同时，一般会与劳动者同时签订保密协议和竞业限制协议，二者的目的都是保护用人单位的商业秘密，因此很容易使人误认为是一回事，其实这是一种误解。

保密协议是用人单位针对知悉企业商业秘密的劳动者签订的要求劳动者保守用人单位商业秘密的协议。《劳动合同法》规定，用人单位与劳动者可以在劳动合同中约定保守用人单位的商业秘密和与知识产权相关的保密事项。保

密义务是一种法定的义务，来源于《反不正当竞争法》等法律规定，从签订劳动合同开始，这个义务就产生了，即使劳动合同解除或者终止，这种义务仍然不能免除。事实上，无论用人单位与劳动者是否签订保密协议，劳动者均有义务保守商业秘密，不得向他人泄露企业技术秘密，非经用人单位书面同意，不得使用该商业秘密进行生产与经营活动，不得利用商业秘密进行新的研究和开发。因此，保密协议并不禁止保密义务人从事竞争业务，仅仅明确约定其违反保密义务的违约责任，也因此，用人单位无须支付保密费。

但是，这并不是说签订保密协议是可有可无的事情。按照规定，如果用人单位与劳动者之间有保密约定，可以优先适用双方的约定，一旦义务人违约就要承担相应的违约责任；如果双方不存在保密约定，用人单位不能追究劳动者的违约责任，而只能追究其侵权责任。所以，在订立保密协议时一定要明确保密的内容和范围、保密协议双方的权利和义务、保密协议的期限、违约责任等内容。

此外，建议用人单位在员工入职时一定要与所有的员工都签署保密协议。除了管理、技术、财务、销售等涉密岗位外，一般的员工在工作中有意或无意获悉公司的商业秘密时，也应该列入保密的范围，明确要求承担保密责任。在签署保密协议时，要根据每个人岗位的不同列明其应当保密的范围，而不是泛泛地规定保密义务。如果只是把一般的商业信息、知识技能和经验作为商业秘密，这种合同的意义并不大，对员工的约束也不够明确。如果劳动者因违反保密义务发生纠纷，用人单位既可以选择劳动仲裁追究劳动者的违约责任，也可以通过普通的民事诉讼，追究劳动者侵犯商业秘密的侵权责任。

竞业限制协议是用人单位与劳动者约定在解除或者终止劳动合同后一定期限内，劳动者不得到与本单位生产或者经营同类产品、从事同类业务的有竞争关系的其他用人单位任职，或者自己开业生产或者经营同类产品的书面协议。《劳动合同法》规定，对负有保密义务的劳动者，用人单位可以在劳动合同或者保密协议中与劳动者约定竞业限制条款。在很多技术含量高的行业及企业如金融、IT行业，员工在就职时与公司签订竞业限制合同的现象较为普遍。竞业限制是一种约定的义务，换句话说，企业花钱买员工离职后的“沉默”。所以，保密是竞业限制的目的，竞业限制是保密的手段。

从保密协议与竞业限制协议的关系看，与员工签了保密协议，并不能限制员工离职后到竞争企业中去工作；要限制员工离职后去自己的竞争企业中工作，就必须与员工签订竞业限制协议。在操作上，企业既可以在保密协议中约定竞业限制的内容，也可以签署单独的竞业限制协议。

但是，竞业限制协议并不能随意签署，必须符合一定的条件，否则就会被法院认定为无效，企业就无法获得相应的赔偿。一个总的原则是公平和合理，兼顾双方利益，既让企业的秘密得到保护，又不至于使劳动者丧失就业的机会。下面是竞业限制协议签署时需注意的一些事项：

一是用人单位向劳动者支付经济补偿金。法律允许用人单位与劳动者约定竞业限制，实质上是剥脱了劳动者利用之前积累的工作经验和工作技能获得更好工作岗位和条件的权利，将使劳动者不得不待业或在重新就职时丧失优势和很多机会，工资收入也会下降甚至是失业。因此，《劳动合同法》规定，约定竞业限制条款的，在解除或者终止劳动合同后，在竞业限制期限内按月给予劳动者经济补偿。

各个地方规定的补偿标准并不相同，《浙江省技术秘密保护办法》规定年度补偿费按合同终止前最后一个年度劳动者员从权利人处所获得报酬总额的2/3计算；《江苏省劳动合同条例》规定年经济补偿额不得低于劳动者离开用人单位前12个月从该用人单位获得的报酬总额的1/3；《深圳经济特区企业技术秘密保护条例》规定补偿费按月计算不得少于该员工离开企业前最后12个月月平均工资的1/2；《宁波市企业技术秘密保护条例》规定年补偿费不得低于该员工离职前一年从该企业获得的年报酬总额的1/2。因此，企业在订立竞业限制补偿标准时可以结合本地区的规定，设置一个合理的标准。

此外，根据2013年2月1日起施行的《最高人民法院关于审理劳动争议案件适用法律若干问题的解释（四）》的规定，如果当事人在劳动合同或者保密协议中约定了竞业限制，但未约定解除或者终止劳动合同后给予劳动者经济补偿，劳动者履行了竞业限制义务，劳动者要求用人单位按照劳动者在劳动合同解除或者终止前12个月平均工资的30%按月支付经济补偿。月平均工资的30%低于

劳动合同履行地最低工资标准的，按照劳动合同履行地最低工资标准支付。

根据上述司法解释，当事人在劳动合同或者保密协议中约定了竞业限制和经济补偿，劳动合同解除或者终止后，因用人单位的原因导致3个月未支付经济补偿，劳动者可以请求解除竞业限制约定。在竞业限制期限内，用人单位可以请求解除竞业限制协议，但此时劳动者可以请求用人单位额外支付劳动者3个月的竞业限制经济补偿。劳动者违反竞业限制约定，向用人单位支付违约金后，用人单位可以要求劳动者按照约定继续履行竞业限制义务。

总之，对企业而言，竞业限制并非"免费午餐"。从经济成本角度讲，公司可以只与少数的核心人员签竞业限制协议，不宜扩大化，否则会加大企业的经济负担。

二是竞业限制的人员限于用人单位的高级管理人员、高级技术人员和其他负有保密义务的人员。一般适用于以下七类人员：①高级管理人员，如企业总经理、副总经理、部门负责人，这类人掌握企业最核心的秘密；②技术开发和研究人员，这类人技术能力强，掌握着企业的技术秘密；③关键岗位的技术工人，他们掌握着某个生产环节的技术秘密；④战略策划人员，了解企业的发展规划；⑤市场销售人员，他们掌握企业的货源、客户名单、成本利润等，了解市场信息；⑥财会人员，他们了解企业的财务状况，其中包含大量保密信息；⑦文秘人员，这类人在进行会议记录、文件管理和发放工作中可能接触较多的商业秘密。

三是限制的工作业务范围问题。劳动法允许双方约定限制员工再就业的范围，目前，许多企业都约定员工离职后若干年不得从事与原企业营业项目相同或类似之行业。但是禁止的范围不能过宽，比如说原先这个人是某一软件开发的，你如果禁止他2年之内不能从事某类软件的开发是合理的，但禁止他不能从事任何软件的开发，范围就过宽了，无疑是砸了人家的"饭碗"。

四是竞业限制期限最长不超过2年。《劳动合同法》明确规定，在解除或者终止劳动合同后，负有竞业限制义务的人员到与本单位生产或者经营同类产品、从事同类业务的有竞争关系的其他用人单位，或者自己开业生产或者经营同类产品、从事同类业务的竞业限制期限，不得超过2年。你如果规定对方5年或者7年都不能从事相关的行业，这就违反了公平原则。

五是限制的地域范围。地域也允许约定，但必须合理。区域的大小一般与原企业的业务影响区域以及市场份额等因素相关。如果是一个全球性的跨国公司，你禁止一个人在中国从事相关业务是可以的，如果你禁止其在世界范围内比如非洲、欧洲都不能从事某项工作是无效的。如果是一个地方性的公司，你可以限定在某几个省份，但不能是整个中国范围，因为这会构成对劳动者择业自主权的侵犯。其实时间限制与地域限制可以成反比关系，如果时间限制长，地域限制可以窄一些；如果地域限制过大，但时间限制较短，竞业禁止协议也可能有效。

六是必须明确违约责任。《劳动合同法》规定，劳动者违反竞业限制约定的，应当按照约定向用人单位支付违约金。因此双方可以事先约定违约金的数额幅度以及损害赔偿额的计算方法，同时也可以设定免责条款免除将来可能发生的责任。法律虽然没有对违约金的标准进行规定，但是一般不超过企业经济补偿标准的1至2倍，否则难以获得法院的支持。据报道，浙江省宁波市一家企业与劳动者约定因违反竞业限制，须向单位赔付一年工资的50倍违约金114万元。但法院认为这个标准明显高于劳动者的劳动收入，妨碍了劳动者择业自由和离职生存，最后将竞业限制违约金适当调整为4.5万元。

（三）防止内部玩“潜伏”

除了“家贼难防”之外，企业在与外部接触（如买卖、承揽、授权等）的过程中，有人会通过不正当手段，如盗窃、利诱、胁迫等侵害商业秘密。商战“无间道”在企业中广泛存在，很多企业在不知不觉中便“中招”了。比如某服装企业设计团队精心设计的新款服装还没上市，设计图却到了竞争对手手里，一查才发现竟然是“潜伏”在公司内部的高管所为。因此加强外围防控非常有必要。从法律角度讲，可以采取以下措施：

建立完善的外事接待商业秘密保护制度。要求来访者在参观商业秘密设备前签订保密协议，同时在参观时远离敏感区域，不对相关工艺、设备等做详细解释或进行演示。

建立商业秘密审查制度。在对外发布商业计划书、销售合同等文件前进行

法律审查，避免其中包含涉密信息。在商业谈判前要对谈判内容进行审查，防止在谈判过程中泄露商业秘密，如果需要向对方透露相关秘密内容，无论谈判是否成功，双方的合作是否可能，都应当要求对方签订保密协议。须知，即使是最讲信用的合作伙伴，也可能成为泄露商业秘密的危险源。

建立完善的保密链条，与企业业务的上下游企业签订保密协议。企业采购的产品、零部件、材料、生产设备，或者供销渠道等随时都有可能被竞争对手所窃取，因此只要企业认为是需要保密的，就有必要在合同中加入保密条款，要求合作对方不得将双方在合同中约定或履行的内容向任何第三方披露。

约定违约责任。在因共同研究、联营合作、股权转让、委托开发、许可使用等情况向第三人披露有重要价值的秘密时，要签订保密协议，约定违约责任。在日后发生商业秘密纠纷时，该协议也是权利人采取合理措施保护商业秘密的直接证据。

商业秘密法律保护手段多种多样

（一）民事诉讼是首选

1．什么是侵犯了商业秘密?

对于这个问题，《反不正当竞争法》做出了明确规定，侵犯商业秘密的行为包括：①以盗窃、利诱、胁迫或者其他不正当手段获取权利人的商业秘密；②披露、使用或者允许他人使用以前项手段获取的权利人的商业秘密；③违反约定或者违反权利人有关保守商业秘密的要求，披露、使用或者允许他人使用其所掌握的商业秘密；④第三人明知或者应知上述违法行为，仍然获取、使用或者披露他人的商业秘密。

需要注意的是，根据不正当竞争司法解释的规定，通过自行开发研制或者反向工程等方式获得的商业秘密不属于侵犯商业秘密。所谓反向工程是指通过技术手段对从公开渠道取得的产品进行拆卸、测绘、分析等而获得该产品的有关技术信息。如果当事人以不正当手段知悉了他人的商业秘密之后又以反向工程为由主张获取行为合法的，法院不予支持。

2．承担的民事责任

侵犯商业秘密的行为，侵权人应当依法承担民事责任。通过民事诉讼保护商业秘密包括两个方面：违约责任和侵权责任。

违反了保密协议或者合同中的保密条款应当承担违约责任。《合同法》第107条规定，当事人一方不履行合同义务或者履行合同义务不符合约定的，应当承担继续履行、采取补救措施或者赔偿损失等违约责任。这里的违约责任主要是指企业与其他单位在业务活动中签订了保密协议并且约定了违约责任，一

旦发现对方有侵犯自己商业秘密的行为，就可以按照《合同法》等规定要求对方承担违约责任。

实施了侵害企业商业秘密的行为应承担侵权责任。不论以何种方式侵犯商业秘密，权利人都有权依法向有管辖权的法院起诉，要求侵权人承担侵权责任。《反不正当竞争法》第20条规定，经营者违反本法规定，给被侵害的经营者造成损害的，应当承担损害赔偿责任。

如果双方之间没有保密义务的约定，那么受侵害一方只能向法院提起侵权的诉讼；当彼此之间有保密协议，如果发生侵犯商业秘密的行为，根据《合同法》第122条的规定，受害人既可以追究其违约责任又可以追究侵权责任。这在法律上叫作“竞合”，权利人可以在充分衡量各项利益的前提下，选择能够最大化保护自己利益的诉讼请求方式。具体而言，只要保密协议中约定了违约金，不论违约行为是否造成了实际损失，企业都可以要求对方支付违约金，而赔偿金则建立在实际损失基础上，如果保密协议中没有约定违约金，而违约行为又没有给用人单位造成实际损失，用人单位就不能要求支付赔偿金。再比如自己受损情况不容易找到证据，而且保密合同约定的违约金较高，就可以直接提起违约责任的诉讼，大大降低了诉讼成本。

3．举证责任

《民事诉讼法》第64条第1款规定：“当事人对自己提出的主张，有责任提供证据。”根据我们国家民事诉讼以及不正当竞争司法解释的相关规定，商业秘密侵权纠纷实行“谁主张，谁举证”的举证原则，如果要想胜诉，就必须拿出有力的证据证明对方侵犯了自己的合法权益。

应当说，法律的规定非常明确，很多人也明白打官司实际上就是打证据，但为什么会有那么多的企业在商业秘密保卫战中败下阵来？

总结起来大致有以下几个方面的原因：①由于商业秘密是一种依靠持有人自己通过保密方式进行保护的无形资产，不像专利那样由国家进行保护，因此具有秘密性、复杂性、模糊性等特点，原告往往不能准确界定商业秘密，或将商业秘密与其载体混淆，或将本不是商业秘密的技术、经营信息等列为商业秘密；②缺乏合理保护措施，尤其是与员工签订保密协议权利义务界定不明晰，法律约束较少，而且过分信赖合同，员工一旦跳槽，将给公司带来致命伤害；③商业秘密侵权属于高智商活动，技术性、专业性和隐蔽性都很强，权利人要想获得侵权的证据往往非常困难。而且即使权利人有证据证明侵权人以不正当的手段获取了自己的商业秘密，但对于获取了多少秘密以及违法使用的情况往往很难弄清楚；④权利人害怕诉讼过程中秘密再次泄露，不愿给法官提供关键信息，法院无从审理，只有撤诉。所以，举证难正是商业秘密侵权诉讼的难点之一，由于举证难度大、维权成本高，原告在诉讼中往往无法完成法定举证责任，因此只能望而却步，吃“哑巴亏”。

在整个商业秘密诉讼案件当中，用律师的行话说就是“原告难当，被告不好当”。这句话充分说明了在商业秘密诉讼中举证难，原告本身作为权利人，但在诉讼中却成为弱势一方。总体而言，如果是涉及经营信息的案件，由于举证比较简单，胜诉的概率较大，但如果是技术信息，往往原告费了九牛二虎之力搜集的证据很轻易就被被告否认了。

不正当竞争司法解释规定，当事人指称他人侵犯其商业秘密的，应当对其拥有的商业秘密符合法定条件、对方当事人的信息与其商业秘密相同或者实质相同，以及对方当事人采取不正当手段的事实负举证责任。在审判实践中，法院也是根据上面不正当竞争司法解释的规定要求当事人双方提供证据的。

所以，我们有必要弄清楚诉讼中需要承担的举证责任，而且在日常商业秘密保护中要注意积累相关的证据，以备不时之需。

一是自己合法拥有商业秘密，而且被告所使用或披露的信息与自己的商业秘密相同，也就是对上面提到的商业秘密的三个构成要件进行举证。我们已经在上面详细介绍了不正当竞争司法解释对于“不为公众所知悉”，“能为权利人带来经济利益、具有实用性”和“权利人采取了保密措施”这三个要件的标准。事实上司法解释的规定也是综合了司法实践中经常遇到的关于商业秘密的争议问题，所以具有很强的指导意义。如果因为主张的商业秘密不明确而被法院驳回诉讼请求，是非常可惜的。

关于这个问题，需要关注的是大部分法官不搞技术，即使有点技术背景，也不可能是行业的专家，所以他们也不可能理解这些技术。这就造成客观上法

官不得不依赖鉴定结论，而且当事人自己做的鉴定结论往往不被认可。上面我们已经提到了我们国家关于商业秘密鉴定的状况总体并不理想，因此，企业还是应当把主要精力放在自己身上，通过自己收集相关证据材料。

二是对方当事人采取不正当手段。但是事实上原告在“明处”，被告在“暗处”，所以原告缺少手段和途径，很难证明对方采取了不正当手段。在法院的审判实践中一般采用推定的方式进行认定，即原告只要证明被告有获取或接触商业秘密的条件，而被告不能提供或拒绝提供其所使用的信息是合法获得或使用的证据的，就可以认定被告以不正当手段获取商业秘密。

三是自己遭受的损失。商业秘密被侵犯所造成的经济损失实际上很难计算，对于商业秘密本身的经济价值和商业秘密被侵犯后给企业造成的经济利益损失，缺乏权威、合理的评估机构和评估方法。目前来看，法院计算经济赔偿额的方法主要有三种：①根据权利人损失情况，这需要原告提供侵权前后损失情况对比资料；②以侵权人的非法所得为依据，原告需要提供被告年产量、利润率、产品的市场占有情况、双方的年报表以及纳税情况等材料；③该商业秘密的转让费或研制、开发费为依据，也就是商业秘密的“成本价”，原告需要提供研制、开发该商业秘密的费用，转让该商业秘密的费用及其评估资料等。

被告一般是针对原告提供的证据提出相反的证据，比如提供技术资料证明自己的信息与原告的信息不同；证明原告的信息不属于商业秘密，被告可以拿出国内外的相关材料证明原告的信息可以从公开渠道获取，这也同时能够证明对方没有采取保密措施；证明自己信息是通过转让、合营、继承、兼并、反向工程以及自己研发等合法来源取得的；证明原告的实际损失并不存在，或者损失较小等。

4．不公开审理问题

按照《民事诉讼法》第134条的规定，如果案件涉及企业的商业秘密，企业可以申请不公开审理。当然，最终是否不公开审理由法院决定。实际上，虽然民事诉讼有不公开审理制度，但不公开审理只能确保对案外人的隔离，对于诉讼参与人而言则无实际效用。在侵犯商业秘密案件中，双方当事人往往相互极度不信任，对于对方接触自身商业秘密心存顾虑，有时如果原告在诉讼中主动披露自己商业秘密的信息，往往会适得其反，让被告进一步了解秘密内容，造成更大的泄密。

针对这种情况，在一些地方法院会在审理前在双方当事人同意的前提下要求双方当事人及代理人、技术人员等全部诉讼参与人签署“保密承诺书”，防止了二次泄密情况的发生。如果当地法院尚未采取这种方法，原告可以积极建议法院采用。

5．商业秘密行为禁令

我国《专利法》《商标法》《著作权法》均已设立了专门的禁令制度，即权利人或者利害关系人有证据证明他人正在实施或者即将实施侵权行为，如不及时制止，将会使其合法权益受到难以弥补的损害的，可以在起诉前向法院申请采取责令停止有关行为的措施。但是同样作为一种知识产权的商业秘密，在当前司法实践中却缺少禁令制度的保护。事实上，作为很多公司企业核心竞争力的商业秘密，一旦泄露将会引发严重后果，轻则使公司企业投入的研发成本或累积的竞争优势付之东流，重则造成无法挽回经济损失，甚至致使企业破产。

不过，《民事诉讼法》第100条规定：“人民法院对于可能因当事人一方的行为或者其他原因，使判决难以执行或者造成当事人其他损害的案件，根据对方当事人的申请，可以裁定对其财产进行保全、责令其做出一定行为或者禁止其做出一定行为；当事人没有提出申请的，人民法院在必要时也可以裁定采取保全措施”。根据该规定，针对包含侵犯商业秘密在内的所有民事侵权行为，只要满足规定的条件，均可以采取诉前禁令措施，以保护权利人的正当利益。

2013年8月，上海市第一中级人民法院在原告某美国公司与被告黄某侵害技术秘密纠纷案中依据该规定，首次在商业秘密案件中对被告黄某发出了商业秘密行为禁令。而且为了确保执行效果，行为禁令发出后，法官联系被禁止泄密方当事人黄某，黄某也承诺：“保证在终审判决之前，绝不做出违反法院裁定的行为，如有违反，愿意接受相关的法律制裁。”

应当说，这种诉前禁令的方法可以很好地保护权利人利益，防止侵犯商业

秘密的行为进一步扩大。但是，很多地方的法院还没有采取这种方法，而且申请诉前禁令也需要付出一定的成本。在上面的案件中，为了平衡双方当事人利益，以防止因申请诉前禁令保护措施给对方造成的损害，法院还要求申请人提供了担保金人民币10万元。

（二）劳动法保护是关键

根据有关部门统计，当前我国98%的商业秘密侵权案件都是由员工泄密造成的。腾讯董事局主席兼CEO马化腾曾在腾讯起诉15名跳槽员工时表示，腾讯以开放心态看待人员流动，但他的底线是员工离职后不能把商业秘密带到对手公司。他说："大家都有一个准则，要有职业道德，不能把企业商业秘密带到对手公司里，然后开发同类产品。"所以要减少商业秘密侵害事件的发生，要保护好企业的商业秘密，就必须先解决员工泄密问题。保密协议和竞业限制协议就是很好的手段，企业要充分利用好劳动法的相关规定维护自己的合法权益。

企业的员工违反企业商业秘密的规章制度、劳动合同中的保密条款、保密协议或者竞业限制协议的约定，给企业造成损失的，企业可以依据劳动法的规定向劳动争议仲裁委员会申请劳动仲裁，请求违反上述约定的劳动者承担损害赔偿责任。原劳动保障部《关于劳动争议案中涉及商业秘密侵权问题的复函》（劳社厅函〔1999〕69号）第2条规定："劳动合同中明确约定了有关保守商业秘密的内容，由于劳动者未履行，造成用人单位商业秘密被侵害而发生劳动争议，当事人向劳动争议仲裁委员会申请仲裁的，仲裁委员会应当受理，并依据有关规定和合同的约定做出裁决"。对劳动争议仲裁裁决不服，可以向人民法院起诉。

需要注意的是，根据《劳动法》和《最高人民法院关于审理劳动争议案件适用法律若干问题的解释》的规定，劳动争议仲裁委员会仲裁是向法院起诉的前置条件，也就是说，起诉前必须先向劳动争议仲裁机构申请劳动争议仲裁。而且，《劳动争议调解仲裁法》规定劳动争议申请仲裁的时效期间为1年，从当事人知道或者应当知道其权利被侵害之日起计算。

此外，新用人单位招用负有对原用人单位保密义务的劳动者后，使用了该劳动者泄露的属于其原用人单位的商业秘密，并给原用人单位造成经济损失，根据劳动和社会保障部《违反〈劳动法〉有关劳动合同规定的赔偿办法》第6条的规定，该员工和新用人单位应当承担连带责任。在此情况下，企业可以该劳动者及其新用人单位共同作为被申诉人，向劳动争议仲裁委员会申请劳动仲裁。

在与员工签订有保密协议、竞业限制协议的情况下，企业会面临一个民法保护与劳动法保护的选择问题。如果企业选择以侵权行为提起诉讼，就不用经过劳动仲裁手续，但需要对案件事实符合侵权行为的构成要件进行举证；如果选择以违约行为提起诉讼，因为保密约定属于劳动合同的范畴，因此需要先行经过劳动争议仲裁的程序。所以，企业在采取法律手段之前，一定要根据不同的案情选择最便捷和成本最低的方式进行维权。

（三）行政保护是屏障

《反不正当竞争法》和《关于禁止侵犯商业秘密行为的若干规定》是为商业秘密提供行政保护的法律依据，工商行政管理部门则是查处侵犯商业秘密违法行为的执法机关，既可以主动对发现侵害商业秘密的行为进行查处，也可以根据受害人的举报进行查处。

当企业认为其商业秘密受到侵害，无论是否造成了实际的损失，都可以向工商行政管理机关申请查处侵权行为。企业因损害赔偿问题也可向工商行政管理机关提出调解请求，工商行政管理机关可以进行调解。

在向工商部门申请查处侵犯商业秘密的行为时，企业需要注意以下问题。

1．企业需要承担一定的举证责任

虽然工商部门立案之后会主动采取现场检查、调查询问、鉴定等手段进行调查取证，但是这并不是说工商部门会大包大揽所有的举证工作，因为商业秘密是企业的一种私权，如果企业没有举报、投诉和举证，工商部门很难发现，也无从查起。

如果权利人认为其商业秘密受到侵害，向工商行政管理机关申请查处侵权行为时，应当提供商业秘密及侵权行为存在的有关证据。根据规定，权利人能证明被申请人所使用的信息与自己的商业秘密具有一致性或者相同性，同时能证明被申请人有获取其商业秘密的条件，而被申请人不能提供或者拒不提供其所使用的信息是合法获得或者使用的证据的，工商行政管理机关可以根据有关

证据，认定被申请人有侵权行为。

事实上，工商部门也面临着取证难的问题。目前工商部门的执法手段仅限于检查有关财物，查询、复制与案件有关的合同、账册等资料以及询问当事人和证人，但由于缺少查封、扣押等强有力的强制措施，所以取证的难度大大增加。而且由于商业秘密涉及的专业性较强，工商部门要认定对方的侵权行为非常困难。因此，企业在向工商部门举报后，一定要积极配合、协助工商部门。

2．工商部门可以采取的行政手段并不多

《反不正当竞争法》第25条规定，违反该法侵害商业秘密的，“监督检查部门应当责令停止违法行为，可以根据情节处以1万元以上20万元以下的罚款。”

除此之外，《关于禁止侵犯商业秘密行为的若干规定》还规定工商部门可以对侵权物品可以作如下处理：①责令并监督侵权人将载有商业秘密的图纸、软件及其他有关资料返还权利人；②监督侵权人销毁使用权利人商业秘密生产的、流入市场将会造成商业秘密公开的产品。但权利人同意收购、销售等其他处理方式的除外。

此外，因被申请人违法披露、使用、允许他人使用商业秘密给权利人造成不可挽回的损失的，应权利人请求并由权利人出具自愿对强制措施后果承担责任的书面保证后，工商行政管理机关可以：①扣留被申请人以不正当手段获取权利人的载有商业秘密的图纸、软件及其他有关资料；②责令被申请人停止销售使用权利人商业秘密生产的产品。

3．工商部门查处需要的时间比较长

根据《工商行政管理机关行政处罚程序规定》的规定，一般的案件应当自立案之日起90日内做出处理决定；案情复杂，不能在规定期限内做出处理决定的，经工商行政管理机关负责人批准，可以延长30日；案情特别复杂，经延期仍不能做出处理决定的，应当由工商行政管理机关有关会议集体讨论决定是否继续延期。案件处理过程中听证、公告和鉴定等时间不计入前款所指的案件办理期限。但是，在实际办案过程中，由于调查取证难度较大，所花费的时间较长，动辄几个月甚至长达一二年。所以，希望通过工商部门保护商业秘密的企业一定对此做好心理准备。

（四）刑法保护是最后防线

刑法保护是指根据《刑法》规定的侵犯商业秘密罪追究侵害人的刑事责任。2009年力拓员工胡某等四人被控侵犯商业秘密的案件曾引起了社会的广泛关注。经法院审理，被告人胡某、王某、葛某、刘某为掌握中国钢铁企业对2009年度国际铁矿石价格谈判的策略，以便其所属某外国公司制定相应对策，利用该公司在铁矿石贸易中的优势地位，采取利诱及其他不正当手段，获取了中国钢铁企业2009年进口铁矿石价格谈判的多项商业秘密。最终，4人被判处7～14年不等的有期徒刑处罚。

《刑法》第219条规定：有下列侵犯商业秘密行为之一，给商业秘密的权利人造成重大损失的，处3年以下有期徒刑或者拘役，并处或者单处罚金；造成特别严重后果的，处3年以上7年以下有限徒刑，并处罚金：①以盗窃、利诱、胁迫或者其他不正当手段获取权利人商业秘密的；②披露、使用或者允许他人使用以前项手段获取的权利人的商业秘密的；③违反约定或者违反权利人有关保守商业秘密的要求，披露、使用或者允许他人使用其所掌握的商业秘密的。明知或者应知前款所列行为，获取、使用或者披露他人的商业秘密的，以侵犯商业秘密罪论处。此外，《刑法》还规定如果是单位犯侵犯商业秘密罪的，除对单位判处罚金外，还要按照上面的规定对其直接负责的主管人员和其他直接责任人员进行处罚。可以看出，刑法关于侵犯商业秘密行为的描述与民事领域基本一致，只不过当侵害行为达到了需要给予刑事处罚的程度，所以才需要追究侵害人的刑事责任。

那么上述规定中的“造成重大损失”和“造成特别严重后果”具体指什么呢？《关于办理侵犯知识产权刑事案件具体应用法律若干问题的解释》规定，给商业秘密的权利人造成损失数额在50万元以上的，属于给权利人造成重大损失，应当以侵犯商业秘密罪判处3年以下有期徒刑或者拘役，并处或者单处罚金；给商业秘密的权利人造成损失数额在250万元以上的，属于造成特别严重后果，应当以侵犯商业秘密罪判处3年以上7年以下有期徒刑，并处罚金。如果企业经过计算发现自己的损失少于规定的金额，达不到刑事立案的要求，可以

向工商部门进行举报，通过行政手段保护自己。

实际上，商业秘密一旦被泄露，权利人的损失往往无法弥补。但是为了追究侵权人的刑事责任，受害人必须能够证明自己的损失。在刑事案件中法院一般认为这种损失应当是受害人的实际损失，包括直接损失以及必然失去的现实利益，法官会考虑商业秘密的开发投入、商业秘密的成熟程度、商业秘密的利用周期及其是否可以重复利用，以及商业秘密的使用和转让、市场的供求状况等因素。司法实践中，如果商业秘密权利人的损失难以计算，法院通常以侵权人所获得的利润作为裁判的依据。如果是非法将商业秘密出卖给他人的，以其非法出卖收入为依据，如果是非法使用商业秘密进行生产经营活动的，以其因此获得的利润为依据，但是获利是实际获利，而不包括预期获利。

至此，我们已经介绍完了企业保护商业秘密的四种手段，其中民事诉讼和劳动法是企业的自力救济，而行政和刑事保护主要是依靠国家强制机关的力量。各种方式都有自己的优缺点，比如通过民事的途径寻求赔偿费时费力，而且一旦举证不力就无法得到法院的支持；刑事方面，虽然规定了50万元人民币可以追究刑事责任，但真正追究刑事责任的案件微乎其微。江苏省某市的法官介绍，自从国家设立了“侵犯商业秘密罪”的罪名后，以这个罪名定罪的案件很少，全市一共也就四件。法院说：“这种案件定罪很难，很多一开始以‘侵犯商业秘密罪’立案的案件，最后都因案情复杂难以认定，以其他罪名定罪。”

最后，建议企业将各种保护手段综合起来运用，维权效果可能会更好。目前，很多企业都会选择先刑事后民事的方法，具体操作是：先到公安机关举报，以期对犯罪嫌疑人采取逮捕等强制措施，既可以防止有关人员串供，也可以借助公安机关的手段调取证据；之后做商业秘密司法鉴定，这种情况下一般都会被认定为侵权，对犯罪嫌疑人定罪量刑，最后通过刑事附带民事诉讼或者在刑事诉讼程序结束后单独提起民事诉讼的方式要求赔偿。即使最后侵权人没有被判刑，企业还可以将刑事诉讼中调查的相关证据用于民事诉讼之中，大大减少了自己在民事诉讼的举证负担。采用这种方式还有一个优点就是管辖问题。商业秘密刑事案件管辖权在基层法院，除非标的额特别大、情节特别严重才由中级人民法院管辖；而商业秘密民事案件的管辖权一般都是在中级以上法院。因此，如果能够在企业所属的基层法院进行诉讼，无论是从举证还是到执行，企业将会获得很大的便利，诉讼成本也相对较低。

无论如何，作为企业而言，需要首先树立一个思想：靠天靠地不如靠自己。侵犯商业秘密的成本很低，收益却特别巨大，因此很多人会在利益的驱动下铤而走险，所以扎好自己的“篱笆”，看好自己的“院子”才是关键。而且，无论是工商部门还是公安机关，办案人员调查取证的成本很高，即使进入了行政处罚或者刑事程序，案件也是一拖再拖，而侵权人却有恃无恐继续侵权。

当人遇上动物："人打狗"和"狗咬人"的法律解读

憨态可掬的熊猫、叽叽喳喳的鸟儿、威武雄壮的狮子、活泼可爱的宠物狗……当我们看到动物的时候，内心总会情不自禁地充满欢喜。很多人都幻想成为某种动物，梦想着可以像鸟儿一样在蓝天翱翔，像小狗一样无忧无虑地生活。在一些人的眼中，动物们生活在另外一个世界，一个不属于人类、没有纷争的世界，动物按照各自的生存法则生存，人类法律触及不到动物的世界。

其实不然，即使在动物世界，人类的法则也无处不在，尤其是近年来社会公众的权利意识不断增强，很多人开始关注动物的权利。比如，为保护珍贵、濒危野生动物，保护、发展和合理利用野生动物资源，维护生态平衡，我们国家先后制定了《野生动物保护法》、《陆地野生动物保护实施条例》等法律法规。此外，当动物与人接触时，也会像人与人之间的关系一样，形成特定的法律关系，例如宠物和主人之间的保护与被保护关系，当动物致人伤害时受害人可以索求赔偿等等。

所以，人类社会的法律也同样适用于动物世界。当我们用法律的眼光更多地关注动物时，才可以把人类与动物之间关系处理得更加和谐。

“伤不起”的动物

野生动物的保护已经成为社会共识，野生动物属于国家所有，国家保护野生动物及其生存环境，禁止任何单位和个人非法猎捕或者破坏。我们国家在1988年11月8日出台了第一部动物保护的法律——《中华人民共和国野生动保护法》，对野生动物保护、野生动物管理等做出了明确规定。此外，还先后出台了《动物检疫法》、《陆地野生动物保护实施条例》等法律文件，其他一些有关动物保护的规定散见于其他法律规定中。《刑法》第341条还规定了非法猎捕、杀害珍贵、濒危野生动物罪，非法收购、运输、出售珍贵濒危野生动物珍贵濒危野生动物制品罪，非法狩猎罪三个罪名。野生动物之外的其他动物，如宠物、流浪动物等也同样受到法律的保护。下面就让我们看一看相关法律规定。

（一）虐待动物

世上本来没有宠物，养的人多了，某种动物也便成了宠物。从《物权法》角度看，动物也是一种法律上的“物”，就如同我们的汽车、房屋、手机一样，主人对其享有相应的“物”权。因此，有的人认为狗、猫都是自己养的，是属于自己的东西，可以随意对待，甚至虐待、遗弃宠物，个别饲养宠物的人竟然成为虐待动物的人。

尤其是最近几年，严重虐待动物的行为越来越多，如近年来网上曝光的高跟鞋踩猫事件、打狗事件、火烧猫事件，以及各地层出不穷的“屠狗令”等。这些虐待动物的行为引发了社会公众的不满。

在国外，虐待动物是一种很严重的行为，比如美国、英国、加拿大等国家都有专门的动物保护法律，无论是过度驾驭、过量负重等较轻的虐待行为还是

残酷殴打等严重的虐待行为，都会被追究刑事责任。

我们国家目前并没有专门的《动物保护法》，也没有专门"虐待动物罪"，因而对那些虐待动物的人施加处罚，但这并不意味着一个人可以随意地虐待动物，并且不会因此遭受任何惩罚。

从法律角度讲，所有人对自己所有的动物是可以进行处置的，一般不会产生民事上的法律责任，更谈不上刑事责任。但是，动物毕竟是一种活物，如果对其过于残忍，则会产生极大的社会道德危机。

2006年2月27日，一名女子虐猫的11张照片被天涯社区、猫扑社区广泛转贴。女子双手抓着一只小猫的脑袋，嘴角露着笑容，突然，女子脸上的笑淡了下去，随后用尖尖的高跟凉鞋鞋跟踩进小猫的眼睛和嘴巴。施虐完毕，女子若有所思地眺望远方。事发后，两名当事女子被各自的单位停职、停发工资，并且向社会进行了公开道歉。虽然没有法律的制裁，但是这两个女子的行为还是受到了社会舆论的谴责，工作单位对她们的处理也算是一种惩戒。

因此，我们不能忘了宠物也是生命，它们给予我们无尽的关怀。你是否曾有过如此感受：哪怕整个世界都遗弃了你，至少还有一条狗在陪伴；我们抚爱猫咪，如同抚爱孤独的自己……人们给予动物的应该也是爱，而不是伤害。

随着社会的进步，目前我们国家对动物权利保护的重视程度正在不断提高。有专家起草了《反虐待动物法》，建议国家立法机关对《刑法》进行修订，在第六章"妨害社会管理秩序罪"第一节"扰乱公共秩序罪"中增设"虐待动物罪""传播虐待动物影像罪"和"遗弃动物罪"等罪名。我们也希望这些建议尽快被有关机关采纳，纳入国家的法律之中。

（二）伤害动物

动物相当于一个人的财产，如果一个人对他人所有的动物如动物园的动物、邻里街坊饲养的宠物等造成了伤害，应当承担相应的法律责任。

某小区的张某因不满邻居家的宠物狗在其家门口大便，用棍棒追打将狗打伤，狗主人要求张某支付给狗看病的医药费。宠物狗随地大小便固然不对，但是宠物属于公民的个人财产。张某打伤宠物狗，侵害了对方的财产权，应当赔偿，赔偿数额应以治疗宠物所花费的实际费用为准。

媒体还报道这样一个“狗咬狗”的案例。

2010年12月23日晚，原告郭先生带着爱犬在抱石公园散步时，前方一条未系绳套的大狗突然冲了过来，咬了郭先生的爱犬一口。第二天晚上，郭先生的爱犬死亡。为此，郭先生以爱犬被大狗咬伤致死为由，要求大狗主人辜先生赔偿经济损失费和精神损失费共计32360元，并承担相应的诉讼费和鉴定费。后经法院调解，被告辜先生向原告郭先生赔偿2000元了结了这起诉讼。

此外，采用极端方式伤害动物的情况甚至有可能触犯刑事法律。2002年清华大学一学生用硫酸和火碱泼北京动物园里面的五只黑熊，造成五只黑熊受到严重的伤害，其中一只黑熊双目失明。法院认定该学生的行为已经构成故意毁坏公私财物罪，但考虑到他能够真诚悔罪，且其在故意毁坏财物犯罪中情节轻微，最终免于刑事处罚。

（三）盗窃动物

古人常讲“偷鸡摸狗不算贼，抓住最多打两拳”。因此很多人以为偷猫偷狗是小事，殊不知这些行为已经违反了法律，尤其是现在一些宠物在市场上价格很高，盗窃者因涉案金额较大或多次偷盗，被抓后都将面临刑法的制裁。让我们看看下面两个案例：

案例1：2013年6月15日下午，王某为贪图小利将路边一条白萨摩犬偷到车上，被失主及时发现并将其拦住，失主电话报警，公安干警及时赶到将王某抓获。经物价评估，该被盗狗价值1050元。法院以盗窃罪判处被告人王某拘役三个月，缓刑六个月，并处罚金人民币2000元。

案例2：2013年11月6日，广州从化市一名狗肉店老板邝某因到农村偷狗时

被狗主人李某发现，急于脱身的邝某挥动手中的铁棍叫嚣："让开，否则打死你！"李某因害怕走开，邝某遂开车向山下逃窜。几名村民闻讯后，便在沿途拦截，邝某仍对拦截的村民叫嚣："不让开就撞死你们！"根据我国刑法规定，由于邝某在盗窃过程中以凶器威胁事主，后又以暴力手段抗拒抓捕，其行为已由盗窃转化为抢劫，触犯的不再是盗窃罪而是刑罚更为严厉的抢劫罪。最终被法院以抢劫罪判其有期徒刑3年6个月，并处罚金1000元。

还是那句老话："莫伸手，伸手必被捉！"针对近年来宠物丢失、被盗案多发，在平日里人们要注意看管好爱犬，免遭贼手。发现自己的宠物狗丢失或被盗，除了通过发微博、贴寻狗启事寻找外，要在第一时间报警。一些捡到宠物狗的朋友在出于好心收留狗之前，最好先到派出所报案，以便狗主人找到爱犬。

（四）食用动物

近年来，一些地方食用野生动物，尤其是珍贵、濒危野生动物的现象还比较猖獗，这既是一种社会陋习，同时又是违法猎杀珍贵、濒危野生动物的一个推手。大家都知道，猎杀野生动物是犯罪，那么食用野生动物是否构成犯罪呢？

没有买卖，就没有杀害。从性质上讲，吃珍贵野生动物与非法收购相同，餐桌消费对珍贵和濒危野生动物的需求，催生了非法猎捕野生动物的"买方市场"。针对该情况，为抑制"舌尖上的犯罪"，2014年4月24日第十二届全国人民代表大会常务委员会第八次会议通过了《全国人民代表大会常务委员会关于〈中华人民共和国刑法〉第三百四十一条、第三百一十二条的解释》。根据该解释的规定，知道或者应当知道是国家重点保护的珍贵、濒危野生动物及其制品，为食用或者其他目的而非法购买的，属于非法收购国家重点保护的珍贵、濒危野生动物及其制品的行为。根据刑法第341条第一款规定，**非法收购罪轻则处5年以下有期徒刑或者拘役，并处罚金；情节严重的，处5年以上10年以下有期徒刑，并处罚金；情节特别严重的，处10年以上有期徒刑，并处罚金或者没收财产。**

因此，如果食客知道或是应当知道所吃的是珍贵、濒危野生动物，不论是个人从市场上买回家里吃，还是到饭店点菜吃，都属于犯罪行为，会被追究刑事责任。但如果确实不知道是珍贵、濒危野生动物，则不会被追究刑事责任。同时，如果珍贵、濒危野生动物是养殖的，购买食用也不构成犯罪。

动物伤人谁担责

近几年来，动物伤人事件频发，公众和媒体对这类事件的关注程度日渐提高。动物是"地球村"的一员，是人类的好朋友。但无论是宠物还是流浪动物，无论是动物园饲养的动物还是野生动物，每年都会造成大量的人身伤亡。发生动物伤人后，如何按照相关法律规定划分责任，使受害人得到合理赔偿成为一个重要的问题。

（一）饲养动物伤人主人赔偿

众所周知，饲养动物应当遵守法律，尊重社会公德，不得妨害他人生活。但是"河北女童被恶犬咬破颈动脉身亡"、"莱芜两天连发五起狗咬人事件"、"北京动物园伤人案"等一系列动物伤人案件深深刺痛了社会公众的神经，一时间谈动物"色变"，甚至有人慨叹"狗患"猛于虎！

针对现实生活中经常出现的宠物伤人现象，2010年7月1日实施的《侵权责任法》对饲养者规定了严格的责任。《侵权责任法》第78条规定：**"饲养的动物造成他人损害的，动物饲养人或者管理人应当承担侵权责任，但能够证明损害是因被侵权人故意或者重大过失造成的，可以不承担或者减轻责任。"**

因此，对于那些喜爱饲养危险动物的人而言，不应抱以侥幸心理，因为一旦给他人造成损害，不论对方是否有责任，饲养人或者管理人都将为此承担一定责任。媒体报道过一起离奇的动物伤人案。

郎某骑摩托车带着猎狗去打猎，中途猎狗突然从摩托车上跳下，追咬农民张某拴在田里吃草的耕牛，耕牛挣扎时将拴牛的竹桩拔出，蹿上公路狂奔，撞倒骑摩托车路过的邱某，导致其外伤性脾破裂。法院判令两责任人赔偿受害人邱某医疗费、伤残赔偿金等共计10万余元。其中张某承担近万元，郎某承担9.6万余元，两人互负连带责任。

《侵权责任法》第81条还规定了动物园的责任：**动物园的动物造成他人损害的，动物园应当承担侵权责任，但能够证明尽到管理职责的，不承担责任。**

2010年4月5日下午，原告王女士到动物园游玩并在骑骆驼摄影处照相留念，原告在拍照过程中从骆驼上摔落。经诊断，原告右股骨颈骨骨折、右尺桡骨双骨折、头面部外伤。法院经审理认为，被告在园内开设骆驼拍照项目进行收费经营，应对前来拍照游人的安全尽到合理范围的安全保障义务；原告作为完全民事行为能力人，对骑骆驼的危害性应当有一定的预见性，她在事发时过于惊慌，未充分注意自身安全，也应承担相应责任。最终判决被告动物园对事故发生承担75%的责任，原告承担25%责任。

需要注意的是，法律并非要求饲养人完全承担责任。如果受害人是由于自己的故意或者重大过失导致动物伤害自己的，也要承担责任。因此，在日常生活中，我们应当避免故意挑逗、挑衅和激怒动物而给自己带来不必要的伤害。

如果动物伤人的情形比较严重，饲养人甚至可能被处以行政处罚甚至刑事制裁。《治安管理处罚法》第75条就规定：饲养动物干扰他人正常生活的，处警告；警告后不改正的，或者放任动物恐吓他人的，处200元以上500元以下罚款。如果是驱使动物伤害他人的，甚至有可能被处以5日以上10日以下拘留的处罚。目前我国并未将动物伤人明确列为过失犯罪的范畴，但如果狗主人故意把狗带到公共场所或人多的地方伤人，或纵容狗伤人，则可能涉嫌过失犯罪或故意伤害、故意杀人。

动物是人类的朋友，但不可否认，很多动物仍是凶性未泯。对于广大喜欢饲养动物人士来说，给自己的爱狗系上一根绳子是必要的，这不仅是法律的绳子，更多的是社会公德和文明的绳子。

（二）流浪动物伤人只能自认倒霉？

由于限养、遗弃等原因，现在社会上的流浪动物已越来越多。“被流浪”的动物所造成的损害也已随之急剧上升。许多人以为，流浪动物即为无主，虽受损害也只能自认倒霉。而实际上，受害者的权益并不因为“流浪”而索赔无门。

《侵权责任法》第82条规定：“**遗弃、逃逸的动物在遗弃、逃逸期间造成他人损害的，由原动物饲养人或者管理人承担侵权责任。**”侵权责任法的严格规定为宠物饲养者敲响了警钟，督促他们更好地履行管理职责，并采取一定的安全措施。即使是在饲养的宠物被遗弃或者逃逸，只要受害人能够找到动物的饲养人或者管理人，就能够依法获得赔偿。

2013年5月，准备外出的李女士发现门边蜷缩着一只流浪猫，见其全身脏兮兮而且伤痕累累，不断地哀鸣，李女士充满同情，遂将之抱到家中收养。一个月后，当李女士带着已“旧貌换新颜”的流浪猫在公园玩耍时，挠破了逗它玩耍的小姑娘欣欣的眼球。尽管李女士提出猫不是她家的，法院仍然判决她和未能尽到监护责任的欣欣的父母共同承担欣欣受伤的损失。

此外，如果流浪动物伤人的情况发生在住宅小区、商场等地方，负有该地区管理责任的一方也应当承担责任。

65岁的蔡老太在小区被一条流浪狗攻击，导致腿部受伤。于是她以该流浪狗经常出入在小区，物业并没有进行过任何管理为由将物业公司告上法庭。被告物业公司辩称在物业服务合同中没有规定其应对流浪狗造成的损害担责。但法院认为物业公司的基本职责是在力所能及的范围内，根据具体情况维护好小区的公共安全，因此为业主清理小区内的流浪狗也是义务之一。最终，法院判决物业公司承担40%的赔偿责任。

（三）野生动物伤人政府补偿

我国《野生动物保护法》第14条明确规定：“**因保护国家和地方重点保护**

野生动物，造成农作物或其他损失的，由当地政府给予补偿。补偿办法由省、自治区、直辖市政府制定。”

在已经出台细则的省份，受害人可以按照相关规定获得补偿，比如安徽省出台了《安徽省陆生野生动物造成人身伤害和财产损失补偿办法》，规定野猪、眼镜蛇等陆生野生动物伤人毁物，受害人或其近亲属可获政府补偿；北京市出台了《北京市重点保护陆生野生动物造成损失补偿办法》，规定近郊野猪、野狼等野生动物若伤害人、家畜或庄稼，受害人可以获得现金补偿。媒体曾报道过从俄罗斯进入中国境内的老虎“乌斯京”袭击了黑龙江省抚远县境内黑瞎子岛南侧黑龙江南岸的一处养殖点，潜入羊圈一次咬死13只山羊。当地林业部门表示，如果产生损失，将逐一统计，给农户赔偿。

但如果野生动物伤人发生地没有出台可操作的实施细则，明确由哪级政府对受害者进行补偿，伤害到何种程度、补偿多少等问题，野生动物伤人的受害者往往难以得到赔偿或补助，只能自认倒霉。

此外，不少人会问，在现实生活中，如果遇到动物的袭击有生命危险，是否可以像遇到歹徒袭击那样进行自卫？因为我国刑法、民法都规定有紧急避险、正当防卫、合理自卫等制度，对处于特定场合或紧急情况下人员的权利保护提供了特殊而有效的保障。但我国《野生动物保护法》对此语焉不详，而是明文规定“禁止猎捕、杀害国家重点保护野生动物”。从这个角度讲，虽然自卫行为通常来讲是合理的，但并不合法。如果自卫行为对野生动物造成伤害，有可能会触犯相关野生动物保护法规而遭受处罚。面对“虎吃人，人却不能杀虎”的窘境，有人指出人的生命高于一切，当动物危害到人的生命安全时，法律应当赋予公民正当的自卫权。

其实，除非在被伤害、极度饥饿、发情期、性格变异等情况下，动物不会主动对人进攻。野生动物并不可怕，只要人们采取正确的方法，便能够和它们和谐相处。

第十章

职场性骚扰：明骚暗贱不得不防

“性”在中国一直被当作神秘而又敏感的东西。随着社会开放程度的增加，“性”不再像以前那样神秘莫测或令人听之变色了。20世纪90年代，性骚扰（Sexual Harassment）作为一个“舶来品”从国外传入我们国家。

1999年，“性骚扰”作为一个专有词汇被收入新版《辞海》之中。《辞海》给性骚扰下的定义是：“性骚扰是20世纪70年代出现于美国的用语，指在存在不平等权利关系背景条件下，社会地位较高者利用权力向社会地位较低者强行提出性的要求，从而使后者感到不安的行为，是性别歧视的一种表现。”有学者提出了质疑，认为这个定义有局限，比如生活中，社会地位较低者向社会地位较高者实施“性骚扰”屡见不鲜，如有的下级为了谋取某种特殊利益，利用色相来引诱领导。

性骚扰会发生在各种场合，比如在上下班坐公共汽车时本来已经被挤得都快成“烙饼”了，偏偏就有一些不怀好意的人在你身边蹭来蹭去，或碰一下你的胸部，或抓一下你的臀部等。由于职场工作场所的相对封闭性、明确的上下级关系等因素，职场发生性骚扰的概率更高，尤其以女性受到性骚扰的情况具多，据有关部门统计，至少有40%～60%的女性遭遇过职场性骚扰。

对于相对保守的中国人而言，性骚扰无疑是一个敏感而隐秘的话题，人们往往会认为这不过是一个道德问题，可以采用道德的方法予以解决。在职场中，虽然许多人都对性骚扰比较反感，但真正状告性骚扰的却很少见，一般都选择了容忍，最多选择离职，如果实在是影响她们的正常生活到了极点，才有可能状告性骚扰者。被骚扰和侵害的人往往承受着难以名状的痛苦，但却往往羞于出口，也缺少法律上的支持。

2005年12月1日起施行的新版《妇女权益保障法》规定“禁止对妇女实施性骚扰”。这是我国法律首次明确对性骚扰说“不”，被视为这一立法领域的重大突破。随后全国各地都相继出台了《妇女权益保障法》的实施办法，对禁止性骚扰做出了更加细化的规定。

对于广大女性而言，在受到骚扰时要学会运用法律切实维护好自己的合法权利，就像电视剧《女人不再沉默》的女主角从一样，面对性骚扰不再忍气吞声，而是鼓起勇气、毅然决然地拿起法律武器保护自己，做一个不再沉默的女人。2001年西安某事业单位的童女士勇敢地起诉男上司性骚扰，成为我们国家第一例性骚扰案件。虽然因证据不足最终败诉，但一石击起千层浪，这个案件为许多人提供了启示，那就是在职场中面对性骚扰，忍让永远是下策，一定要勇敢站出来，只有这样才能斩断蠢蠢欲动的“咸猪手”。

法律向职场性骚扰说“不”

目前世界上许多国家已经立法禁止性骚扰，美国、澳大利亚、加拿大、法国、比利时、西班牙等国家在法律中明确规定性骚扰属于非法行为。在我们国家，现行法律法规对性骚扰定义、用人单位防治性骚扰的责任等均没有明确规定，这导致法条的可操作性不强。《妇女权益保障法》和2012年国务院发布的《女职工劳动保护特别规定》分别有“禁止对妇女实施性骚扰。受害妇女有权向单位和有关机关投诉”和“在劳动场所，用人单位应当预防和制止对女职工的性骚扰”的内容，但对于“什么是性骚扰”，至今为止没有任何一部法律法规进行解释。

为了弥补《妇女权益保障法》的“先天不足”，一些地方相继出台了《妇女权益保障法》实施办法，对性骚扰的定义做了进一步说明。比如《北京市实施〈中华人民共和国妇女权益保障法〉办法》第33条规定：“禁止违背妇女意志，以具有性内容或者与性有关的语言、文字、图像、电子信息、肢体行为等形式对妇女实施性骚扰。遭受性骚扰的妇女，可以向本人所在单位、行为人所在单位、本市各级妇女联合会和有关机关投诉，也可以直接向人民法院起诉。所在单位、本市各级妇女联合会和有关机关接到投诉后，应当采取对被投诉人批评教育、对双方进行调解或者支持投诉人起诉等措施。用人单位、公共场所经营管理单位应当根据情况采取措施，预防和制止对妇女的性骚扰。”

基于法律的不断完善和进步，总体而言，对付性骚扰的办法主要有以下几种：

1．自力救济。可以主动向本人所在单位、行为人所在单位、本市各级妇女联合会等反映投诉；

2．**民事保护**。性骚扰侵害了女性的身体权、人格尊严和名誉权等人身权利。与财产权利不同的是，人身权利是一种与人们的内心感受密切相关的权利，这部分权利无法像身体受到的伤害那样有外在客观的表现，而是一种抽象的人格权利。性骚扰的猥亵本质，决定了它是对女性人格的不尊重。《民法通则》第5条规定：公民、法人的合法的民事权益受法律保护，任何组织和个人不得侵犯；第101条规定：公民、法人享有名誉权，公民的人格尊严受法律保护，禁止用侮辱、诽谤方式侵害公民、法人的名誉。精神损害赔偿司法解释也明确规定，公民的身体权、人格尊严权受非法侵害的，有权向人民法院请求精神损害赔偿。因此，被骚扰的女性完全可以通过提起民事诉讼的方式要求骚扰人停止骚扰、道歉，并且赔偿精神损失。

3．**行政保护**。构成违反治安管理行为的，受害人可以要求公安机关对违法行为人按照《治安管理处罚法》给予行政处罚。比如《治安管理处罚法》第42条规定，多次发送淫秽、侮辱或其他信息，干扰他人正常生活的，处5日以下拘留或者500元以下罚款；情节较重的，处5日以上10日以下拘留，可以并处500元以下罚款。

4．**刑法保护**。《刑法》是保护被骚扰受害人的最后一道防线。1979年的旧《刑法》有一个“口袋”罪名——流氓罪，严重的性骚扰行为可以装进这个“口袋”，但新《刑法》已取消这个罪名。根据现行《刑法》的规定，如果侵害人的骚扰行为出现了强制、暴力等情况，那么有可能构成的罪名包括故意伤害罪（一般是轻伤）、猥亵、侮辱妇女罪或者强奸罪（一般是未遂）。受害人可以进行举报，由司法机关按照《刑法》规定追究其刑事责任。

要敢于向职场黑手说“不”

绝大多数职场性骚扰受害者因为受社会传统的“多一事不如少一事”观念影响，最终选择了沉默，不要说选择向公安机关报案，甚至提起民事诉讼的勇气都没有。而且，在中国传统文化中，被骚扰者一旦站出来，别人会问“干吗骚扰你，不骚扰别人？”这样一来，更多的人不愿意承认自己受到了性骚扰。而她们却需要承担被骚扰后的不良情绪，如果拒绝骚扰人的“好意”，她们在工作中就会处处受到刁难，甚至降薪、降职，有时还要忍受冷嘲热讽。在一个男权意识盛行的环境里，弱者与强者之间似乎已经达成一种默契：心字头上一把刀，你就忍了吧。

但随着我们国家法治进程的不断加快，现在情况大不相同。一些女性终于跨出了勇敢的一步，为自己也为其他妇女争取女性应有的权益。因为她们知道，忍让永远是下策。既然委屈，也难求全，那就勇敢地站出来吧。正如我国首次“性骚扰案”胜诉的原告何女士说的那样：“我寻求法律的说法，不管胜败，都有一种轻松和解脱。”越来越多职场性骚扰案件的胜诉会给更多的女性带来勇气，让她们敢于对职场黑手说“不”。

（一）职场性骚扰诉讼中的“三难”

职场性骚扰官司的认定难、举证难、赔偿难等问题是让许多人不愿意通过诉讼的方式解决骚扰问题的根源所在。更多情况下，想通过民事诉讼方式维护自己的合法权益，哪怕是讨个说法，让骚扰者赔个礼、道个歉也是难于上青天。即使提起了诉讼，往往也是通过调解结案。而且一旦败诉，当事人还要承受因此带来的负面影响，公众的不宽容、不理解也往往会对其造成巨大的精神压力，有人甚至遭到打击报复。

1．认定难

人们对性骚扰的认识并不清晰，老百姓通常所说的耍流氓、调戏、动手动脚、占便宜等都是比较明显的性骚扰，但是对于发送黄色短信、讲黄段子这些行为是否构成性骚扰就不好判断了。而且，当在职场遭遇性骚扰时，绝大多数女性也许只是感受到自己被“冒犯”了，无法确认是否是性骚扰。法律将性骚扰的表现形式具体化之后，对于哪些行为构成性骚扰就很清楚了，比如向女性发送黄色短信、讲黄段子都可以构成性骚扰。

但是，性骚扰也不能被泛化，实施骚扰动作的人一般应当有明确的对象和主观故意，如果在公共场合讲一个黄色笑话，或者在QQ群里没有指向某一个人，就不能算性骚扰。而且是否属于性骚扰还需要因人而异，对一些性格开朗的人，平时打闹惯了，即使有一些小动作，对方可能也不会在乎，但是如果是双方关系不好的人之间，就有可能被认为是性骚扰。

受害者自己的顾虑也是一个原因，因为很多骚扰是上级对下属的，往往是胁迫，如果不接受，就有可能会被降职降薪等等，如果接受了，就可能会受到一些关照。因此，受害者往往不愿意揭发。而且我们的社会对于性骚扰受害者缺少宽容的态度，很多人不是去同情和理解，而是去质疑，众人会用一种异样的眼光看你，这是让人难以忍受的。

从被告而言，如果输了官司，则意味着付出的代价不只是名誉，甚至包括经济损失和个人信誉度。所以，被告往往会穷尽可能否认自己的行为，甚至抱着“鱼死网破”的心态，“既然让我名誉扫地，我也让你不得好过”，故意诋毁对方，往对方身上“泼脏水”。原告往往会忌惮于此，不得不撤诉或者接受调解。

认定难导致的直接结果就是立案难。目前最高人民法院关于民事诉讼案由的司法解释中，并没有把性骚扰列为独立的案由。实践中，通常以一般人格权益受侵犯或者劳动权益受损来维权。但到底以什么案由来立，法官往往非常慎重，立案很费劲，跑法院至少要六七趟，时间比较长。大多被骚扰者会根本耗不起时间和精力，最终不得不选择放弃。

2．举证难

根据民事诉讼“谁主张，谁举证”原则，无法证明“性骚扰”的发生，就要承担举证不能的责任。证据不足是性骚扰受害者面临的最大问题。由于性骚扰一般发生在私密的场合，很多都是两个人单独相处的时候，言语和身体接触很难留下证据，因证据不足而达不到维护自身合法权益的目的。

但是，这并不是说受害人就要坐以待毙，积极行动收集证据才能打败侵害者。下面就是一些证据收集方面的建议：

一是寻找人证。当然不仅要找到能够证明骚扰发生的目击者，而且目击者最好愿意出庭作证，至少要能够提供书面的证言。

二是保存物证。比如收到的骚扰短信、电子邮件、视频、信件、QQ聊天记录等都要保存好作为证据使用。

三是收集视听资料，录音、录像和照片等都可作为证据。若长期被骚扰，可以随身携带录音机和摄像机、照相机进行取证。即使是偷录偷拍的资料，只要不侵犯对方合法权益或者违反法律禁止性规定，一般也会取得法院的认可。

3．赔偿难

实践中，性骚扰往往没有身体侵害情况的发生，是一个仅限于精神损害而没有任何实质性伤害的问题。

造成精神损害的赔偿方式有以下几种：赔礼道歉、消除影响，还有一种就是精神损害赔偿。精神损害赔偿实际是人的精神上遭受了痛苦，但法律上是以经济形式对你进行弥补。但是实际上人的精神是无价的，如何用进去来衡量呢？一个人承受的痛苦用多少金钱才能弥补得了呢？所以可以说，不仅仅是性骚扰案件，在很多其他侵害人格尊严和名誉权案件中，很难判断精神损害赔偿到底赔多少钱。

（二）对几例性骚扰案件的看法

但是，并不是说打性骚扰官司存在诸多困难，受害人就轻易放弃法律的维权手段。下面是几个胜诉的性骚扰案件，其中当事人胜诉的关键可以为大家提供参考：

全国首例原告胜诉的性骚扰案

原告武汉市某商业学校老师何某自2000年下半年开始遭受被告学校原教研室副主任盛某的性骚扰，被告被拒绝后仍不死心，在同事面前大肆宣扬喜欢原告。2001年在单位组织外出春游时借机对原告隐私部位抚摸、强行亲吻。一审法院认定被告侵扰原告事实成立，判决被告赔礼道歉，并赔偿精神损失费2000元，但二审法院认为被告的行为并未对原告造成严重危害后果，因此撤销一审赔偿精神损失费的判决内容。

评论：由于举证困难，这个案件之前全国没有一例性骚扰案胜诉。何某之所以能够打赢了这场性骚扰官司，诀窍在于有证据。她以有限度的退让使对方放松了警惕，对方以书面形式保证不再骚扰她，并且继而进行录音。此外，学校在同意被告辞职的文件中称其“行为举止不当，有损教师职业形象”，也被列为重要证据。这些证据最终都被法庭采信，才赢得了官司。

广州首例原告胜诉的性骚扰案

在广州一家日企工作的女孩，受到日籍主管骚扰长达数月，多次向公司投诉未果反被开除，不得已愤而把日籍主管和公司告上法庭。最终，法院判定该日籍主管行为构成性骚扰，须书面道歉并赔偿精神损失3000元，同时判定公司已经建立了必要制度和环境，不用承担连带责任。

评论：本案胜诉关键在于在律师帮助下取得了同事无意间拍摄到的日籍主管骚扰的三张照片。一旦确认受到性骚扰，一定要取得朋友、同事的帮忙和支持，毕竟“人多力量大”！

全国首例性骚扰判刑案

2008年6月，成都高新区某高科企业人事经理刘某下班后在新来的女员工陈某办公室向其“袒露心声”，称希望和其交往，但遭到陈某的拒绝。于是刘某对陈某强行拥抱并亲吻，用手掌卡住颈部阻止陈某的反抗，造成其软组织受伤。陈某大声呼救，并奋力反抗。此时，隔壁办公室的同事向公安机关报案，刘某被抓获。法院审理后认为，刘某采用强制的手段已经超出了性骚扰的范

畴，而是利用自己主管人事的权力侮辱妇女，故以强制猥亵妇女罪判处刘某拘役5个月。

评论：刘某被现场抓获，警方在第一时间介入，现场证据很好地得到记录和保存，收集到了口供、证人证言、受害人的陈述和伤痕，形成了完成的证据链。想把一个性骚扰案件上升为刑事案件，使加害人收到刑法的制裁，就需要受害人在受到侵害时敢于“发声”，把对方的恶行公之于众。

（三）解决性骚扰事件的一种选择

各地《妇女权益保障法》实施办法都规定用人单位、当地妇联以及街道居委会等可以调解，而且从现有案例来看，法院采取调解方式解决性骚扰纠纷效果较好。

性骚扰本身就是比较敏感的话题，一旦进入开庭审理程序必然会引起媒体的广泛关注，无论是原告还是被告都不愿意出现这种情况。而调解是在不公开的状态下进行的，可以保护受害人的隐私，防止二次伤害，也在一定程度上保全了加害人的“颜面”，所以很多加害人也愿意通过调解尽快了结纠纷。

调解的另一个优点在于可以使受害人获得较高赔偿额，因为一旦对簿公堂，原告所能得到的经济赔偿往往只能是精神损害赔偿，而我们国家精神损害赔偿的标准很低。在几起胜诉的案件中，受害人得到的精神损害赔偿只有几千元，无法弥补受害人受到的心理伤害。而通过调解，受害人往往可以获得几万元左右的赔偿。

当然，调解也是有条件的，一是原告也需要有一定的证据，否则无法指认对方，被告肯定不愿意调解；二是需要双方的同意，调解是以自愿为前提，法院不可能强迫任何一方同意调解。有的原告认为调解无异于放纵对方，因此会倾向于让法院判决，给个“说法”。

（四）性骚扰维权要适度

职场性骚扰维权存在诸多困难，可以说面对性骚扰，维权是“想说爱你不容易”！但是，如果维权的话，一定要注意分寸，不能搞得本来自己有理却招了“一身骚”，甚至可能因为敲诈勒索而锒铛入狱。

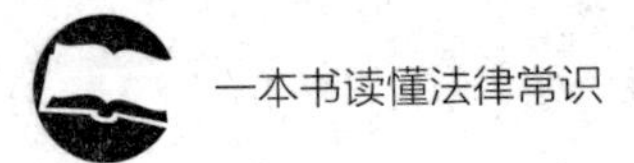

2009年，一名做法学工作的刘某无意中在妻子手机中发现了一条短信，使他得知了妻子遭遇性骚扰的难言之痛。怒不可遏的刘某对骚扰妻子的张某也就是妻子工作单位北京某大学师范学院的党委书记拳脚相加，导致其耳膜穿孔，眼部受伤。同时，要求其赔偿自己和爱人16万元的“精神损害费”。张某报案，刘某被检察院提起公诉。

法院认为，即使张某对刘某妻子具有不当行为并达到侵权的程度，应当承担相应的法律后果，但在法律后果不确定的情况下，具体的法律责任应由司法机关而非任由当事人或他人决定。刘某对张某的殴打行为以及对张某发出胁迫，迫使其基于恐惧心理交付财物，构成故意伤害罪和敲诈勒索罪，因此一审判处刘某有期徒刑4年6个月。

本案中的张某最后因年龄到限，保留原待遇退休，而刘某妻子面对巨大的压力，无法在原工作单位立足，不得不辞去工作，带着孩子到外地生活，一个家庭因此而解散。因此，面对性骚扰，维权时一定要讲究方式方法，既要保护好自己，也要使对方遭到惩罚，切莫因为一时冲动而搭上了“卿卿性命”。

企业要建立相应的防范制度

在国外，企业应当承担防止性骚扰的责任和义务，如果发生了性骚扰，作为一种惩罚性机制，除了追究加害人的相关责任外，企业也要承担赔偿金，而且是很高的赔偿，但是在我们国家并没有类似的规定。因此，有些人便钻法律的空子，比如国内某知名教育企业的总裁强奸下属女员工，事情发生后，企业却玩起了“金蝉脱壳”，宣布总裁已经辞职，并且已经有了新总裁，企业和强奸事件没有任何关系，企业的责任被推得一干二净。

但是北京、上海、江苏等很多地方的《妇女权益保障法》实施办法已开始施行，其中均规定有关部门和用人单位应当采取必要措施预防和制止对妇女的性骚扰。广东省的规定更为详细，在该省《妇女权益保障法》实施办法中规定，用人单位和公共场所管理单位应当通过建立适当的环境、制定必要的调查投诉制度等措施，预防和制止对妇女的性骚扰。在2012年制定的《女职工劳动保护特别规定》中也规定，在劳动场所，用人单位应当预防和制止对女职工的性骚扰。法律做出如此规定的目的在于给用人单位增加责任，降低女性在职场中遭遇性骚扰的可能性。

虽然这些法律并没有强行要求单位需要负什么样的连带责任或相应的赔偿责任，但是在法院的审判实践中已经要求企业建立相应的性骚扰防范制度，否则一旦发生性骚扰案件，受害人可以直接将加害人和用人单位一并作为被告进行起诉，企业就可能要承担连带责任。比如在上面提到的“广州首例原告胜诉的性骚扰案”中，原告所在的用人单位之所以没有被判决承担责任就是因为法院认定其“已经建立了必要制度和环境”。

有的企业认为，性骚扰成了很多人唯恐避之不及的敏感话题。一旦惹上这样的事情，难免弄得“一身骚”。一些企业负责人就表示，“本来没事，还以为企业有作风问题。”而且建立这个制度还会增加企业成本，因此并非所有的企业都愿意建立这样的制度。

根据报道，从修改后的《妇女权益保障法》开始实施以来，北京众泽妇女法律咨询服务中心已经帮助老白干和爱慕等7家国内企业试点建立了防治职场性骚扰机制。单位预防和制止性骚扰是防止性骚扰发生的最佳途径。在员工入职前，单位要对员工进行禁止性骚扰的培训，并建立投诉、调查和惩戒机制，并对投诉者和被投诉者进行隔离，同时形成一整套责任追究制度，降低女性在职场中遭受性骚扰的可能性。

2008年7月，衡水老白干酿酒（集团）有限公司出台防止性骚扰制度，对工作场所性骚扰进行定义，工作场所性骚扰是指任何人在工作场所实施的、不受欢迎的、具有性含义的语言（包括电子信息）或肢体等行为。制度规定实施性骚扰情节严重者将被解除劳动合同。根据衡水老白干集团的统计，建立制度几年来，该集团无一例性骚扰举报。

可以说，企业防治职场性骚扰不仅可以有效地防范性骚扰的发生，保护职工的合法权益，而且也是企业履行社会责任的体现。

第十一章

读懂新消法：让消费更有尊严

目前我们国家消费纠纷日渐增多，而且更趋复杂多样。消费者由于自身的弱势地位，合法权益往往得不到有效的保障。如何让消费者在消费过程中保持“上帝”一样的尊严，遇到权益受损不再“忍气吞声”，敢于坚决维护自身的合法权益成为法律着力解决的问题。

2014年3月15日，消费者迎来了法律的“春天”。因为从这一天开始，新《消费者权益保护法》（以下简称新消法）生效实施。这次实施的新消法是消法实施20年来的首次全面修改，体现了当今信息化、网络化的时代特征，对于网络购物、个人信息保护等当下公众关注的问题明确规定。这部法律对于规范经营者的行为，保护广大消费者的权益具有十分重要的意义。对于普通老百姓而言，新消法更是手中维权的有力武器。

此外，由于食品、药品纠纷往往涉及人身损害赔偿，不仅会产生违约责任，而且还会产生侵权责任，除新消法外，案件往往还适用《合同法》《侵权责任法》《食品安全法》等法律法规。为了解决法院在消费案件审理中的相关法律问题，2013年12月23日最高人民法院公布了《关于审理食品药品纠纷案件适用法律若干问题的规定》（以下简称食品药品纠纷司法解释），于2014年3月15日与新消法同步生效实施，为新消法发挥保护消费者权益的作用保驾护航。

本章中重点介绍一下新消法以及食品药品纠纷司法解释中与老百姓消费紧密相关的一些热点问题。

消费者享有7日“反悔权”

如今，网络购物逐渐成为人们购物的主流方式之一。据不完全统计，2014年我国网购人数已超过3亿人。在网络购物中，消费者主要通过经营者提供的图片、文字、别人评价等选择商品，无法像实体购物一样轻松地辨别商品的真实性，消费者和商家的信息存在不对称性。一些缺乏诚信的经营者往往利用这种信息优势，隐瞒商品的负面信息，或故意夸大商品的性能、功效，误导消费者，使消费者遭受损失。而且，网络购物又以异地消费居多，涉及环节多，一旦发生消费纠纷，由于消费者缺少直接和有效证据，很难追究商家的责任。中国消费者协会公布的数据显示，2013年全国各级消费者协会共受理网络购物投诉20454件，占销售服务投诉量的52.4%。

为了解决消费者和经营者之间信息不对称问题，新消法在经营者的义务中增加了称之为的冷静期或反悔期的制度。新消法第25条第1款规定：“经营者采用网络、电视、电话、邮购等方式销售商品，消费者有权自收到商品之日起七日内退货，且无须说明理由，但下列商品除外：（一）消费者定做的；（二）鲜活易腐的；（三）在线下载或者消费者拆封的音像制品、计算机软件等数字化商品；（四）交付的报纸、期刊。”

从法律上来说，这个规定意味着赋予了消费者在收到商品之日起7天时间内单方解除合同的权利。就像有的专家认为的那样，这个规定“与时俱进赋予了消费者后悔权，非常接地气，有效地保护了消费者在新型消费方式消费渠道的合法权益。”可以说，新消法设置的7日“反悔权”布设了一张无形的法网，将一切网络经营活动纳入法制化的轨道，互联网作为经营的平台，再大也

不能大过法网。

但是，“无理由”退货不代表“无条件”退货，为了防止一些消费者滥用“反悔权”，新消法明确了不宜退货的情形、退货的商品应当完好以及退货费用的承担等条件。在第25条第2款中规定，其他根据商品性质并经消费者在购买时确认不宜退货的商品，不适用无理由退货；第3款规定，消费者退货的商品应当完好，退回商品的运费由消费者承担。这里的商品完好仅限于商品本身，除法律明文规定外，对于商品的包装等，由于需要验视、试用，允许拆封。商家不能以递送的包裹已经拆封为由，拒绝退货。退货时，只要不是因消费者原因造成价值明显贬损的，均属于“商品完好”。

虽然新消法明确规定了7日“反悔权”，但是一些电商还是通过各种手段规避“反悔权”的规定，损害消费者权益。部分商家抓住第25条第2款“其他根据商品性质并经消费者在购买时确认不宜退货的商品，不适用无理由退货”和第3款“消费者退货的商品应当完好”的规定，玩起了文字游戏，逃避自身责任。比如，随意设置不宜退货的商品种类；自行解释何谓“商品完好”；设置了诸如“没有质量问题不可退货”、“退货必须未拆封”等门槛，增加限制退货条件；违反法律规定，收取不合理费用；退货手续烦琐，甚至人为设置障碍等。

所以，虽然“反悔权”已经新消法昭告天下，但一些消费者却反映“反悔权”不好使，投诉日益增多。根据国家工商总局的通报，自2014年3月15日至7月中旬，从电商平台较为集中的北京、上海、南京、杭州、广州五城市12315中心受理网络购物诉求情况看，五个城市共受理消费者网络购物诉求2.7万件，直接与新消法相关的投诉1380件，涉及“七日无理由退货”的投诉741件，占新消法相关投诉量的53.69%。

比如，一位消费者在某网站购买了乳胶枕头，打开包装在通风处晾了几天仍散发怪味。消费者担心使用该枕头会影响健康，向网站要求退货，但网站客服称其已打开包装，影响二次销售，仅愿意为消费者换货。

面对商家的如此诘难，消费者不能退缩，害怕费事，而是应该据理力争。因为“商品完好”和“商品包装完好”是完全不同的概念，商品完好既包括商品外观完好，又包括商品使用功能完好，并不包括商品包装是否完好。新消法只要求“商品应当完好”，而非包装完好，商家完全是在玩弄文字游戏，钻法律空子。因此，商家的这一要求既不合理也不合法。

特别需要注意的是，目前来看微信购物无法享受“反悔权”。这是因为微信虽然属于第三方平台，但它不是一个专门的购物平台，只是一个社交平台。微信代购属于微信朋友圈中个人对个人的买卖，而消法保护的是经营者与个人之间的交易，因此消费者在微信朋友圈的交易不受新消法保护，因此也不存在享受新消法中的7日“反悔权”。

守卫自己的隐私权

刚买了新车就有人来推销汽车保险；刚生完孩子就接到了奶粉销售商的电话；新房钥匙还没到手，装修公司就上门拜访；刚预订了婚宴，婚庆、旅游等公司的电话便接踵而至……我们的信息一次次被泄露，不得不接受来历不明的骚扰，正常生活受到严重干扰。快递公司公然出售个人信息，酒店开房记录被泄露，客户信息成为公共信息在网上疯传等，这些个人信息资料外泄现象已经成为一个社会问题。

目前我们国家在个人信息保护方面尚无专门法律，《个人信息保护法》也正处于制定之中，已有法律法规涉及个人信息保护问题的内容并不多，比如《侵权责任法》明确规定保护公民的隐私权；《刑法》第253条规定了出售、非法提供公民个人信息罪，国家机关或者金融、电信、交通、教育、医疗等单位的工作人员不得将本单位在履行职责或者提供服务过程中获得公民个人信息出售或者非法提供给他人。

针对个人信息泄露、骚扰信息泛滥的情况，新消法第29条做出了明确规定："经营者收集、使用消费者个人信息，应当遵循合法、正当、必要的原则，明示收集、使用信息的目的、方式和范围，并经消费者同意。经营者收集、使用消费者个人信息，应当公开其收集、使用规则，不得违反法律、法规的规定和双方的约定收集、使用信息。经营者及其工作人员对收集的消费者个人信息必须严格保密，不得泄露、出售或者非法向他人提供。经营者应当采取技术措施和其他必要措施，确保信息安全，防止消费者个人信息泄露、丢失。在发生或者可能发生信息泄露、丢失的情况时，应当立即采取补救措施。经营者未经消费者同意或者请求，或者消费者明确表示拒绝的，不得向其发送商业性信息。”可以说，新消法的这条规定明确了在消费活动中经营者收集、使用消费者个人信息的规则，以及对所收集个人信息的保密义务、商业信息的发送限制等，对于保护消费者权益具有积极意义。

为了确保对消费者信息的保护落到实处，新消法第50条明确规定，经营者侵害消费者个人信息应当停止侵害、恢复名誉、消除影响、赔礼道歉，并赔偿损失；第56条进一步规定，除承担相应的民事责任外，工商部门还可以处以警告、没收违法所得、罚款，甚至责令停业整顿、吊销营业执照的行政处罚，并且可以将经营者记入信用档案，向社会公布。

上海一位刘姓律师就利用新消法对个人信息保护的规定，起诉工商银行95588平台发送商业短信骚扰，最终法院认定95588平台频发商业信息构成侵权，判决工商银行赔礼道歉。

2011年为方便扣缴交通违章罚款，这位律师办理了一张工商银行的牡丹畅通卡。之后一年间，其手机上开始不断收到工商银行通过95588平台发送的商业性短信达数十条之多，包括“×××指定车型信用卡分期活动”信息、“×××6天5晚釜山游”信息等。但因95588属于专用服务短号码，如果直接屏蔽，卡内资金变化等信息也将无法收到。为此，刘律师曾三次向工商银行的95588发送短信，要求其停止发送。工商银行回复，要求刘先生拨打服务热线或者前往营业网点进行反映，但他尝试多次也没有结果。

起诉之后，工商银行答辩称所发信息均与银行卡有关，不属于垃圾短信，而且在刘律师签署的《牡丹畅通卡领用合约》中，已规定发卡机构可通过短信或电子邮件方式向其发送与牡丹信用卡有关的信息。因此，工商银行认为其没有违反《消费者权益保护法》和双方合同约定的对原告个人信息的保密义务。

法院经审理后认为，“与牡丹信用卡有关的信息”可以有两种解释：广义可理解为包括所有涉及信用卡的信息；狭义可理解为只包括身份确认、余额变动、消费提醒、转款到账等金融信息。《牡丹畅通卡领用合约》属于格式条款，根据法律规定，在格式条款具有两种以上的理解时，应当做出不利于提供格式

条款一方的解释，即狭义的理解，因此工商银行不得向持卡客户发送商业性信息。此外，手机号码作为个人信息，经营者应当合理使用，未经持卡人明示同意或者请求，不得利用其所掌握的手机号码发送商业性短信息。而且原告已经多次明确表示拒绝接受信息，因此工商银行仍然发送信息，其行为构成侵犯了原告的人格权。

现在，很多经营者已经加强了客户个人信息的保护，在发送商业短信时一般会在结尾处标注“如需退订短信，可回复‘……’”，以方便用户及时退订商业短信的服务，避免被客户起诉，在一定程度上减轻了法律风险。

经营者须“自证清白”

在消费纠纷中，消费者最容易遇到的难题是举证责任的问题。因为根据证据规则，一般是谁主张谁举证，也就是说消费者主张购买的商品有质量问题，就必须承担举证责任证明所购商品的瑕疵系商品本身的质量问题而非其他原因导致。这对于没有专业知识的普通消费者来说是非常困难的。比如你购买的空调在使用过程中发生不制冷的情况，如果不鉴定，你拿什么证据证明是质量问题而不是使用不当造成的呢？如果进行产品质量鉴定需要交纳一大笔费用，无论是经济还是精力上消费者又都无法承受。所以，不少消费者都感觉到，在日常消费尤其是在商品房、网购、金融消费等领域面临的最大问题是维权难，维权成本高，有时候“为了追回一只鸡，需要杀掉一头牛”，而举证难是维权难的主要原因之一。

新消法第23条第3款规定：“经营者提供的机动车、计算机、电视机、电冰箱、空调器、洗衣机等耐用商品或者装饰装修等服务，消费者自接受商品或者服务之日起六个月内发现瑕疵，发生争议的，由经营者承担有关瑕疵的举证责任。”此外，食品药品纠纷司法解释也规定，食品的生产者与销售者应当对于食品符合质量标准承担举证责任。

上述这些规定设置了举证责任倒置制度，将消费者“拿证据维权”转换为经营者“自证清白”，避免了鉴定难、成本高、不专业等难题，扫除消费者维权的疑虑。消费者只要发现法律规定的几类商品有瑕疵即可向经营着主张赔偿，无须举证证明该瑕疵系商品本身的质量问题。反过来，经营者不能提交充分证据证明商品没有质量问题，或者损害时由于消费者使用不当造成的商品问

题，就要由消费者承担败诉的后果。

以汽车消费类纠纷为例，在这类纠纷中包含整车质量问题、维修质量问题等多个方面，比如售后方面出现质量问题的话，4S店有能力承担举证责任，而涉及整车质量方面的问题，4S店并没有技术实力和能力承担举证责任，需要生产商出面举证。因此，消费者在起诉时，可以将4S店和生产商作为共同被告一并起诉。

2014年5月浙江消费者王先生购买了一辆某汽车公司生产的轿车，当年7月该车辆突然起火，被烧成空壳。消防部门经过调查，排除人为纵火可能，认定为自燃。此后，车主胡某与汽车生产商交涉要求赔偿，但对方称起火原因与质量无关，不愿承担责任。为此，向当地法院起诉，要求生产商和销售商赔偿16万元，两被告承担连带赔偿责任。

法院认为该案应由被告承担举证责任，理由为：汽车是技术非常复杂的商品，具有很强的专业性，一般消费者极难对汽车产品可能存在的质量缺陷进行举证，而作为汽车的生产者和销售者，详细掌握了汽车产品的技术标准，具有明显的专业优势；产品的生产者和销售者在获取相应利润时，在法律上理应承担更多的质量保证责任，这也符合利益与风险一致、风险与责任一致的原则。最终，经法院调解，原被告达成协议，两被告共同补偿胡某5.8万元。

消费者要注意的是，举证责任倒置只限法律规定的几类商品并在规定的期限内发现瑕疵才适用，另外举证责任倒置并非免除其全部举证责任。消费者应当举证证明其向经营者购买了争议的上述商品或者服务，且该商品不能正常使用或者服务出现瑕疵。首先是发票等购物凭证，其次是一些有质量说明、保质期限等内容的商品外包装以及向经营者主张权利的书面或口头材料和经营者的书面或口头回复等，这些都可以作为证据使用。

精神损害赔偿来了

一般的民事赔偿采取损害赔偿相抵的原则，通俗讲就是"有一赔一，有二赔二"。但消费欺诈由其特殊性，世界各国通用惩罚性赔偿原则，赔偿标准高于一般的民事赔偿。在1994年制定《消费者权益保护法》时，考虑到消费欺诈不仅是对个案消费者的损害，更会危害到社会经济秩序，我们国家借鉴英美等国家的制度将惩罚性赔偿纳入其中，规定了经营者提供商品或者服务有欺诈行为的，应当给予消费者购买商品的价款或者接受服务的费用一倍的赔偿，也就是我们常说的"退一赔一"。可以说，经过20年的贯彻执行，惩罚性赔偿制度已经深入人心，对于打击消费欺诈起到了重要作用。

这次实施的新消法大幅提高了消费欺诈的赔偿标准，将惩罚性赔偿由"退一赔一"变为"退一赔三"。该法第55条第1款规定："经营者提供商品或者服务有欺诈行为的，应当按照消费者的要求增加赔偿其受到的损失，增加赔偿的金额为消费者购买商品的价款或者接受服务的费用的三倍；增加赔偿的金额不足五百元的，为五百元。"

需要注意的是，如果是问题食品，按照《食品安全法》的规定，应当"假一赔十"，不再适用《消费者权益保护法》。《食品安全法》第96条第2款规定："生产不符合食品安全标准的食品或者销售明知是不符合食品安全标准的食品，消费者除要求赔偿损失外，还可以向生产者或者销售者要求支付价款十倍的赔偿金。"这是考虑到食品与老百姓健康息息相关，加大惩罚赔偿力度，提高违法行为成本，可以有效遏制问题食品的出现。而且，根据食品药品纠纷司法解释，惩罚性赔偿不以消费者人身权益遭受损害为前提，只要有损失就可

以提出赔偿要求。

此外，新消法还针对小额消费中欺诈多发，而多数消费者基于维权成本高而受益少的情况，设置了赔偿的下限为500元。对赔偿最低数额进行确定可以有效权衡小额消费欺诈中维权成本与受益的比例，充分发挥消法的惩罚性作用，让消法真正成为消费者手中的利器，可做到“老虎”和“苍蝇”一起打，纠正部分不良商家的侥幸心理。江苏徐州就发生过这样一起真实的案例：

2014年3月16日，薛先生在一家超市花4元钱购买了一瓶某公司生产的运动饮料。饮用时，发现瓶中有白色絮状物和绿色沉淀物，顿时感到不适，于是找超市理论，超市承认可能由于存放不当导致饮料出现质量问题，但就赔偿问题因分歧较大，双方协商未果。于是向工商部门投诉。经工商部门调查核实，超市售出的饮料确实因存放原因出现质量问题，按原消法应该是退一赔一，也就是退4元，再赔偿4元，而按新消法规定，经营者提供商品或者服务有欺诈行为的，应退一赔三，如果赔偿金额不足500元的，按500元赔偿。同时由于薛先生饮用了该饮料后导致身体不适，且给精神造成了一定的伤害应给予赔偿。最终在工商部门的调解之下，超市给予了薛先生2000元赔偿，并向薛先生赔礼道歉。

维护消费者的尊严，不仅要维护消费者的物质权益，更要维护消费者的精神权益。赋予消费者尊严不仅是保证消费者不受欺诈，买得放心、吃得安心、用得舒心，还要使消费者的人格尊严受到尊重，精神利益得到保护。基于这个理念，这次新消法首次增加了精神损害赔偿，引起了各界关注。新消法规定，经营者有侮辱诽谤、限制人身自由等侵害消费者或者其他受害人人身权益的行为，造成严重精神损害的，受害人可以要求精神损害赔偿。所以有专家提出，在消费者权益保护中增加精神损害赔偿是中国法律向前迈进的一个标志。

在一家餐厅吃饭的小王遇到了烦心事，在用餐完毕结账时，营业员称她提供的是假币，还当着其他顾客的面对她大声训斥。面对营业员和众人的异样眼光，小王借用其他商店的验钞机进行检验。结果，小王所付现金并非假币。受了委屈的小王认为商家行为是对自己的不尊重及侮辱。在工商部门介入后，商家向小王当面道歉。新消法生效后，消费者若遇到此类问题可拿起法律武器保护自己的合法权益，及时报警或向有关部门投诉。

值得注意的是,《侵权责任法》对精神损害赔偿做了较为明确的规定，相对于《侵权责任法》，新消法属于特殊法，重新明确精神损害赔偿可以让消费者更加了解对自己拥有的权利，法官在诉讼中适用法律时一般会按照新消法进行裁判。

广告不能随便代言

广告是消费者获得信息的重要途径，对消费意向有着重要影响，因此广告必须真实、合法，不得含有虚假内容，不得欺骗、误导消费者。但在现实生活中，存在着大量虚假广告充斥电视节目、明星代言产品质量参差不齐等损害消费者权益的情况。很多的虚假广告都依托一定的载体如报纸、电视台、小广告等，对消费者造成的影响比较大。而广告的经营者、发布者和代言人往往成为不良商家的“帮凶”。以往在消费品领域尤其是食品和保健品，一些所谓“专家”或“明星”推荐的产品备受普通消费者信赖，而一旦发现商品并没有宣传的那样神奇，消费者们也只能自认倒霉。

现在这些利益获得者的好日子恐怕到头了。新消法第35条规定，**广告经营者、发布者设计、制作、发布关系消费者生命健康商品或者服务的虚假广告，造成消费者损害的，应当与提供该商品或者服务的经营者承担连带责任。社会团体或者其他组织、个人在关系消费者生命健康商品或者服务的虚假广告或者其他虚假宣传中向消费者推荐商品或者服务，造成消费者损害的，应当与提供该商品或者服务的经营者承担连带责任。**

上述规定要求无论是发布还是代言广告都要尽到审慎的注意义务，同时将广告的发布者、经营者以及广告的代言人都纳入赔偿主体之中，使他们成为“一根绳上的蚂蚱”，一旦因为虚假广告侵害了消费者的权益，相互之间承担连带责任，使惩罚的力度更强更大，同时也把消法和其他法律相衔接，填补了广告法中监管上的一个真空的地带。

总之，根据新消法、《侵权责任法》等相关法律规定的精神，在连带责任

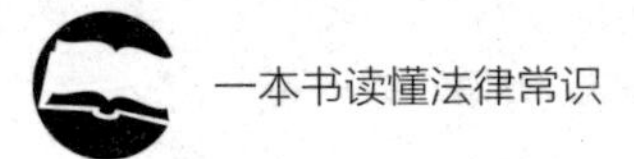

中消费者既可以一并起诉食品、药品的生产商、销售商、广告经营者、广告发布者、广告代言人，请求其共同承担赔偿责任，也可以起诉其中一个或者几个作为被告，由其承担全部赔偿责任，然后由已经承担赔偿责任的主体再向其他责任主体行使追偿权。当然，消费者如果想打赢这场官司，首先需要提供证据证明广告或宣传是虚假的，其次还要确认产品给其造成了损害。

现实生活中，不少名人卷入了代言官司。很多消费者说："我是××的粉丝，买这个产品，就是冲着××买的。"但使用后，有的人觉得产品名不符实，有虚假宣传欺骗消费者的嫌疑就在人民法院提起诉讼，把经营者作为被告，代言人列为第二被告，要求其承担连带责任。正如一位法律专家所言："但不管代言人是否承担责任，这都为代言人敲响了警钟。代言人一定要知道，广告代言不是艺术活动，也不仅仅是道德活动，而是一种法律活动。"

法律为“霸王条款”划出高压线

长期以来，经营者利用其提供的格式合同中的“霸王条款”免除自身责任、加重消费者负担的情况普遍存在，让消费者苦不堪言。“霸王条款”可谓是五花八门，禁止外带酒水、设置包厢最低消费额、收取开瓶费、月底流量清零、商品无质量问题概不退换等“霸王条款”早已为公众所熟知，现实生活中还有很多其他格式条款其实属于隐形“霸王条款”，公众往往没有意识到，让人防不胜防。

新消法第26条做出了比《合同法》更详细又有针对性的规定。该条规定：“经营者在经营活动中使用格式条款的，应当以显著方式提请消费者注意商品或者服务的数量和质量、价款或者费用、履行期限和方式、安全注意事项和风险警示、售后服务、民事责任等与消费者有重大利害关系的内容，并按照消费者的要求予以说明。经营者不得以格式条款、通知、声明、店堂告示等方式，做出排除或者限制消费者权利、减轻或者免除经营者责任、加重消费者责任等对消费者不公平、不合理的规定，不得利用格式条款并借助技术手段强制交易。格式条款、通知、声明、店堂告示等含有前款所列内容的，其内容无效。”换句话说，上述规定表明，只要格式条款含有不公平、不合理的内容，就没有效力。

下面把北京市工商局公布的“霸王条款”做个汇总，读者可以参考对照，一旦发生遇到类似情况，可以要求商家删除格式合同中的相关内容，否则可以向工商部门投诉举报，如果发生纠纷可以向法院起诉，法院会根据食品药品纠纷司法解释第16条的规定支持你的诉讼请求，认定相关格式条款无效。

北京市工商局公布的霸王条款

（以下内容摘自北京市工商行政管理局网站）

2011年6月7日公布的首批27项不公平消费类格式条款

一、经营者在消费合同格式条款中免除自己造成消费者人身伤害的责任

1.“请勿在海滨浴场内追逐、打闹，如发生伤亡事故，后果自负。”

2.“在场地使用过程中，如有人身伤害，本公司不负责任。”

二、经营者在消费合同格式条款中免除自己因故意或者重大过失造成消费者财产损失的责任

3.“客户送洗衣物因天灾、火灾等不可抗拒因素，导致衣物损坏的，本店恕不负责”。

4.“××公司不承担任何情况下可能造成的跑水、漏电、煤气泄漏等事故造成的损失。”

5.“装饰工程所在区域如果存在环境污染现象，则乙方有权拒绝检测，对甲方自行检测的结果，乙方不承担任何责任。”

6.“本会所对于会员在所内遗失或遭窃的物品不承担赔偿责任”或“酒店对个人贵重物品的丢失不负任何法律责任”或“贵重物品妥善保管，遗失概不负责”。

7.“在停车场停放自行车每月每户××元，摩托车××元，轿车××元，车辆损坏或丢失以及车内物品的损坏或者丢失均由车主自己承担责任。”

8.“在壹个月内提取衣物，逾期则本店不负保管责任。”

9.“所有赔偿要求必须在提取衣服时提出，出门恕不负责。”

三、经营者在消费合同格式条款中免除自己对提供的商品或者服务依法应当承担的保证责任

10.“本店商品售出一概不予退换。”或“打折商品不退不换。”或“奖品、赠品一律不实行三包。”

11.“消费者在验收合格后的十日内未结清工程款，将失去免费保修的资格。”

12.“购买后三天内将质保书寄回本厂，否则本厂不负保修责任。”

13．“我们建议您将发票开具为商品明细，否则您将无法享受产品厂商或‘××商城’的正常质保。”

四、经营者在消费合同格式条款中免除自己因违约依法应当承担的违约责任

14．“如遇不可抗力或××汽车公司对我店的发车计划做出临时调整及运输车延期送车时间等造成交车时间的延误，本店不负违约责任。”

15．“违约责任，你有我无”，即：在格式条款中仅规定消费者的违约责任，而对经营者自身的违约责任只字不提。

16．“本店承接一切送洗衣物，但对洗熨结果，如褪色、缩小，本店不负赔偿责任。”

五、经营者在消费合同格式条款中设定消费者应该承担的违约金或者损害赔偿金超过法定数额或者合理数额

17．“会员因故意造成健身器械损坏的，应按原价的双倍赔偿；会员穿鞋造成地面损坏，双倍价值赔偿。”

18．“买车人违约时，已付的购车款不予退回。”

19．“双方提前解除合同的，按未履行租期全部租金的50%作为违约赔偿金。”

20．“甲乙双方私自完成买卖交易的，双方按居间服务费双倍赔偿给丙方。”

六、经营者在消费合同格式条款中设定消费者承担应当由格式条款提供方承担的经营风险责任

21．“本中心有权根据市场价格情况酌情调整收费标准”

七、经营者在消费合同格式条款中设定消费者承担其他依照法律法规不应由消费者承担的责任

22．“购货方在签订此订货合同的同时，应向供货方交付不少于订货总数额的80%作为预订金。”

八、经营者在消费合同格式条款中排除消费者依法变更或者解除合同的权利

23．“该商品一经售出，概不退还”或“特价、降价、处理、打折商品，不与退换”或“促销商品，售出概不退换”。

24．“本超市保留修改和调整使用手册中各项条款及中止本卡使用的权利”或“管理层有权酌情决定，随时修正、改变、删除或增订此会所守则”。

25．“甲乙双方不得拒绝丙方服务或要求退费。”

九、经营者在消费合同格式条款中排除消费者解释格式条款的权利

26．“该条款（章程）的最终解释权归我公司所有”“该活动的最终解释权归我公司所有”以及“我公司依据合同法、消费者权益保护法等法律法规对该合同进行解释”等。

十、经营者在消费合同格式条款中排除消费者依法应当享有的其他权利

27．“请客人在本单开出之日起一个月内来本店提取衣物，逾期本店有权自行处理。”

2012年9月27日发布的健身、沐浴、洗染、美容美发四个行业30种不公平格式条款

一、健身行业

1．“此卡售出，概不退换”或“售出的各类会员卡一律不得退卡”。

2．“俱乐部内发生的一切人员伤亡，俱乐部不负任何责任”或者“对任何形式的伤害享有免责权”或“不当使用本会所设施，造成的一切后果都由会员自己负责”或“本会所仅提供运动休闲服务，无法对有瑕疵的健身器材设备所产生的伤害负责”。

3．“本中心对所丢失、被盗物品概不负责”或“私人物品如遗失或损坏本俱乐部概不负责”。

4．“会籍与会员卡均不得转让。”

5．“本中心保留对此卡的最终解释权”或“本卡的最终解释权归本会所有”。

6．“有权对服务设施及服务项目进行调整或取消”或“本中心有权改变制度、服务项目及加减课程”或“本中心有权根据市场价格情况酌情调整收费标准”。

7．“故意造成健身器械损坏的，应按原价的双倍赔偿”或“会员穿鞋造成地面损坏，双倍价值赔偿”。

8．“有关体型护理计划属于顾客个别所有，仅适用于顾客本人并限制顾客本人享用，不得授予、转借、赠予、出售或者转让。顾客向本中心缴付之所有

款项不予退还且不得转让及不可换取其他课程或服务。”

9．“本俱乐部所有会员卡均不可退款。”

二、沐浴行业

10．“如会员卡续卡须存入金额不得低于原本卡金额的50%（或存入金额××元），白银卡不得低于5000元。”

11．“享有专属更衣柜的会员，卡内余额不可低于首次存入金额的1%，否则，本会所有权收回专柜的使用权。”

12．“首次消费金额不得超过会员卡面值的50%（或60%），方可使用。”

13．“刷卡消费在卡内扣除，剩余金额以本公司的电脑记录（或系统、本酒店档案）为准。”

14．“自您成为会员当月起，我们将收取50元/日的会员管理费。”

15．“6个月未进行消费且过期的会员卡，每月25日按照卡内余额的5%收取管理费（不满一个月按整月计算，余额≤1000元每月25日按照50元固定值收取管理费）。”

16．“如需发票，请您自发卡之日起一年内到发卡店领取发票，逾期系统将自动冲零。”

三、洗染行业

17．“在洗涤中造成拉链、扣子及装饰品的损坏，不在公司赔偿范围。”

18．“如对洗涤结果有异议的，请当面提出，离柜不认。（当您取衣时请仔细检查，如发现有洗涤问题请立即告知店员处理，离店后如发生任何问题本店概不负责。）”

19．“送洗衣物超过三个月不取的，经营者有权处理这些衣物。（衣物应在规定的期限领取，超过一个月的，本店将收取×元/天的衣物保管费，逾期×个月不领取，店方有权处理。）”

20．“送洗衣物在洗涤过程中造成的不明显、不影响使用和观瞻的问题，经营者不承担赔偿责任。”

21．“本公司按照您要求的洗涤方式洗涤。也不负责衣物制造原因造成的缩水、褪色及损坏。”

22．“保管期一月后如有虫咬、鼠伤、霉烂等本店不负责任。”

23．“本公司不负责因衣物自身褪色而自染以及特别污渍除渍的责任。”

四、美容美发行业

24．“此卡最终解释权归属于本美容店”或“本店拥有此卡最终解释权”或“以上解释权归本店所有”。

25．“销售成立后，一律不得退还现金（包括定金）”或“已经售出，概不退卡”。

26．“如您在门店服务后出现皮肤过敏等服务质量问题，请提供鉴定机构出具的有效证明，经双方协商一致后予以退卡，退卡按购卡金额扣除已消费金额计算。”

27．“为了您的财物安全，请您在服务过程中自行保管随身物品，您有随身物品丢失或损坏的，您应自行承担责任。”

28．“此卡在某年某月某日前有效，期限为一年，不计息、不提取现金，过期作废。”

29．“当储值卡内的余额不足以支付单次消费金额时，余额恕不退还现金，再次充值后，余额可累计使用。”

30．“因已投保，如需索赔须向保险公司要求赔偿。”

2013年12月9日发布的餐饮行业6种不公平格式条款

1．“禁止自带酒水。”

违法定性：违反了《合同违法行为监督处理办法》第十一条第（六）项的规定，属于经营者利用合同格式条款排除消费者依法应当享有的其他权利的违法行为。

2．“消毒餐具工本费一元。”或“消毒餐具另收费”。

违法定性：违反了《合同违法行为监督处理办法》第十条第（二）项的规定，属于经营者利用合同格式条款设定消费者承担应当由格式条款提供方承担的经营风险责任的违法行为。

3．“包间最低消费××元。”

违法定性：违反了《合同违法行为监督处理办法》第十一条第（五）项的规定，属于经营者利用合同格式条款排除消费者依法应当享有的其他权利的违法行为。

4. “如甲方需减少订席数，须提前十五天告知乙方，否则乙方将按原订席数全额收费。”

违法定性：违反了《合同违法行为监督处理办法》第十条第（一）项的规定，属于经营者利用合同格式条款设定消费者的违约金或者损害赔偿金超过法定数额或者合理数额的违法行为。

5. “请保管好自己的物品，谨防被盗，丢失本店概不负责。”或“公共场所请您携带好您的随身物品，如有丢失自负。”

违法定性：违反了《合同违法行为监督处理办法》第九条第（二）项的规定，属于经营者利用合同格式条款免除自己因故意或者重大过失造成消费者财产损失责任的违法行为。

6. “餐厅有权接受或拒绝顾客自带酒水和食品。如果顾客不接受餐厅建议将被视为自动放弃食品卫生投诉权利。”

违法定性：违反了《合同违法行为监督处理办法》第十一条第（六）项的规定，属于经营者利用合同格式条款排除消费者依法应当享有的其他权利的违法行为。

2013年12月11日发布的家居装饰行业不公平格式条款

1. “甲方无正当理由，未按合同约定期限支付第二、三次工程款，每延误一日，应当向乙方支付延迟部分工程款2%的违约金。”

违法定性：违反了《合同违法行为监督处理办法》第十条第（一）项的规定，属于经营者利用格式条款设定消费者违约金或者损害赔偿金超过法定数额或者合理数额责任的违法行为。

2. “装饰工程所在区域如果存在环境污染现象，则乙方有权拒绝检测，对甲方自行检测的结果，乙方不承担任何责任。”

违法定性：违反了《合同违法行为监督处理办法》第九条第（二）项的规

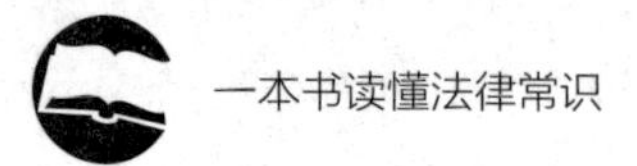

定，属于经营者免除因自己故意或者重大过失造成消费者财产损失责任的违法行为。

3.“甲方对合同中已确定的工程项目提出减项时，如未开工的须向乙方支付该项目款5%的减项费，在同时有增项时，按增减项差额的负值作为实际的减项款额收取5%减项费；如该项目已开工，甲方应承担由此造成的损失。”

违法定性：违反了《合同违法行为监督处理办法》第十条第（一）项的规定，属于经营者设定消费者的违约金或者损害赔偿金超过法定数额或者合理数额的违法行为。

4.“凡在××装修公司以外采购的材料，××装修公司不负责保修与环保质量保证。”

违法定性：违反了《合同违法行为监督处理办法》第九条第（三）项的规定，属于经营者免除自己对提供的商品或者服务依法应当承担的保证责任的违法行为。

5.“甲方需要开发票，另加工程总款6%的税款。”

违法定性：违反了《合同违法行为监督处理办法》第十条第（三）项的规定，属于经营者利用格式条款设定消费者依照法律法规不应由消费者承担的责任的违法行为。

6.“凡私自与施工人员商定更改施工内容引起的一切后果，均由甲方自负，给乙方造成损失的，甲方还应予以赔偿。”

违法定性：违反了《合同违法行为监督处理办法》第十条第（二）项的规定，属于经营者利用格式条款设定消费者承担应当由格式条款提供方承担的经营风险责任的违法行为。

委托代理：你经常忽视的一种法律关系

对很多人来说，代理这个法律词汇可能比较晦涩。代理是一项重要的法律制度，它是代理人在代理权限范围内，以被代理人名义向第三人做出或受领意思表示，而该意思表示直接对本人产生法律效果的民事法律行为。我国《民法通则》规定公民、法人可以通过代理人实施民事法律行为。

但是在现实生活中，代理却无处不在，比如人们经常说："我委托你去办某某事情。"这里的"委托"就是一种代理的关系。此外，当去行政机关办理业务时，如果本人或者公司的法定代表人不能到场，行政机关往往要求出具授权委托书。事实上授权委托书就是书面的代理方式。

从法律上看，代理分为委托代理、法定代理和指定代理三种。委托代理是指按照被代理人的委托行使代理权，也是我们日常生活中最常见的代理方式；法定代理是指代理人的代理权直接根据法律规定而产生，比如父母是未成年子女的法定的代理人；指定代理是指按照人民法院或有关单位的指定发生代理权的代理，例如对担任无民事行为能力人或限制民事行为能力人的监护人有争议的，应当由未成年人的父、母所在单位或精神病人所在单位在近亲属中指定。法定代理和指定代理法律规定较为明确，内容也相对简单，因此本章中讲的是委托代理。

从委托他人购买彩票引发的纠纷说起

2013年9月，王某委托同事赵某花10元钱代买了5注彩票，并告诉了赵某要买的彩票号码。由于当时王某身上没有零钱，于是让赵某先替自己垫付了10元。买到彩票后赵某没有立即把彩票交给王某，随后王某得知当天委托赵某买的彩票号码中了50万元大奖。当王某兴冲冲地问赵某索要50万元奖金时，赵某却表示当天忘记帮他买了，是自己花钱买的彩票中了奖，因此拒不返还奖金。于是王某将赵某告上法庭，要求其返还彩票奖金。

在这个故事中，王某委托同事赵某购买彩票的行为就是委托代理，换句话说，赵某根据王某的授权为王某购买彩票，王某对赵某购买彩票的行为承担责任。王某和赵某之所以发生争议就是因为王某对赵某的委托并不明确。从民事诉讼的角度将，委托人王某应当对代买彩票委托的事实承担举证责任。除非王某进行了电话录音或有证明人举证来说明中奖号码就是他委托赵某购买的号码，否则法院一般会裁判驳回委托人的诉讼请求。

在2011年兔年春节晚会上，海清和黄海波合演的小品《美好时代》讲述的故事就是好朋友白雪电话委托海清饰演的毛豆豆购买彩票，毛豆豆自己垫钱帮好朋友买了彩票，中了500万元的大奖。虽然小品的结局很完美，毛豆豆将属于好朋友的彩票物归原主，但在生活中，因代买彩票等引发的纠纷时有发生，由于大家普遍都是口头协议，没有“白纸黑字”的书面约定，口头协议的内容不易确定，出现纠纷时无凭无据，举证难度非常大，造成利益受损。甚至发生过

彩票迷长期委托投注站购买彩票，最后却不支付彩票购买费用，造成投注站经济损失的情况。

那么，在生活中人们应当如何明明白白地进行委托，避免发生不必要的法律纠纷，维护自己的合法权益呢？

我国《民法通则》第65条第1款规定：**“民事法律行为的委托代理，可以用书面形式，也可以用口头形式。”**为了清楚起见，在委托他人办理某些事务时，建议采用书面的方式进行委托。如果具体到上面这个案例，那么委托人最好将需要购买的彩票类型、数量、号码、金额、日期、有偿或无偿、有偿的数额或分成比例、违约责任等都写在纸上，通过协议的方式明确委托购买彩票的内容。尤其是委托彩票投注站长期为自己购买彩票时，更应当签订书面的委托合同，防止中奖后奖金被侵吞，这同时也是投注站避免彩票购买人不支付彩票购买费用的好方法。如果签订书面协议不方便，还可以通过短信、电子邮件、传真等方式发送相关的委托以及彩票号码，并保留好底稿。如果必须采用电话委托的方式，建议进行电话同步录音。

生活中，有时人们需要出具授权委托书委托他人帮助自己办理某些事情。那么一份完备的授权委托书应当包括哪些内容呢？《民法通则》第65条第2款对此做出了明确规定，授权委托书应当载明代理人的姓名或者名称、代理事项、权限和期间，并由委托人签名或者盖章。

有人会问委托合同和委托代理有何区别？实践中委托代理往往是通过委托合同方式实现的，即通过签订委托合同的方式委托他人代为办理相关事宜。二者在法律上的区别也非常明显，简单来说，委托合同是委托人和被委托人之间进行约定委托事项，是双向的，是合同的一种；而委托代理指的是向第三人表明被委托人代为办理委托人的事务，是单向的，属单方法律行为。

表见代理

表见代理是一个专业的法律概念，表面上看起来似乎有些晦涩，但其实意思非常明了。它是指被代理人虽然没有代理权，但因为其行为足以使他人客观上有充分理由相信他具有代理权，从而使代理行为具有了代理权的表面特征，因此被代理人须负相关法律责任的代理。我国《合同法》第49条规定，行为人没有代理权、超越代理权或者代理权终止后以被代理人名义订立合同，相对人有理由相信行为人有代理权的，该代理行为有效。

2013年1月18日，王某驾驶的货车与小张驾驶的摩托车相撞，致小张受重伤。经交警部门认定，王某负事故的全部责任。2013年4月，交警部门召集双方对该起事故的赔偿事宜进行了调解。由于当时小张伤情尚未痊愈，行动不便，于是书面委托其叔叔张某代表自己参加了委托。授权委托书上载明的内容为“张某代为参加调解、处理事故赔偿事宜”。此外，小张还专门口头交代叔叔张某只参加交警部门对事故赔偿事宜主持的调解。最终，叔叔张某代表小张与李某达成了赔偿协议，由王某赔偿张某医疗费等各项损失共计10万元，分两期支付。

但是，之后不久，张某又私下以小张的名义与王某签订了一份补充协议，约定王某一次性支付赔偿6万元，小张不再提出其他赔偿要求。小张得知这个情况后，认为其只委托叔叔张某参加交警部门的调解，并未委托张某签订放弃赔偿款的补充协议，因此仍然要求王某支付剩余的赔偿4万元。在遭到王某的拒绝后，小张诉至法院请求法院支持自己的主张。

法院经过审理查明，本案中小张出具的授权委托书中只载明了代理事项，即“代为参加调解、处理事故赔偿事宜”，而未载明代理的期间。虽然他曾口头表示叔叔张某只参加交警部门对事故赔偿事宜主持的调解，由于未能将此期间写入授权委托书，因此存在过失。王某对张某代理权已经终止的情况并不知情，在此情况下，其与张某签订补充协议，其主观上是善意且无过失的。所以，法院最后认定张某与王某签订补充协议的行为构成表见代理，补充协议有效，驳回原告小张的诉讼请求。至于小张遭受的损失，由于其叔叔张某是超越代理权限签订的赔偿补充协议，存在过错，因此可以要求叔叔张某赔偿其损失。

所以，表见代理是代理人没有代理权，但相对人有充分理由相信代理人有代理权，在这种情况下，相对人与代理人发生的法律行为结果由本人承担。在表见代理的情况下，第三人必须是善意无过错的。

对于表见代理发生的原因，上述《合同法》第49条已经做出了明确规定，即“没有代理权、超越代理权或者代理权终止”。除了案例中由于授权不明造成对方善意地认为代理人仍然享有代理权外，实践中个人或单位将自己的印章、合同章、盖章的空白证明信、空白委托书、空白合同文书等交给他人代表自己办理相关事宜，或者某些单位允许其他单位或个人以自己“分公司”“分厂”“办事处”的名义进行活动，被挂靠单位从中收取一定的“管理费”和“手续费”，在这些情况善意相对人因此相信行为人有代理权而与之订立合同就构成表见代理。

除《合同法》之外，我国其他法律中也有类似表见代理的规定，比如《合伙企业法》第37条规定：“合伙企业对合伙人执行合伙企业事务以及对外代表合伙企业权利的限制，不得对抗不知情的善意第三人。”《最高人民法院关于适用〈婚姻法〉若干问题的解释》第17条第2项规定：“夫或妻非因日常生活需要而对夫妻共同财产做出重要处理决定，夫妻双方应平等协商，取得一致意见。他人有理由相信其为夫妻共同意思表示的，另一方不得以不同意或不知道为由对抗善意第三人。”

转委托

转委托是代理人为了被代理人的利益需要，将其享有的代理权的全部或一部分转委托给他人行使的行为。

在委托代理关系中，法律一般是不允许代理人将代理权再委托他人行使的，因为委托是基于被代理人和代理人之间的相互信任而产生的，代理人应该亲自实施代理行为。但法律同时规定在符合特定条件的情况下允许转委托。《民法通则》第68条规定："转委托人为被代理人的利益需要转托他人代理的，应当事先取得被代理人的同意。事先没有取得被代理人的同意的，应当在事后及时告诉被代理人，如果被代理人不同意，由代理人对自己所转托的人的行为负民事责任，但在紧急情况下，为了保护被代理人的利益而转托他人代理的除外。"

小郭家住北京市区，2008年1月他的房屋被纳入拆迁范围。由于小郭工作较忙，就委托姐姐郭红全权代办拆迁补偿安置事宜，并明确说明选择货币补偿的方式。后来小郭的姐夫张某得知此事后以自己比较了解拆迁流程为由，擅自代表小郭与拆迁公司签订了产权置换补偿协议。由于安置房在郊区，小郭对此感到不满。在与拆迁公司交涉无果后，小郭向法院起诉，请求确认张某与拆迁公司签订的补偿安置协议无效。在这个案例中姐姐郭红将弟弟拆迁补偿安置事宜转委托张某未取得小郭的同意，而且事后小郭并未追认，而是明确表示不同意张某的处理方式，因此法院经过审理后判决拆迁协议无效。

我国《合同法》第20章“委托合同”第400条中也做出了类似的规定：受托人应当亲自处理委托事务。经委托人同意，受托人可以转委托。转委托经同意的，委托人可以就委托事务直接指示转委托的第三人，受托人仅就第三人的选任及其对第三人的指示承担责任。转委托未经同意的，受托人应当对转委托的第三人的行为承担责任，但在紧急情况下受托人为维护委托人的利益需要转委托的除外。2013年12月北京某生态园的老板魏某委托何某将一车草莓运往河北销售，约定何某按照销售价款的10%提成。但是在运输途中发生交通事故，运输车被损毁严重需要修理。何某联系不上魏某，为了避免草莓腐烂造成更大损失，只得请求附近村民李某将草莓就地低价销售。事后，魏某认为何某未经其同意私自处理草莓，要求赔偿。但是，在案例中何某未经魏某同意将草莓委托第三人低价销售的目的是减少魏某的损失，因此不存在过错，不用赔偿魏某的损失。

如果委托代理人转托不明，给第三人造成损失的，第三人既可以要求委托代理人赔偿损失，也可以直接要求被代理人赔偿损失；被代理人承担责任后，可以要求委托代理人赔偿损失，如果转托代理人也有过错，应当负连带责任。

有人可能遇到过为达到房产避税的目的通过转委托进行房产交易的情况。比如你看上了一套二手房，一直跟你商谈购房事宜的是甲，但房产证上的户主是乙。甲拿着两份委托书给你解释说，乙因为工作调动在外地工作，所以把房屋的买卖过户事宜通过公证委托的方式委托给了丙处理，但是丙出差在外地，所以又把该事宜委托给了自己。也就是说在房屋过户之前已经经历了两次委托，即转委托，如果你遇到这种情况一定要注意了！

根据规定，个人将购买不足5年的住房对外销售，将全额征收营业税。为了逃避这笔税费，不少投资客直接通过委托的形式把房子买下来，也就是由房主与投资客签订一份委托书，委托其办理房屋过户手续，然后再办理一个公证手续，对委托的内容进行公证确保委托书的效力。这种方式其实是“挂羊头卖狗肉”，名为委托，实为交易，投资客等房产满了5年找到买家的时候再直接办理过户，以此来避开交易环节中产生的税费。而如果房产购买后尚未满5年，又有第二个投资客接受，很有可能就出现转委托，就是第一个投资客和第

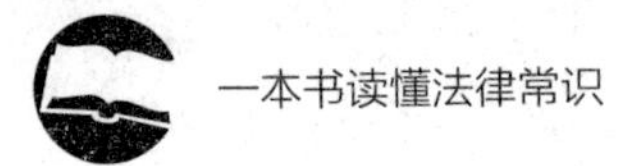

二个投资客“照方抓药”，再办理一次委托。实际上，一套房子已经交易过两次，只是通过公证委托的形式，没有直接过户而已。所以，也就很容易理解上面案例中是由甲而不是房主乙和你洽谈购房事宜了。此外，还有一些小中介公司同样以这种方式收购房源，直接将房产的买卖过户等事宜公证委托给经纪人，等遇到买家时再办理过户手续以赚取差价。

如果购房人遇到的是这种转委托的情况，一定要当心其中的风险。因为毕竟不是和房主本人直接面对面的交易，委托本来就有一定的风险，转委托中间涉及的问题更多，产生风险和纠纷的可能性也就更大。无论是委托还是转委托，在过户之前从法律上讲受委托人都不是产权人，最终办理过户手续时还是需要真正的房主配合，而且委托手续不属于交易，在房屋管理部门的交易系统里面也不会有记录，所以真正的房主有可能在过户之前就对房子进行抵押了，如果你买到这种房子到时会产生一大堆的麻烦。所以，如果你购买的是这种转委托的房屋，一定要确保房屋的产权没有任何争议，而且查验第一次委托时委托书中是否明确授予受委托人转委托的权利，如果没有，那么转委托是无效的。此外，还需要注意转委托房产的产权证有没有共有人，委托书上的委托人是不是包含了共有人；委托是不是唯一委托，还是委托了几个人代办买卖过户事宜；是其中任何一人都可以代办，还是必须被委托人共同到场才能办理等等问题，因为这些问题都影响着委托的效力。

第十三章

连带责任：拴在一根绳上的蚂蚱，谁也跑不了

连带责任是民事责任的一种，也是民事领域一项重要法律制度。从定义上看，连带责任是连带债务关系中数个债务人向债权人承担民事责任的一种形式。《民法通则》规定，连带债务人都有义务向债权人清偿债务。也就是说，债权人可以同时或先后要求连带债务人履行全部或部分义务，被请求履行义务的债务人不得以超出自己应付份额为由拒绝履行。换句通俗的话讲就是，连带债务人与真正的债务人是“拴在一根绳上的蚂蚱，谁也跑不了”，所以连带责任是一种非常重的民事责任，在明确表示自己愿意承担连带责任前一定要慎之又慎。

在日常生活中，连带责任存在的范围非常广泛，它主要是基于合伙、担保、代理等关系而产生，相关规定分散在《民法通则》《合同法》《担保法》等法律法规以及有关司法解释之中。

应该说，连带责任虽对债权人有利，但对债务人无疑是一种加重责任，其目的在于对债权人进行补偿和救济，最大程度维护债权人的利益。本章对连带责任的内容进行了梳理，提醒读者在生活中注意防范法律风险，避免因为自己的过错使自己成为连带债务人。

连带责任的含义

我们先看《民法通则》第87条，该条规定：“债权人或者债务人一方人数为二人以上的，依照法律的规定或者当事人的约定，享有连带权利的每个债权人，都有权要求债务人履行义务；负有连带义务的每个债务人，都负有清偿全部债务的义务，履行了义务的人，有权要求其他负有连带义务的人偿付他应当承担的份额。”这个规定非常清楚地为我们描述了连带责任的含义。

从上面的规定可以看出，连带责任可以分为约定连带责任和法定连带责任。约定连带责任是依照当事人之间事先的相互约定而产生的连带责任；法定连带责任是指根据法律规定而产生的连带责任。现实中通过约定将自己设定为连带债务人，加重自己责任的情况并不多见，主要存在于担保领域，比如在设定保证时，约定保证人承担连带保证责任。可以说连带责任大多数来自法律的规定，比如《民法通则》第66条第3款规定代理人和第三人串通，损害被代理人的利益的，由代理人和第三人负连带责任；《侵权责任法》第51条规定：“以买卖等方式转让拼装或者已达到报废标准的机动车，发生交通事故造成损害的，由转让人和受让人承担连带责任。”

根据上面的规定，连带责任分别存在于外部关系和内部关系之中。从外部看，各个连带债务人对债权人承担连带责任，负有连带义务的每个债务人，都负有清偿全部债务的义务。《侵权责任法》第13条明确规定：法律规定承担连带责任的，被侵权人有权请求部分或者全部连带责任人承担责任。从内部看，一方面连带责任对每个具体债务人来说，意味着责任的加重，它使债务人间的内部关系中形成互相监督、互相制约的力量，并促使债务人共同防止和消除违

法行为，保证债权人的债权得以顺利实现；另一方面承担连带责任的各个债务人一般情况下也是一种按份责任，即各自应承担各自的份额。只不过这种按份责任不能对抗债权人罢了，如果某一个债务人根据债权人的要求承担了债务，他可以向其他债务人追偿，要求他们承担各自的份额。连带债务的债务人各自应承担的债务份额，可以通过法律规定确定；法律没有规定的，按照当事人的约定确定；既没有法律规定，又无约定的，应平均承担。《侵权责任法》第14条规定：**连带责任人根据各自责任大小确定相应的赔偿数额；难以确定责任大小的，平均承担赔偿责任。支付超出自己赔偿数额的连带责任人，有权向其他连带责任人追偿。**

因此，连带赔偿责任并不等于平分责任。如果被法院判决承担连带责任，针对承担连带责任的被执行人，法官可选择任何一个被执行人账户进行查询，只要其中有存款，可依法执行任一被执行人财产。如果被强制执行的被告对此有异议，认为自己所承担的份额超过自己所应承担的份额，那他可以向其他被告追偿其该承担的份额。其他被告若不支付，这位先付款的被执行人就可以向法院申请追偿。

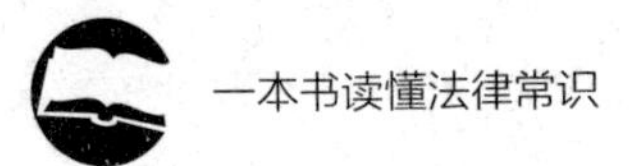

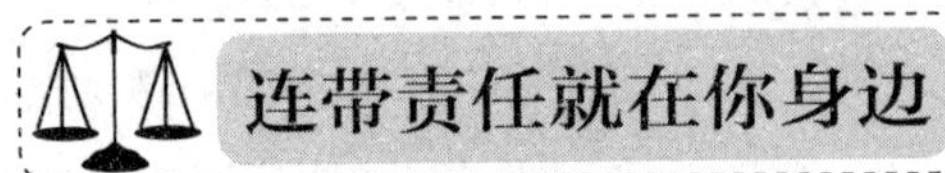

连带责任就在你身边

前面已经说过在生活中主动约定承担连带责任的情况较少，实践中发生连带责任的原因主要是基于法律的规定。下面就简单介绍几种常见的法定连带责任的情形。

（一）因合伙而承担连带责任

《民法通则》第35条规定："合伙的债务，由合伙人按照出资比例或者协议的约定，以各自的财产承担清偿责任。合伙人对合伙的债务承担连带责任，法律另有规定的除外。偿还合伙债务超过自己应当承担数额的合伙人，有权向其他合伙人追偿。"此外，《合伙企业法》也规定在普通合伙企业中合伙人对合伙企业债务承担无限连带责任，在有限合伙企业中普通合伙人对合伙企业债务承担无限连带责任。

向某和李某合伙开办了一个商店。2007年12月双方协议散伙，约定该商店由向某一人继续经营，合伙期间债务也由向某负责偿还。听闻此事后，商店的供货商张某向法院起诉要求向某和李某支付货款11万元。法院审理后判令向某向张某支付货款，李某负连带责任。

虽然向某和李某约定由向某来偿还张某的货款，但作为合伙人，李某即使退伙，也应对其在与向某合伙期间承担连带责任，对张某的货款同样负有全部清偿的义务。因此法院对该案的处理是符合法律规定的。

可以看出，合伙人内部是一种按份责任，这种责任的确定方式在《合伙企

业法》中规定得非常明确。该法第33条规定：**“合伙企业的利润分配、亏损分担，按照合伙协议的约定办理；合伙协议未约定或者约定不明确的，由合伙人协商决定；协商不成的，由合伙人按照实缴出资比例分配、分担；无法确定出资比例的，由合伙人平均分配、分担。”**换句话说，内部的责任份额确定顺序依次是：约定、协商、按出资比例确定、均摊。

在司法实践中，法院有时也会在判决中直接明确连带责任人之间的赔偿份额，这是因为现实中往往由于赔偿义务人互相推诿，不及时履行判决确定的义务，从而导致权利人无法获得赔偿，造成“执行难”的问题。

（二）替人担保要当心

保证是指保证人和债权人约定，当债务人不履行债务时，保证人按照约定履行债务或者承担责任的行为。在日常经济活动中，保证使用的频次和范围非常广泛。根据我国《担保法》的规定，保证分为两种：一般保证和连带责任保证。一般保证是当事人在保证合同中约定，债务人不能履行债务时，则保证人承担保证责任；连带责任保证是当事人在保证合同中约定保证人与债务人对债务承担连带责任。显然，连带责任保证的负担远远大于一般保证。

生活中，在保证合同中当事人往往会直接明确约定保证的责任方式，如果当事人对保证方式没有约定或者约定不明确的，根据《担保法》第19条的规定，依照从重的方式处理，保证人按照连带责任保证承担保证责任。

2010年姜某因为公司经营困难向王女士借款10.5万元，由其亲戚吴某作为担保人。借款人姜某和保证人吴某分别在王女士提供的借条上签字并按手印，借条内容为：“今借到王女士现金壹拾万零伍仟元，月息5.5‰，定于2010年9月30日前还款肆万元，余款及利息69225元在2010年12月30日前付清。若逾期不还，自借款之日起按1.2%月息支付利息。借款人姜某，担保人吴某，借款日期2010年5月20日。”随后王女士看到姜某公司濒临破产，而保证人吴某家境殷实，因此直接以吴某为被告向人民法院提起诉讼，要求其承担保证责任。

该案中，由于在借条中未明确保证的方式，因此按照《担保法》第19条的规定吴某应承担连带保证责任，于是法院判决由吴某连本带息偿付给借款人王女士。如果当初吴某提供保证时明确写明为一般保证，那么王女士只有先向借款人姜某要求偿付，只有在姜某无力偿付时才能要求吴某偿付借款及利息。所以，如果应人之邀为他人担保，不要因为是亲戚朋友而不好意思明确保证责任的方式，最好要在担保合同中注明承担一般的保证责任。

当然，连带责任保证的债务人在履行了债务后也不能吃“哑巴亏”，《民法通则》第89条第1项和《担保法》第31条均规定保证人承担保证责任后，有权向债务人追偿。因此，案例中的保证人吴某可以向债务人姜某追偿，要求其赔偿因承担保证责任遭受的损失。

（三）因代理而承担连带责任

在代理关系中，无论是被代理人、代理人还是第三人均有可能因为自己的过错而承担连带责任。法律的规定也比较明确：

《民法通则》第65条第3款规定：**委托书授权不明的，被代理人应当向第三人承担民事责任，代理人负连带责任。**

《民法通则》第66条第3款规定：**代理人和第三人串通，损害被代理人的利益的，由代理人和第三人负连带责任。**

《民法通则》第66条第4款规定：**第三人知道行为人没有代理权、超越代理权或者代理权已终止还与行为人实施民事行为给他人造成损害的，由第三人和行为人负连带责任。**

《民法通则》第67条规定：**代理人知道被委托代理的事项违法仍然进行代理活动的，或者被代理人知道代理人的代理行为违法不表示反对的，由被代理人和代理人负连带责任。**

民法通则司法解释第81条规定：**因委托代理人转托不明，给第三人造成损失的，第三人可以直接要求被代理人赔偿损失；被代理人承担民事责任后，可以要求委托代理人赔偿损失，转托代理人有过错的，应当负连带责任。**

《合同法》第409条规定：**两个以上的受托人共同处理委托事务的，对委托人承担连带责任。**

上面的这些规定提醒我们在生活中一定要处理好代理关系：如果是被代理

人，一定要委托内容明确，一旦发现代理人有违法行为要及时阻止；如果自己是代理人，一定要尽心履行自己的职责，完成委托事宜，不能与他人串通损害委托人的利益，或者在没有代理权或者代理权已经终止的情况下，继续实施行为损害他人利益；如果是第三人，应当及时查验代理人的身份，防止自己被人欺骗而签订虚假的合同。

在广西农村地区发生过这样一个案例：

任某准备在自家宅基地上盖一所新房子，但由于春节之后要外出务工，因此委托堂弟肖某全权代表其办理盖房子的事情。在盖房子的过程中，邻村村民谭某驾驶摩托车经过施工现场时不慎摔倒，经治疗无效后死亡。事故发生后经交警认定谭某未取得机动车驾驶证，在驾驶技术不熟练的情况下驾驶二轮摩托车，且不戴安全头盔，对事故的发生负有主要责任；肖某未经有关部门批准把盖房所用砂石随意堆放在道路上，给过往行人及车辆等造成了安全隐患，致使谭某驾车路过时跌倒受伤，并经治疗无效而死亡，其行为也有一定的过错，应承担次要的民事责任。于是，死者谭某的家属向人民法院起诉要求任某和肖某连带赔偿各种损失5万余元。

法院经过审理认为任某委托肖某处理其建房有关事宜，两被告之间构成了委托代理关系。肖某以任某的名义签订建房施工合同和购买、管理建房材料等，这些行为并没有违反我国法律法规的规定，不属于《民法通则》第67条规定的违法的委托事项，不应适用该条规定由代理人和被代理人承担连带责任，且谭某的死亡并非是施工队在施工过程中造成的伤害，因此并未支持原告的诉讼请求，而是判决由委托人任某一个人承担其代理人肖某行为造成损失的赔偿责任。

（四）酒桌上、搭顺风车惹出来的祸

共同侵权行为也称共同加害行为、共同致人损害，就是数个行为人基于共同的故意或者过失，侵害他人人身权利和财产权利的行为。《侵权责任法》对因共同的侵权行为而承担连带责任的情形做出了明确规定。

该法第8条规定："二人以上共同实施侵权行为，造成他人损害的，应当承担连带责任。"

媒体曾报道过"婚宴上男子醉酒身亡，同桌7人成被告"的离奇故事：

2011年5月，罗某受被告徐某邀请参加其儿子的婚宴。其间，罗某与徐某等7人一起饮酒。婚宴当天下午，罗某因酒精中毒不治身亡。罗某的家属将徐某以及其他同桌饮酒的6人告上法庭。法院经审理认为，罗某作为成年人饮酒不能自控，对其死亡应承担主要责任，而徐某作为酒宴操办者，因在发现罗某身体异常后未能及时安排治疗，使其错过了救治机会，应对罗某的死亡负补偿责任，其他6名同桌负连带责任。最后，法院判令徐某补偿原告方死亡赔偿金、丧葬费、被抚养人生活费的15%，共计人民币8.5万余元，其他6名被告对此赔偿负连带责任。

另外，媒体还报道过"醉酒者家门外被冻身亡，同饮者均负连带责任"的事情。朋友间共同饮酒属于社交层面的情谊行为，在喝酒的朋友之间产生了安全保障"注意义务"，也就是说酒桌上的人相互之间应当有义务提醒和关照对方，避免因为喝酒而伤到身体。在这类案例中，同饮者由于共同的过失致人损害，其侵权行为直接接合发生同一损害后果，构成共同侵权，相互之间承担连带赔偿责任。因此，对于已经喝醉酒的朋友，一定要将其安全送到家，尽到安全保障注意义务，同时告知其家人其醉酒程度，以免延误最佳救治时期。此外，对于开车的朋友，如果对方喝酒后，一起喝酒的人应当劝其不得驾车，如果未加劝阻，就有可能承担由此引发的相应法律责任。

《侵权责任法》第10条规定："二人以上实施危及他人人身、财产安全的行为，其中一人或者数人的行为造成他人损害，能够确定具体侵权人的，由侵权人承担责任；不能确定具体侵权人的，行为人承担连带责任。"

2012年6月26日，77岁的老人方某路过某中学时，被正在打群架的黄某、杜某、范某、陈某等4人撞倒在地。随后老人将4人及其法定代理人诉至法院，要

求赔偿医疗费、护理费、鉴定费等各项费用。老人说自己是被其中一人撞倒受伤的，但弄不清究竟是谁。他说：“我也没看清究竟是谁把我撞倒的，只晓得有几个十几岁的娃儿在打架。打架过程中，我被其中一个娃儿撞倒了。随后，我就被送去医院了。”而4名被告均认可将老人撞倒的事实，但都表示不是自己撞的。最后法院根据该条规定判决4名被告及其法定代理人对老人承担连带责任，连带赔偿近4万元费用。

《侵权责任法》第11条规定：**“二人以上分别实施侵权行为造成同一损害，每个人的侵权行为都足以造成全部损害的，行为人承担连带责任。”**

实际上，这类侵权行为并不属于真正意义上的共同侵权，因为实施侵权行为的各人之间并没有意思联络，也就是说他们并非具有共同伤害他们的目的，但是这类行为从形式上看也是多人共同造成的侵权，因此也应当承担连带责任。《最高人民法院关于审理人身损害赔偿案件适用法律若干问题的解释》第3条规定：**2人以上致人损害，虽无共同故意、共同过失，但其侵害行为直接结合发生同一损害后果的，构成共同侵权，应当承担连带责任。2人以上没有共同故意或者共同过失，但其分别实施的数个行为间接结合发生同一损害后果的，应当根据过失大小或者原因力比例各自承担相应的赔偿责任。**

2005年6月22日晚，方某乘坐朋友夏某的轿车回家，途中与停放在路边的大货车追尾造成方某当场死亡。经交警部门认定，轿车司机夏某负事故的主要责任，大货车司机于某负次要责任。死者方某的家属遂将两人告上法庭。法院认为，对于本次事故的发生虽然肇事双方没有共同的故意、共同的过失，但两者的侵权行为直接结合导致方某死亡的后果，构成共同侵权，相互间应当承担连带责任，遂判决被告夏某赔偿原告损失12.9万元、被告于某赔偿8.6万元，并相互承担连带责任。

实际上，除了上述这些法律明确规定的共同侵权行为外，生活中还有很多其他因共同侵权而承担连带责任的情况，比如明星代言虚假广告，明星应与食品、药品的生产者、销售者承担连带责任。《最高人民法院关于审理食品药品纠纷案件适用法律若干问题的规定》第11条第2款规定："社会团体或者其他组织、个人，在虚假广告中向消费者推荐食品、药品，使消费者遭受损害，消费者依据消费者权益保护法等法律相关规定请求其与食品、药品的生产者、销售者承担连带责任的，人民法院应予支持。"明星具有强大的号召力，不管他们事先知不知道其代言的是虚假广告，所产生的后果都是一样的，即帮助广告主扩大了产品的知名度，吸引了更多的消费者购买商品，他们与广告主、广告经营者、广告发布者等其他进行虚假宣传的主体对消费者受到的损害都有不可推卸的责任，所以他们的行为也是一种共同的侵权行为。

（五）因劳动合同而承担连带责任

2008年1月1日实施的《劳动合同法》分别在第91条、第92条、第94条规定了连带责任。

劳动者与用人单位的连带责任。该法第91条规定："用人单位招用与其他用人单位尚未解除或者终止劳动合同的劳动者，给其他用人单位造成损失的，应当承担连带赔偿责任。"

劳动者与多家用人单位同时存在劳动关系的，相当于职场上的"重婚"行为。生活中，许多劳动者在工作的时候利用下班或休假时间在其他单位做兼职，这也是劳动者的合法权利，如未损害用人单位的利益，那么其他单位无须与劳动者共同承担连带责任。但是，其他用人单位雇佣与原用人单位尚未解除劳动合同的劳动者，侵害原用人单位利益，作为实际利益的获得者，则应当对此承担连带赔偿责任。

对于赔偿的具体方法，《违反〈劳动法〉有关劳动合同规定的赔偿办法》第6条做了进一步的解释：用人单位招用尚未解除劳动合同的劳动者，对原用人单位造成经济损失的，除该劳动者承担直接赔偿责任外，该用人单位应当承担连带赔偿责任。其连带赔偿的份额应不低于对原用人单位造成经济损失总额的70%。向原用人单位赔偿下列损失：①对生产、经营和工作造成的直接经济损失；②因获取商业秘密给原用人单位造成的经济损失，此项经济损失按《反不正当竞争法》第20条的规定执行。

劳务派遣单位与用人单位的连带责任。《劳动合同法》第92条规定在劳务派遣中给被派遣劳动者造成损害的，劳务派遣单位与用工单位承担连带赔偿责任。

劳务派遣是劳务派遣单位与被派遣劳动者订立劳动合同后，将该劳动者派遣到用工单位从事劳动的一种用工形式。被派遣的劳动者多是从事一些灵活、专业水平要求相对高一些的岗位，比如将女职工派遣到医院从事护理、月嫂岗位，男职工从事保安、园林绿化等岗位。但是一些劳动者被派遣用工单位后，侵犯他们权益的事情经常发生，比如用工单位随意安排超时加班加点，不依法安排劳动者休假，不按派遣协议提供劳动保护条件等

虽然形式上用工单位与被派遣的劳动者之间没有劳动合同关系，但用工单位是劳动力的直接使用者。《最高人民法院关于审理劳动争议案件适用法律若干问题的解释（二）》第10条规定劳动者因履行劳务派遣合同产生劳动争议，可以将派遣单位和用人单位作为共同被告而起诉。因此《劳动合同法》的上述规定可以有效避免一些企业企图通过劳务派遣这种用工方式规避法律责任。在连带责任下，被派遣劳动者既可以请求劳务派遣单位和用工单位共同赔偿其遭受的损失，也可以请求其中一个单位赔偿自己的全部损失。

发包人与个人承包经营者对劳动者承担连带责任。《劳动合同法》第94条规定：**"个人承包经营违反本法规定招用劳动者，给劳动者造成损害的，发包的组织与个人承包经营者承担连带赔偿责任。"**

生活中个人承包经营者侵害劳动者权益的事情经常发生，比如没有与劳动者签订书面劳动合同、没有为劳动者办理社会保险等，一旦发生工伤等意外情况，他们往往没有足够的经济能力对劳动者进行赔偿，甚至有些个人承包经营者逃避承担赔偿责任，造成劳动者很难得到赔偿。

《劳动部关于贯彻执行〈中华人民共和国劳动法〉若干问题的意见》第15条规定，租赁经营（生产）、承包经营（生产）的企业，所有权并没有发生改变，法人名称未变，在与职工订立劳动合同时，该企业仍为用人单位一方。因此，劳动者的损害虽然是由于个人承包经营者的违法行为造成的，但发包组织仍应承担连带赔偿责任。《劳动合同法》这条规定的目的就是防止个人承包经

营者在承包经营过程中急功近利侵害劳动者利益，或者损害劳动者利益后没有能力或逃避承担对劳动者的损害赔偿责任，并且避免发包人和承包人之间相互推卸责任，使劳动者获得赔偿更加有保障。

第十四章

公证：一纸文书解决你身边的大小事

遗产继承、证据保全、出国留学、婚前财产、房屋买卖……最近几年来，公证逐渐走进了社会公众的视野，越来越多地渗透到老百姓的生活当中，社会上还出现了短信证据公证等新的公证形式。就像媒体报道的那样，公证机构为群众的“身边事、麻烦事、稀奇事、关心事”出具大量的公证文书，从遗嘱继承、证据保全到廉租住房配租摇号、城市建设征地补偿甚至学校电脑派位，公证涉及住房、教育、就业、养老等多个重要的民生领域。可以说，公证的作用日益拓展到社会的各个领域、日常生活的各个层面，与老百姓发生着越来越紧密的联系。

可能很多人并不知道，公证是个“舶来品”。公证制度最早起源于西方的古罗马时代，作为一项重要的法律制度渗透在西方人的生活之中。20世纪50年代我们国家建立了自己的公证制度，2006年3月1日起施行的《公证法》是指导我国公证制度的纲领性文件。

公证机构是依法设立，不以营利为目的，依法独立行使公证职能、承担民事责任的证明机构。在我们国家，几乎每一个县级城市都设立有公证处，因此公证是一件非常方便的事情。

与到法院打官司不同，公证的作用并不是解决当事人之间的争议，而是在发生民事争议之前，对法律行为和有法律意义的文书、事实的真实性和合法性给予认可，借以防止纠纷，减少诉讼，起到“定纷止争”的作用。可以说，公证介于道德与法律之间，是诚信原则在道德与法律上的融合体现。

从效力的角度讲，经过公证的民事法律行为、有法律意义的事实和文书，应当作为认定事实的根据，也就是常说的“证据”，这种特殊的证据比一般的证据效力要高，并且会得到法院的认可。此外，对经公证的载明债务人愿意接受强制执行承诺的债权文书，债务人不履行时，债权人可以不经法院审判，直接向法院申请执行。公证的这种法律效力保证了它是一种公民确认、维护自己合法权益的有效武器。

本章就摘取一些大家比较关注的公证方面的问题做一简单介绍。

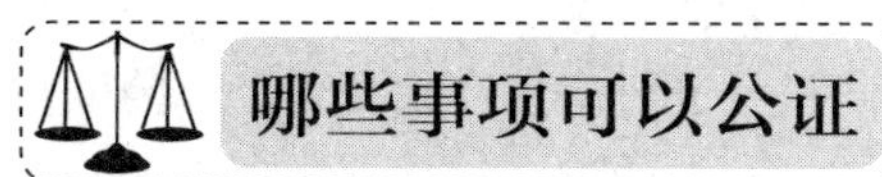

哪些事项可以公证

随着经济的日益发展和人们法律意识的不断提高，公证越来越被人们所重视。可以说，我们生活中的很多事情都可以进行公证。《公证法》第11条的规定也比较明确，共规定了十项可以公证的事项，下面就逐一进行说明。

（一）合同公证——房屋买卖合同

合同公证使用的范围非常广泛，公证处对双方在自愿前提下所签订的合同内容、双方代表的资格等进行认真审核后，出具公证书。对合同进行公证既可以帮助当事人完善合同条款，使合同的内容合法、合理，又可以督促当事人按约履行合同，有利于维护双方当事人的合法权益。

我以常见的房屋买卖合同公证为例，说明一下公证时需要提供的材料：①房屋买卖双方当事人的身份证明文件，当事人是个人的，提供身份证、户口簿、护照等，当事人是公司的，提供营业执照、公司章程、法定代表人身份证件。本人不能办理的，代理人应提供授权书及个人身份证件。②房产证；③房屋买卖合同草稿；④如果属共有房屋，需提供共有人身份证明及其同意出售房屋的证明；⑤法律、法规、规章或公司章程中规定，转让必须经批准或通过的，须提供经批准或通过的文件等。

房屋买卖合同经过公证，但房屋未办理过户手续，公证的法律效力如何呢？有这样一个真实的案例：

卖方将自己的房子卖给买方，价格为200万元。合同签订后，双方办理了房屋买卖合同的公证手续，买方也付清了房款并入住，但因故双方迟迟未办理过户手续。当买方终于找到卖方，要求办理房屋产权过户手续时，卖方却拒绝了，并以房屋没有办理产权过户手续为由诉至法院，请求确认买卖合同无效，要求买方返还房屋。

在这个案例中，从法律上讲，买卖合同只是进行房屋产权变更登记的证明文件，未进行公证或者未办理产权登记并不影响合同已经生效的事实，办理公证更加证明了房屋买卖合同的效力。由于卖方没有依约履行合同已构成违约，所以法院判决双方继续履行买卖合同，由卖方协助办理产权变更手续。

合同公证还有一个重要的作用，就是在债务人不履行债务时，债权人可以不经法院审判，直接向法院申请执行。2008年12月22日最高人民法院在《关于当事人对具有强制执行效力的公证债权文书的内容有争议提起诉讼人民法院是否受理问题的批复》中明确规定，根据《民事诉讼法》第214条和《公证法》第37条的规定，经公证的以给付为内容并载明债务人愿意接受强制执行承诺的债权文书依法具有强制执行效力。债权人或者债务人对该债权文书的内容有争议直接向法院提起民事诉讼的，法院不予受理。换句话说，经过公证的合同具有法院判决同样的效力，当事人可以直接申请人民法院强制执行，这样可以大大减轻合同双方因为合同纠纷而打官司的负担。

有人就很好地利用了公证提供的合法便利条件：

何某和季某到公证处申请办理借款协议书公证，协议主要内容为：何某借给季某人民币100万元用作经营流动资金，期限为9个月，借款抵押为季某自有的房屋。公证员在审查了借款利率合法、抵押房产权证明的真实有效，并明确告知双方应到房产管理部门进行房产抵押登记，以及在借款协议中明确借款人在不能偿还债务时，愿意接受强制执行的法律后果后，为双方出具了具有强制执行效力的公证书。但季某在借款到期后迟迟不还款，于是何某来到公证处说明情况，公证人员在与季某核实情况后为何某出具了执行证明书，何某据此到法院申请了强制执行，并被法院受理。之后，法院强制拍卖了季某抵押的房屋，偿还了何某的债款。何某要回借款的整个程序简单明了，避免了打官司漫

长的诉讼程序以及不菲的诉讼费用，可谓“事半功倍”。

（二）继承公证

虽然我国并没有法律规定，但实践中，凡遗产在第三方处，如存款在银行且继承人不知密码的，以及涉及转移登记的，如不动产等，相关部门均会要求继承人持法院的法律文书或继承权公证书才能取到存款或办理转移登记。因此，要实现继承权必须办理继承权公证。

继承公证也叫继承权公证，一般是在被继承人死后，继承人为证明其继承行为真实、合法，确认其继承权有效而向公证处申请公证。这与后面讲到的遗嘱公证不同，遗嘱公证是立遗嘱人在生前对自己的财产做出安排，订立遗嘱后所做的公证。

根据公证法和继承法的相关规定，公证机构根据当事人的申请办理遗产继承权公证事项，需要提供的基本材料为：身份证明、死亡证明、亲属关系证明、财产证明，这些基本材料也是诉讼环节的当事人所需提供的基础性材料。如果财产不明的，可向公证处申请开具查询函，前往有权部门查询死者遗留的全部财产，包括房产、存款、理财账户中的资产、股权等。针对一些被继承人突然意外去世导致存款无法查询和继承的情况，为了便利当事人申办存款继承公证，2013年3月19日司法部、中国银行业监督管理委员会联合下发了《关于在办理继承公证过程中查询被继承人名下存款等事宜的通知》，规定经公证机构审查确认身份的继承人，可凭公证机构出具的《存款查询函》查询作为被继承人的存款人在各银行业金融机构的存款信息。

此外，一些独生子女在父母去世后，为证明其与父母之间关系且是唯一继承人的身份，可以凭借《独生子女证》加以证明，还可以提供《计划生育奖状》加以佐证。如果证件遗失也没关系，公证人员会前往档案馆调阅或通过核实被继承人的人事档案的方式查清被继承人的全部继承人。

需要特别注意的是，目前很多地方涉及房产继承的公证仍然属于强制公证，当继承人凭死者生前遗嘱前去房产登记部门办理房产过户手续时，会被房产登记部门告知要对遗嘱人对处分房产而设立的遗嘱进行公证。因此公证成为继承房产办理过户的必要条件，没有公证机关出具的公证书，房产登记部门会拒绝办理房产所有权转移登记手续，而且由于办理房产继承的收费较高，致使很多人不得不在老人生前通过买卖的方式进行房产过户。房产登记部门要求继承房产强制公证的依据是1991年施行的司法部、建设部《关于房产登记管理中加强公证的联合通知》。有人认为这个通知的规定违背了公证属于当事人自愿行为的原则，而且与《物权法》《继承法》《房屋登记办法》相抵触，2013年南京市某法院就曾在一起诉讼中认定房产继承强制公证违法。事实上，强制公证不仅于法无据，而且增加了当事人的经济负担，招致很多非议，因此一些地方已经取消了继承的强制公证。

（三）赠予、遗嘱等事务公证

事务公证一般包括委托、声明、赠予、遗嘱等的公证，其中委托、声明公证的情况较少，主要是赠予、遗嘱的公证。

在对赠予合同进行公证时，赠予标的物应当产权清楚、无争议，不存在抵押、留置、担保等情况，而且赠予行为应是将个人财产无偿赠予他人的行为，不能有故意规避法律，比如逃避债务等行为。根据我国《合同法》规定，赠予合同一经公证便不能随意取消赠予，因此赠予人如果进行公证一定要三思而后行。所以，生活中往往是受赠人为了强化赠予协议的效力，要求赠予人对赠予协议进行公证。在一些地方，根据上面提到的《关于房产登记管理中加强公证的联合通知》，在办理过户手续时房产赠予公证仍然属于强制范围。但是个别地方已经取消了这项规定，比如从2012年8月1日起，在沈阳办理房产赠予过户登记时就不再要求对赠予协议进行强制公证，只需要向房产登记部门提交赠予协议即可办理房屋产权转移手续。2014年北京发布修订后的《北京市房屋登记工作规范》，也取消了赠予合同必须公证的要求。房屋赠予属于赠予方和受赠方共同申请办理的事项，在双方提交赠予合同且本人到场的情况下，登记部门有能力审查赠予行为的真实性，因此无须要求办理公证。但是如赠予方不能到场，委托他人办理，委托书必须公证，避免假冒产权人将房屋赠予他人；受赠方不能到场，其委托书无须公证。

遗嘱公证是目前民间比较常见的一种公证。遗嘱人订立遗嘱的方式有自

书遗嘱、代书遗嘱、口头遗嘱、录音遗嘱、公证遗嘱等，其中以公证遗嘱的证明力最高。它是遗嘱人在公证员面前所设立的遗嘱，是遗嘱人在没有利害关系人和其他无关人员在场的情况下，在公证员面前充分地表达自己真实意思的遗嘱。这种方式保证了遗嘱内容和形式的真实、合法，也真实反映了当事人的意思表示，从而可以有效解决对遗产处理的纠纷。

有人说，立遗嘱就像买保险，将生死两头的事完成交接。生活中很多人还没有接受有规划地订立遗嘱的观念，习惯临终才交代后事。但现实生活中，意外情况经常出现，导致遗嘱公证无法办理，因此办理遗嘱公证宜早不宜迟。越来越多的老人甚至年轻人开始选择遗嘱公证来妥善处理个人财产，保障自己的合法权益。尤其是老人希望在去世后，子女不会因为遗产问题发生纠纷，所以采用公证的方式订立遗嘱。根据北京市一家公证处的介绍，以往办理遗嘱公证的人绝大多数都是60岁以上的老年人，但现在他们每年都会接待一些30多岁的人做这类公证。办理遗嘱公证的人有三种情况，一是家产丰厚，但健康情况欠佳的人；二是从事高风险、高强度职业的人群，比如经常出差，社会交往频繁的私企老板、白领，还有空姐、长途汽车司机等；三是一些再婚者，因涉及婚前财产，为了保护自己的子女，也前来办理遗嘱公证。

办理遗嘱公证也比较方便，由立嘱人持个人身份证件到户籍地的公证处办理即可，如行动不便，也可以邀请公证员到住所办理。如果生命垂危，由两个以上无利害关系的公证人证明，可以进行公证，而且公证员对遗嘱有保密义务。

（四）财产公证——婚前财产公证

最常见的财产公证是婚前财产公证，尤其是这几年婚前财产公证已经不是什么新鲜事了，它有助于明确夫妻双方婚前财产的数量、范围、价值和产权归属。办理手续也比较简单，主要是提供要公证的财产权属证明，比如房产证、未拿到产权证的购房合同和付款发票等。

在很多人的印象中婚前财产公证在年轻人中间尤其是80后比较流行。可是，根据一些公证处的统计，80后办理婚前财产公证的情况并不多，相反再婚夫妻公证较多，尤其是老夫少妻的情况较为普遍。现在的年轻人一般对婚姻较有信心，而且随着新的婚姻法司法解释的出台，婚前房产写谁名字就归谁，因此没有必要公证多花那分钱。而往往是越有钱，公证的人越多，比如明星、富豪等群体，再比如女方条件较好，父母出资为爱女买房买车，自然希望这些东西都能归入女儿名下，因此通过公证确认女儿的所有权。

但凡事有利有弊，公证也是一把双刃剑。有时婚前财产公证会诱发矛盾，比如男方父母出钱买了房子，男方想公证在自己名下，甚至有的只是一方出首付，也坚持将房产公证在自己名下。这时另一方肯定不乐意，闹出不少纠纷。其实，已婚夫妻也可以办理婚前财产公证，只不过双方订立的协议内容只能涉及各自的婚前财产，而不涉及婚后双方取得的财产，这种公证叫作婚前财产协议公证。

实际上，比较容易举证的财产不需要婚前财产公证，那些比较难举证证明归属的财产才需要婚前财产公证。例如房子、汽车等因为实行登记制度，产权归属明确就不用公证了，像存款、玉器、金银首饰等贵重物品由于无法有效证明所有人，为了避免离婚时无法说明白就有必要公证。

并非所有的人都赞成婚前财产公证。有人就说婚前财产公证不是一个好东西，它对传统的婚姻观念造成了冲击，使本来现实的现代爱情和婚姻关系变得更现实。每个人都希望自己的婚姻是爱情的产物，希望它地久天长，但是有的人为了爱情结婚，有的人为了财产结婚。所以从某种程度上将，婚前财产公证不是为爱情提供保护，而是为那些贪图财产的人提供了保护。但总体而言，婚前财产公证是一种对婚姻双方当事人切身权益的保障措施，不仅在一定程度上避免了以金钱、财产为筹码的功利性婚姻，而且是解决今后婚姻、财产纠纷的重要法律依据，可以有效地降低离婚率，是值得提倡的一种法律行为。

除了婚前财产公证，还有一种财产分割公证，主要是夫妻分割财产、离婚时分割财产或者共有人对共有财产进行分割而进行公证。比如在一些地方，夫妻离婚后一方出国、变更住所、双方交恶甚至杳无音讯，办理房产变更登记时无法找到对方，如果夫妻一方能够提供经过公证的财产分割协议，就可以单方申请登记，避免不必要的麻烦。

（五）现场活动公证

现场活动公证是公证机构根据当事人的申请，依照法律规定对公司股东大会或发起人会议、创立大会以及招标投标、拍卖、抽签、开奖、评选、商品抽样、检测、投票选举等活动进行现场监督。这种公证的最大特点是公证员必须亲自到场，实际上是对现场活动过程和结果的公证，公证人员介入这些活动是对过程、结果真实性、有效性和合法性的证明，可以纠正活动中的失误，提高活动的公信力和影响力。

现在，现场活动公证的适用范围不断扩大，在一些电视台举办的歌手大赛、模特比赛中，甚至在一些政府举行的保障性住房摇号中，公证员都是一个不可或缺的人物，成为一道亮丽的风景线。

为了强化现场活动公证的效力，规范公证程序，司法部先后颁布了《开奖公证细则（试行）》、《招标投标公证程序细则》等，规定了公证的程序，强调了申请人的责任和义务，具体界定了公证人员审查监督的范围，明确了公证人员的监督职责。

但是有些电视机前的观众和参加有奖销售的顾客却心存疑虑，认为公证不过是个“幌子”和噱头。一位公证人员的话可能回应了公众的疑虑，“公证……是要监督活动主办方说的和做的是否一致。比如，根据公布的比赛规则、参赛的选手是否具有参赛资格、参赛选手的表演时间长短是否公平一致、评委的打分是否都按规则进行了计算等。至于评委的打分是否有偏向，选手和评委是否有幕后交易，就不属于公证的范畴了。”

“公证不等于公正”现象是存在的，公证并没有发挥全程监督的作用。2004年西安体彩假票案，尽管有公证人员在场，但是体彩中心某些人仍然偷梁换柱使用了涂改后的假彩票。2009武汉市5141名困难家庭市民参与124套经济适用房的公开摇号活动。在公证人员的现场公证下，人们惊奇地发现，摇中的124名幸运儿中出现罕见的六连号。据专家预测像这种连号事件发生概率仅为千万亿分之一，“六连号”事件的发生立即在社会各界引起轩然大波。

现场活动公证遭遇信任危机最重要的原因是目前我国的公证体制属于“申请公证”，而不是“强制公证”。举办一个大型社会活动需不需要请公证、申请哪一个环节的公证，没有强制措施，都由主办方自己说了算，很难保证整个活动的公平合理。比如某报评选“年度十大金曲”，由群众投票产生，公证员当场进行公证。在结果即将见报时，主办方提出更改评选结果，公证员不同意，最后以主办方增加“优秀奖”奖项了事。

所以，现场活动的公证行为在更大意义上是一场作秀，只是停留在形式表面，也可以说大多数的公证员不过是现场摆设。虽然这并非公证制度的本意，公证人员也会采取各种措施保证活动的公正，比如在歌手大奖赛监督公证中，连评委上厕所公证员都要跟着，以防作弊，但现场活动公证如果想真正取信于民，还有很长的路要走。

（六）身份公证

身份公证的内容主要包括婚姻状况、亲属关系、收养关系等。

婚姻公证顾名思义就是对一个人未婚、结婚、离婚、丧偶、未再婚等事实的证明，这种公证主要用于我国公民在国外办理结婚、定居、继承、留学等法律手续，因此需要在申请人人住所地或事实发生地具有办理涉外公证业务职能的公证处办理。

亲属关系公证是证明当事人与关系人之间亲属关系的一种公证，用途多是我国公民到国外定居、探亲、留学、继承遗产、领取抚恤赔偿金等。在申请公证时一定要提供真实可靠的亲属关系证明，否则公证机关可能会拒绝公证，例如有人就遇到过这样尴尬的事情：父母结婚证和其出生证日期相隔不到两个月，由此被公证人员认为“孕期不足”，怀疑其不是亲生，要求其做亲子鉴定方可给予公证。

收养关系公证是证明养父母与非婚生子女建立或解除收养关系的一种公证，一般在收养人或被收养人住所地公证处办理。它是收养关系得到法律认可的最好方式，其目的是确保收养关系的有效性，使各方当事人正确地享有权利和履行义务，有利于家庭和睦团结和社会的安定。

（七）具有法律意义事实的公证

具有法律意义事实公证是指公证机构依据国家法律的规定，对与公证当事人存在着法律上的利害关系的客观事实和情况的真实性予以证明。这类公证的

用途非常广泛，根据《公证法》的规定，出生、生存、死亡、身份、经历、学历、学位、职务、职称、有无违法犯罪记录等属于具有法律意义事实，可以进行公证。比如一个长期在大陆做生意的台湾人与一女青年同居并生育了两个孩子，孩子的父亲希望给女儿办理出生公证，公证处就可以根据司法部对非婚生子女的情况说明为其出具出生公证。

此外，随着近几年留学热的兴起，出国公证也就成了他们必须办理的事项。由于去往留学的国家不同，学校或科研机构不同，其所要求提供的公证书种类、译文、认证手续及副本数量也有所不同，而且经常有所变化，因此建议留学人员向有关国家或学校、科研机构了解核实后，再向公证处申请办理公证。

然而，一些人却打起公证的主意，企图利用公证达到个人的非法目的。媒体就报道过一个健在老人离奇“公证死”，房产被他人继承的案例。

74岁骆老太在长沙有一套房子，且久居外地，房产证遗失。由于要拆迁，骆老太于是到房管局补办房产证，可是，她被房产局查到的信息吓了一跳。房子早已不在骆老太名下，房主变成了素不相识的陈某。房产变更的根据的一份公证书，其中写明：陈某系骆老太的儿子，骆已于2000年6月28日在长沙市死亡，死后遗有房改购买私房一套。死者生前无遗嘱，根据《中华人民共和国继承法》的有关规定，骆的房产应由其父母、配偶、子女共同继承。因骆父母已故，亦无配偶，故骆的上述房产由其子陈某继承。骆老太认为，陈某和公证处的行为严重侵害了她的财产权，还声称她已死亡，给她造成很大的负面影响和严重的精神困扰，于是将陈某、公证处起诉到了法院。

最终，法院经过审理查明，公证处在没有相关公安、民政部门出具证明材料的情况下，未对骆老太的生存状况、婚姻状况及骆老太与陈某的关系进行审查，仅凭陈某提供的单位证明，就出具了一份“骆已死亡，陈为其唯一继承人”的公证书。而后，陈凭借公证处出具的公证书，在房管局将骆老太名下的房屋过户到自己名下，并占有使用。因此，陈和公证处的行为共同侵害了骆老太的财产权和人身权，给骆老太造成了财产和精神损害，依法应承担相应的民事责任。

（八）公司文件公证

公司章程是公司的宪章，作为公司组织与行为的基本准则，对公司的成立及运营意义重大，它既是公司成立的基础，也是公司赖以生存的灵魂。公司章程公证是公证机构根据公司的申请，依法证明公司章程的真实性、合法性的公证行为。公证通过对公司章程制定和修改的适当干预，对章程内容进行规范，可以有效防范投资人之间发生纠纷的风险。在公证时应当提交章程文本，如果是有限责任公司章程，应有全体股东签章，股份有限公司章程应有创立大会会议记录，国有独资公司的章程应有国家授权投资的机构或国家授权的部门批准公司章程的文件。

此外，公司的营业执照、专利证书、商标证书、认证证书、荣誉证书等文件都可以进行公证。企业通过办理公证把企业自身的法律活动转化成具有公信力的公证活动，以公证书为载体，更能被对方采用和认可。比如有的公司想利用法院诉讼方式申请中国驰名商标，由于公司的营业执照及各种证书不能留存法院，只能向法院提供加盖公司公章的复印件，却遭到法院拒绝。因此，公司将所有文件进行了公证，证明公司的相关证书都是真实有效的，最终被法院采纳。

其实，在公司经营活动中，提供营业执照、资质证书、出资协议、公司章程、股东会或董事会决议等文件的原件存在实际困难，而加盖单位公章的复印件效力又不够，通过公证将企业文件转换为公证书就可以确保企业法律文书的真实性，从而保证经营活动的顺利开展。

（九）文书签章以及复印件与原本相符的公证

随着经济的发展，证明文件上的签名和印章属实也成了可以公证的事项。这类文书包括学位证书、技术等级证书、驾驶证、声明书等。文书上的签名和印鉴是文书生效的必要条件，也是文书制作单位和个人对文书内容负责的依据。公证机构证明文书上的签名、印鉴、日期属实是对其真实性、合法性的认定，可以使文书具有法律上的证据效力，有效地防止不法分子伪造此类文书，保护当事人的合法权益。需要说明的是，这种公证只保证签名或印章的真伪，

对文件内容不负责任。

生活中，大家肯定会遇到这些情况：毕业求职时要求将毕业证原件放在单位，由单位保管才能签署合同；有的公司之间合作也要用原件等。但是，证件的原件只有一份，如果将其交了出去，不小心弄丢或者其他方面仍要使用原件的话，就没有办法了。此时可以考虑采用办理复印件与原件相符公证的方法。毕业证、驾驶证、成绩单等文件都可以办理此类公证，而且手续简单，只要带上证件原件与本人身份证，公证员对原件的真实性进行核实就可以办理。这样一来，复印件发挥了与原件相同的作用，相当于“复制”了一份证件的原件，而且公证后公证处可以提供若干份副本，这样的话，可以满足只有一份原件而要用于不少部门的情况。

我们重点解释一下身份证的公证，身份证是公民进行政治、经济、社会活动时证明其身份的有效证件，因此需要符合一定条件方能办理。根据2003年《司法部关于公证处办理居民身份证复印件与原件相符公证的批复》，公证处在下列情形可以为申请人办理身份证复印件与原件相符的公证：①我国公民、法人在国内委托代理诉讼、登记等事务，当事人不能提供身份证原件时，有关部门或单位要求当事人必须提供身份证复印件与原件相符公证书的；②我国公民、法人委托代理境外诉讼或非诉讼事务，到境外参加资格考试，境外有关机构要求当事人须提供身份证复印件与原件相符公证书的。

办理身份证公证时必须由当事人亲自申请，带上身份证、户口簿，并提交证明其符合上述申办用途的材料。公证处在出具的公证书证词中，也会明确限定公证书只能用于该项公证申办事由，用于其他事由无效，目的在于降低风险、保障当事人权益。

（十）证据保全公证

证据保全公证是公证机构根据申请在诉讼发生之前，依法对日后可能灭失或难以提取的证据加以验证提取、收存和固定。根据我国民事诉讼法的相关规定，经过公证、登记的书证效力一般高于其他书证、视听资料和证人证言，而且经过法定程序公证证明的法律行为、法律事实和文书，人民法院应当作为认定事实的根据。因此，有了证据保全公证，可以有效防止证据的丢失，预防纠纷，减少诉讼，同时由于法律规定可以增强其证据的效力，大大提高证据被法院采纳的可能性。

2013年，市民田先生在对自己购买的一套精装修的商品房收房时发现房子的装修和开发商的宣传大相径庭，而且客厅、厨房和卫生间均有漏水现象，部分木地板吸水后变形。田先生去找开发商讨要说法，却总是推诿敷衍。于是在律师朋友的建议下，田先生向当地公证处申请办理了证据保全公证。在经过公证员到房屋现场取证等公证程序后，公证处为其办理了证据保全公证。凭借这份公证书，田先生最终得到法院的支持胜诉，房屋质量问题得以妥善解决。

此外，前几年兴起的网络证据保全公证已经逐渐走进了更多人的视野，很难称其为“新事物”了。随着手机短信侵权越来越多，短信证据保全公证这一新生事物又迅猛发展起来。这两种公证事实上都属于证据保全的公证。

网络是一个虚拟世界，其特点是对作品容易使用，也易于删除，因此侮辱诽谤、侵犯著作权的情况经常发生。如果被人发现，只是举手之劳，很快就可以让发布的内容销声匿迹、无影无踪，所以通过公证的方法固定这些证据非常重要。比如一旦你发现自己的文字、摄影作品在网络上被他人擅自使用，你可以向公证处提交自己的证明材料、出版作品以及其提供的网站上下载的资料，并打开电脑登录相关网站网页下载取证，做好现场记录，公证处就会为你出具证据保全公证书。然后，你就可以拿着公证书向法院起诉，向侵权人索赔维护自己的合法权益。

我们再来说说手机短信公证。随着手机的普及，利用短信进行骚扰、敲诈等越来越普遍。由于当事人容易操作失误，可能导致作为证据的短信消失，给今后的诉讼带来一定困难，此时手机短信证据保全就显得非常重要。目前申请手机短信公证的多是因为侮辱诽谤和婚外情。有位女士发现丈夫“外面有人”因此打算离婚，但一直苦于没有证据。一次偶然翻看丈夫手机，发现里面有几条偷情短信，于是据此在公证处办理了公证。凭借公证处出具的公证书，法院认为丈夫存在过错，因此判决离婚并要求给予女方适当补偿。但是，一些公证

处认为这种偷情短信的公证侵犯手机主人的隐私权而拒绝办理公证。

生活中还发生过保全DNA的事情，比如在发生地震、火灾等重大事故后，根据有关政府部门的要求公证处会对保全DNA提取过程进行公证，取出的DNA用于辨别死者身份。媒体还报道过这样一个蹊跷的故事：

丈夫由于车祸去世，妻子悲痛万分，岂料一位自称是丈夫生前情人的女子带着一个所谓的私生子大闹灵堂，要求分割其夫的一套房产。对突然出现的私生子，妻子怀疑其不是丈夫的亲骨肉，但人已死去，如何进行亲子鉴定呢？危难之际，她想到了公证，于是她陪同公证人员、司法鉴定中心的法医一同来到殡仪馆，从丈夫的身体上提取了DNA。经过公证的DNA可以随时用于亲子鉴定，帮助这位女士解决了麻烦。

其实，除了公证业务外，根据《公证法》的规定，公证机构还可以根据自然人、法人或者其他组织的申请办理下列事务：①法律、行政法规规定由公证机构登记的事务；②提存；③保管遗嘱、遗产或者其他与公证事项有关的财产、物品、文书；④代写与公证事项有关的法律事务文书；⑤提供公证法律咨询。

哪些事项无法公证

当公证已成为人们越来越复杂的生活工作中不可回避和乐意选择的一种维权方式时，那些或时尚或新奇乃至光怪陆离的公证事项也开始悄然出现，其中一些申请内容让人大跌眼镜，甚至令人目瞪口呆。

公证本身的目的在于预防纠纷、维护权利，一旦公证质量出现问题，公证就会失去公信力，因为公证首先要求的是公证内容必须真实、合法。社会上不少人却对公证存有误区，认为只需双方达成协议即可公证，以为公证是“无所不能”的。我们上面已经列举了《公证法》规定可以公证的内容，从另一个角度讲这也意味着并非所有的事情都可以公证，或者通过公证予以解决，公证也不是万能的。

那么，究竟哪些事项不能公证呢？通过下面这些例子大家可以有所了解。

（一）为逃避债务而做出的事

前面已经说过，对符合法定条件的债权公证文书，《公证法》规定债权人可以依法向法院申请强制执行。于是有些人就打起了这个规定的主意，试图通过骗取公证机构的公证文书逃避正当的债务。

王某生意经营不善负债累累，对外欠下数十万元债务。二十多名债权人闻讯后，纷纷向法院提起诉讼。经调查，王某尚有40余万元的拆迁补偿款。但其不是积极偿还债务，而是伙同朋友徐某伪造假借条和还款协议在公证处办理了具有强制执行效力的债权文书公证书。然后徐某凭借该公证书向法院申请强制执行，赶在真正的债权人之前把仅有的40余万元财产全部执行，使真正的债权人无法得

到偿付。但最终王某和徐某的伎俩还是被识破，虚假的公证文书被撤销。

实践中还有其他类似的情况，比如公证签订的虚假抵押借款合同、夫妻之间进行财产分割然后进行公证等等，目的都是为了逃避债务。对于这些情况，当事人的行为并不受法律的保护，他们的公证如果被公证员识破会被拒绝公证，即使已经进行了公证，一旦查实，公证机构也会撤销相关的公证书。

法院在审理时，如果发现虚假公证文书，就会考虑是否存在虚假诉讼。对债务纠纷案件一旦发现有虚假诉讼嫌疑，法院会严格审查债务产生的时间、地点、原因、用途、支付方式、基础合同以及债权人和债务人的经济状况，要求当事人提交原始证据或者要求证人出庭作证的，当事人无正当理由拒不提交原始证据，或者证人无正当理由拒不出庭作证的，人民法院可以依法认定当事人主张的事实证据不足。对参与制造虚假诉讼案件的有关人员，法院可以依照《民事诉讼法》的有关规定，根据情节轻重，依法予以训诫、罚款、拘留；构成犯罪的，依法追究刑事责任。

此外，各地也先后发布规定，对虚假公证的行为予以惩治。2001年南京市发布《关于依法查处扰乱公证执业秩序违法犯罪行为的意见》，对以下扰乱公证执业秩序违法犯罪案件进行严厉查处：

1. 违法行为人在申请办理公证过程中，冒用他人居民身份证的，或者购买、出售、使用伪造、变造的居民身份证的，依照《居民身份证法》第17条的规定，处200元以上1000元以下罚款，或者处10日以下拘留，有违法所得的，没收违法所得。伪造、变造的居民身份证由公安机关予以收缴。

2. 违法行为人在申请办理公证过程中，向公证机构提供伪造或者变造的居民身份证或者虚假的国家机关证件、证明文件等，涉嫌犯罪的，依照《刑法》第280条的规定，以伪造、变造、买卖国家机关公文、证件、印章罪，伪造公司、企业、事业单位、人民团体印章罪，伪造、变造居民身份证罪追究刑事责任。

3. 违法行为人伪造公证书，或者买卖、使用伪造的公证书过程中，实施了伪造公证机构印章的行为，涉嫌犯罪的，依照《刑法》第280条第2款的规

定，以伪造事业单位印章罪追究刑事责任。

4．违法行为人冒用他人身份骗取公证书实施诈骗，数额较大或有其他严重情节的，依照《刑法》第266条的规定，以诈骗罪追究刑事责任。

上述行为如果尚不够刑事处罚，但符合《中华人民共和国治安管理处罚法》相关规定的，由公安机关依法予以治安处罚。

（二）同居协议

有的女孩在和已婚男士同居期间，为了确保自己的地位，到公证处要求办理确认同居关系的公证；有的男女双方签订同居协议，其中男方对女方提出了诸多生活中的苛刻要求，比如不得随意离开住所，不得与异性亲密接触，同时又明确约定男方要支付给女方很高的生活费用；还有的男士带着情人进行公证，要让他的“二奶”能够在自己去世之后分的他的一部分遗产……

上述这些情况有的很明显属于“二奶”协议，有的虽然没有挑明，但是其中有很多不合理的成分。这种协议违反了《婚姻法》的规定，无法在法律上寻得支持，同时也与社会的风序良俗相悖离，很容易纵容社会上一些不良风气的形成，引发道德风险，因此，公证员会拒绝做公证。

（三）“忠诚协议”、试婚合约

有的年轻男女为了保证对方的忠诚，要求签署协议，表明将来一定要嫁给对方或者娶对方为妻，如果违反就要赔偿对方一定数额的金钱；有的新婚夫妇签订“忠诚协议”，约定婚后若干年之内，彼此要忠于对方，信守誓言，如果有一方存在出轨等背叛感情的事，要赔偿另一方高额的经济赔偿，而且房产也由感情受损一方所有；还有一些保护女方的协议，比如要求男方不能打女方、工资上交、不能找小三等，若违反协议男方就“净身”出户；还有人要求将“下班晚回家要提前向妻子报告”、“每天要抽半小时陪妻子散步”等内容写入公证书……

根据《公证法》的规定，上述情侣、夫妻之间的“忠诚协议”得不到公证。婚姻法规定，婚姻是自由的，夫妻之间也应当相互忠实。自由和忠实义务不仅仅是法律上的义务，更多的是道德上的义务。婚姻应该由法律规范，爱情或者情感法律就无能为力了，协议中的金钱赔偿条款也无法束缚一个人的心，

就像一首歌唱的那样："爱情不是你想买，想买就能买。"

还有的人将双方签订的"试婚合约"拿去公证，作为自己对于爱情和婚姻的证明。这类公证可能会侵犯公民合法平等的权利，干涉属于个人情感世界的内容，与公证的本义相违背，因此无法得到公证机构的支持。

（四）断绝亲属关系

"我没有他这样的儿子，我要断绝父子关系！"最近一位老年人罗某拿着一张自己草拟的"断绝父子关系声明"怒气冲冲地来到公证处，要求公证。原来罗某的小儿子游手好闲，没有固定工作，还经常赌博，把家里输得一干二净，还欠了一大笔外债。得知真相后，罗某气得大病一场，看到小儿子仍然不知悔改，起草了一份"断绝父子关系声明"，并逼儿子在上面签下名字，要求公证处"主持公道"。还有的父母对公证人员说："我的女儿太让人生气了，我和老伴都管不了她了。我和老伴商量后，决定发表一个声明，和我们的亲生女儿断绝父女关系。"这些例子都是属于断绝亲属关系的公证。

父母与子女之间的关系是自然形成的血缘关系，涉及伦理道德，是与生俱来的，不能通过法律或其他手段人为地加以解除。断绝父子关系、母女关系等要求有悖于法律和人伦常理，自然无法公证。所有形式上试图"断绝关系"的行为无论如何也改变不了女儿的妈妈是母亲、母亲的孩子是女儿的生物学事实。断绝关系恐怕只能是绝情的表现，只能停留在一个人的内心，国家的法律包括公证无法干涉其中。

需要提醒的是如果是养父母与养子女的关系，由于双方之间是一种法律拟制的关系，因此如果断绝彼此关系是可以进行公证的。

（五）广告宣传

某美容机构为了做好广告宣传，欲打造一个当地城市的"第一美女"，于是希望将自己和"美女"之间的美容协议做个公证。协议内容主要包括：院方免费为其整容，把她打造成城市的"第一人造美女"，同时要求女方作为医院形象代言人，为医院的美容整形做宣传。还有的选美活动希望将自己的选手进行公证，证明"美女"是没有经过整容的自然美。

美是社会赋予女性的标杆，美因为时代、地域、文化等的差异而不同，在不同人的心目中美有着不同的含义，所以没有一个固定的标准，也无法成为公证的对象。这些公证不过是在吸引人们的眼球，目的并不是为了公证某个法律事实，实质上是在为自己的企业或者活动进行宣传，公证不过成了他们的噱头，企图利用国家赋予公证机构的公信力和权威性为自己带来个人的利益。

（六）“生死条款”等规避法律强制性规定的内容

近年来，社会上有些用人单位不是按照劳动法律法规的规定强化企业的管理制度，完善劳动保护措施，保障劳动者的合法权益，而是试图利用公证作为手段将劳动合同中的某些非法条款“合法化”。比如空调安装作业、户外幕墙清洗等新近兴起的高风险且人员流动性较强的行业，一些用人单位考虑到为工人购买保险的成本较高，往往缴纳保费之后工人却跳槽了，导致“得不偿失”。因此会在签订合同时在其中加上“生死条款”，即如果是因为工伤造成伤亡的一次性赔付一定金额作为补偿，劳动者不得再向劳动部门申请仲裁等。用人单位的意图十分明显，就是希望通过对包含这样违法内容的协议进行公证，使其通过公证机构出具的公证书变成一种“合法”，期望在将来发生纠纷时成为自己免责的“挡箭牌”。对于这样明显违反国家强制性规定、减轻或者免除单方责任的合同，公证机构会拒绝进行公证。

此外，还有些人为规避买房限购政策，想出了公证买房的点子。具体操作方法是：没有购房资格的买房人暂时与卖房人签订民间借贷合同，并选择采取以全款支付给对方，将房款“借”给房主，让房主将房子抵押过来，暂时拥有对房屋的管理权，等到了其拥有购房资格时即可将房屋过户。待借贷合同签订后，到公证处对合同予以公证，这样房主作为债务人就不能对房屋所有权进行处置，以保证资金按约定支付后，其能支配房屋并且将房屋过户至他人名下。这样的做法虽然不明确违反相关法律，但却规避了限购政策。在买房人拥有管理权但未过户期间，房屋产权还是归房主所有的，这就造成了产生法律纠纷的“时间差”，期间不确定因素过多，所担风险较大。

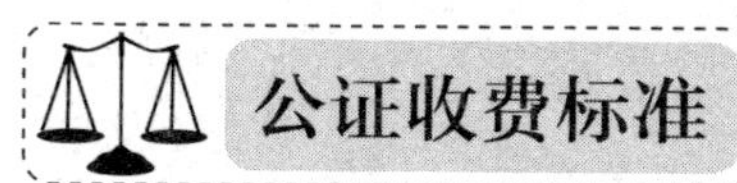

公证收费标准

公证机构虽然是不以营利为目的的组织，但是公证业务本身还是需要收取费用的，而且有些公证项目的费用相对较高，因此公众在选择公证作为维护自己合法权益的手段时一定要将费用问题作为考虑因素。

1997年原国家计委、司法部印发了《公证服务收费管理办法》，对我们国家公证服务的收费进行了规范。1998年，由于市场物价上涨，公证服务成本有较大幅度提高，又出台了《关于调整公证服务收费标准的通知》，对一些收费标准进行了上调。各个地方也都先后根据这个通知规定的收费标准制定了各地的公证服务收费标准。各地的收费标准会略有差异，经济发达地区的收费往往要高于经济欠发达地区。下表是《北京市公证服务收费标准》，供大家参考（见表1）。

表1 北京市公证服务收费标准

<table>
<tr><th>公证证明事项</th><th>收费标准</th><th>文件依据</th></tr>
<tr><td colspan="3">一、证明法律行为</td></tr>
<tr><td rowspan="4">（一）证明合同、协议
1. 证明土地使用权出让、转让，房屋转让、买卖及股权转让</td><td>标的额
（1）500000元以下部分，收取比例为0.3%，按比例收费不到200元的，按200元收取</td><td rowspan="4">京价（收）字〔1999〕第039号</td></tr>
<tr><td>（2）500001元至5000000元部分，收取0.25%</td></tr>
<tr><td>（3）5000001元至10000000元部分，收取0.2%</td></tr>
<tr><td>（4）10000001元至20000000元部分，收取0.15%</td></tr>
</table>

公证证明事项	收费标准	文件依据
（一）证明合同、协议 1．证明土地使用权出让、转让，房屋转让、买卖及股权转让	（5）20000001元至50000000元部分，收取0.1% （6）50000001元至100000000元部分，收取0.05% （7）100000001元以上部分，收取0.01%	京价（收）字〔1999〕第039号
2．证明其他经济合同	标的额 （1）20000以下的，收取比例为1% （2）20001元至50000元部分，收取0.8% （3）50001元至100000元部分，收取0.6% （4）100001元至500000元部分，收取0.5% （5）500001元至1000000元部分，收取0.4% （6）1000001元至2000000元部分，收取0.3% （7）2000001元至3000000元部分，收取0.2% （8）3000001元至4000000元部分，收取0.1% （9）4000001元以上部分，收取0.05%	
3．证明民事协议 （1）非财产性民事协议如：赡养协议、扶养协议、变更扶养权协议、寄养协议、监护协议、解除收养关系协议等	每件收费200元	
（2）涉及财产关系的民事协议 如：家庭财产分割协议、遗产分割协议、民间借贷或还款协议、婚前财产约定协议、夫妻财产约定协议、离婚财产分割协议、房屋拆迁补偿安置协议等	每件收费400元	

公证证明事项	收费标准	文件依据
（二）证明收养关系 1．生父母共同送养的	每件收费500元	
2．生父母单方送养的	每件收费800元	
3．其他监护人送养的	每件收费1000元	
4．事实收养	每件收费1000元	
（三）证明财产继承、赠予和遗赠	受益额20万元以下的部分，按不超过1.2%收取；超过20万元不满50万元的部分，按不超过1%收取；超过50万元不满500万元的部分，按不超过0.8%收取；超过500万元不满1000万元的部分，按不超过0.5%收取;超过1000万元的部分，按不超过0.1%收取。证明单方赠予或受赠的，减半收取，最低收取200元。	京发改〔2013〕2067号
公证证明事项	收费标准	文件依据
二、证明有法律意义的事实		
（一）证明出生、生存、死亡、身份、经历、学历、国籍、婚姻状况、亲属关系、未受（受过）刑事处分等	每件收费80元	
（二）证明法人和其他组织的资格、资信	每件收费500元	
（三）证明不可抗力事件	每件收费400元	
（四）办理证据保全 1．证人证言及书证保全	每件收费200元	京价（收）字〔1999〕第039号
2．声像资料、电脑软件保全	每件收费800元	
3．对物的保全 （1）不动产保全	每件收费1000元	
（2）其他物证保全	每件收费400元	
4．侵权行为和事实证据保全	每件收费1000元	
（五）制作票据拒绝证书	每件收费400元	

公证证明事项	收费标准	文件依据
三、证明有法律意义的文书		
（一）证明知识产权的享有、转让和使用许可文书	每件收费500元	京价（收）字〔1999〕第039号
（二）证明其他有法律意义的文书 1．证明法人或其他组织的授权委托书、公司章程、会议决议或其他法律文书	每件收费500元	京价（收）字〔1999〕第039号
2．证明其他有法律意义的文书 如：文书的副本、节本、译本、复印件与原件相符及法律文书上的签名、印鉴属实等	每件收费80元	京价（收）字〔1999〕第039号
四、提存公证	按标的额的0.3%收取，最低收取100元。代申请人支付的保管费另收。	京价（收）字〔1999〕第039号
五、赋予债权文书具有强制执行效力	按债务总额的0.3%收取	京价（收）字〔1999〕第039号
六、办理遗嘱公证和保管遗嘱，清点、保管遗产，确认遗嘱的效力		
1．遗嘱公证	每件收费400元	京价（收）字〔1999〕第039号
2．保管遗嘱	10元/件/月	
3．清点遗产	按第七项标准收费	
4．保管遗产	协商收费	
5．确认遗嘱效力	每件收费500元	
七、证明对财产的清点、清算、评估和估损		

公证证明事项	收费标准	文件依据
1．公民个人	每件收费450元	京价（收）字〔1999〕第039号
2．法人及其他经济组织	每件收费2500元	
八、其他民事法律行为的设立、变更、终止		
1．公证监督类 （1）拍卖	每件收费2500元	京价（收）字〔1999〕第039号
（2）招、投标	每件收费2500元	
（3）评奖、开奖类公证	每件收费2500元	
（4）商品抽样检测	每件收费900元	
（5）其他	每件收费1800元	
2．声明书、委托书等公民个人的单方民事法律行为	每件收费200元	
九、保管文书，办理法律规定的抵押登记，代办与公证事项相关的登记、认证事务，代拟和修改与公证事项相关的法律文书，解答法律咨询		
1．保管文书	10元/件/月	京价（收）字〔1999〕第039号
2．公证抵押登记	每件收费400元	
3．与公证事项相关的登记代办费	每件收费400元	
4．与公证事项相关的认证代办费	每件收费100元	
5．代拟与公证事项相关的法律文书 （1）民事类	每件收费100～180元	
（2）经济类	每件收费500～900元	
6．修改与公证事项相关的法律文书 （1）民事类	每件收费50～100元	
（2）经济类	每件收费200～500元	
7．解答法律咨询	50元/小时（不足一小时按一小时计算）	

公证证明事项	收费标准	文件依据
十、依法办理的其他法律事务		
1．证明行政性合同、协议如：计划生育协议、宅基地使用协议等	每件收费30元	京价（收）字〔1999〕第039号
2．译文代办费	每件收费20元	
3．公证书副本 （1）无译文的副本 （2）有译文的副本	 10元/份 20元/份	
4．公证卷宗查档	50元/卷/次	
5．常年公证法律顾问	由公证处与申请人签订协议，协商收费。	
6．对大宗、复杂的法律事务提供综合性公证法律服务	协商收费	
7．出具法律意见书	协商收费	
十一、依《公证服务收费管理办法》第七条应由申请人支付的鉴定费、评估费、差旅费、调查费等，应由申请人支付。	采取实报实销或定额包干的方式，具体方式由公证处与申请人协商并签订协议。	京价（收）字〔1999〕第039号
十二、已受理的公证事项，申请人要求撤回的，应收取手续费。	未经审查的，每件收取10元；已经审查的，按照该公证事项收费标准的50%收取。	

注：摘自北京市改革和发展委员会网站

但是，近几年来，依据国家法律收取费用、定位为非营利机构的公证机关，已被卷入高收费的漩涡。有人认为动辄几百元的公证费，收的实在不合理，尤其是一些公证业务按照公证金额收费，动辄几万元。所以有人提出“公证，怎么也不应该比到法院进行诉讼复杂，成本更不应该高出那么多”，建议国家适当降低公证的收费。有专家认为《公证法》规定公证必须由公证机构办

理，实际上形成公证机构的垄断，而且现实生活中有大量强制公证的事情，公证机构收费又居高不下，因此建议民间机构也能提供公证服务，打破现有垄断格局。有人认为目前较为可行的办法是公证收费采取比较公平的计时收费方式，即按完成此项公证花费的时间多少收费，或者采用按件收费的方式。

总之，公证作为公民维护自己合法权益的一种重要手段，一定要在自己可以承受的经济能力范围内使用。在前往公证处进行公证前，可以通过网络、电话等方式咨询收费标准，不花冤枉钱，只有这样才能事半功倍。

不过，如果公证出现问题，公证处也已应当承担责任。2013年北京市就发生过这样一个案例：

1995年丈夫在世时留下遗嘱，将去世后的财产全部交给妻子刘女士继承，并到公证处进行了公证。2009年公证处以申请表由刘女士填写并签名、违反了公证程序规则为由，撤销了上述公证书。这导致刘女士无法继承丈夫的房产，于是刘女士一纸诉状将公证处诉至法院，要求赔偿其各项损失110余万元。最后，法院审结了此案，判决公证处赔偿刘女士各项损失96万余元。

2014年6月6日起施行的《最高人民法院关于审理涉及公证活动相关民事案件的若干规定》规定，当事人、公证事项的利害关系人提供证据证明公证机构及其公证员在公证活动中具有下列情形之一的，人民法院应当认定公证机构有过错：

1. 为不真实、不合法的事项出具公证书的；

2. 毁损、篡改公证书或者公证档案的；

3. 泄露在执业活动中知悉的商业秘密或者个人隐私的；

4. 违反公证程序、办证规则以及国务院司法行政部门制定的行业规范出具公证书的；

5. 公证机构在公证过程中未尽到充分的审查、核实义务，致使公证书错误或者不真实的；

6. 对存在错误的公证书，经当事人、公证事项的利害关系人申请仍不予

纠正或者补正的；

7．其他违反法律、法规、国务院司法行政部门强制性规定的情形。

如果当事人提供虚假证明材料申请公证致使公证书错误造成他人损失的，当事人应当承担赔偿责任。公证机构依法尽到审查、核实义务的，不承担赔偿责任；未依法尽到审查、核实义务的，应当承担与其过错相应的补充赔偿责任；明知公证证明的材料虚假或者与当事人恶意串通的，承担连带赔偿责任。

第十五章

受了伤尽快鉴定：伤情鉴定与伤残等级鉴定

一个人一辈子不可能没灾没难，受伤的情况时有发生，引发受伤的原因也不一，比如交通事故、工伤、打架斗殴等。但生活中，很多人在受伤之后缺少法律意识，不会积极主动对受到的伤害进行鉴定，通过鉴定诉诸法律途径，减轻因受伤遭受的损失。

从证据角度讲，鉴定结论是法定的证据类型之一，由有资质的鉴定机构依据相关标准做出。鉴定意见是法定的证据之一，它可以为审理案件提供依据，也可以为审查其他相关证据提供参考。鉴定结论可以用于追究加害人的刑事责任，或者在民事诉讼过程支持己方主张，获得更多的赔偿。“打官司就是打证据”，所以，从某种意义上，鉴定结论作为证据的一种，有时可以左右一个案件的结果，这也就是为什么有的案件中会出现几次甚至十几次鉴定。所以，在出现伤害的情况下，鉴定是非常重要的证据。

生活中最经常遇到的鉴定是伤情鉴定与伤残等级鉴定，本章中就一一进行简要介绍。

刑事伤情鉴定

刑事伤情鉴定，也可以称为人体损伤程度鉴定，是鉴定机构确定机体组织结构的破坏、功能障碍及心理、精神方面的影响和损害程度，主要目的是为刑事诉讼服务，如果经鉴定达到轻伤，则应当由公安机关立案，检察机关进行公诉，追究加害人的刑事责任。伤情鉴定结论涉及罪与非罪，关系到一个公民的人身自由和财产权，是一项十分严肃的司法实践活动。

现行有效的伤情鉴定标准是2013年8月30日最高人民法院、最高人民检察院、公安部、国家安全部、司法部联合发布的《人体损伤程度鉴定标准》（以下简称《损伤标准》）。该标准自2014年1月1日起施行，取代之前使用的《人体重伤鉴定标准》（司发〔1990〕070号）、《人体轻伤鉴定标准（试行）》（法（司）发〔1990〕6号）和《人体轻微伤的鉴定》（GA/T146－1996）三个标准。

《损伤标准》制定的依据是《刑法》，适用范围也是《刑法》及其他相关法律法规所涉及的人体损伤程度鉴定。《损伤标准》是法医临床司法鉴定最重要、最基本的技术标准，是司法机关准确认定案件事实的重要依据，主要目的就是为了刑事诉讼服务。涉及人身损伤的案件，法院要根据受害人是否构成重伤、轻伤或轻微伤对加害人定罪量刑。

如果是重伤或轻伤，则由公安机关按照《刑事诉讼法》的规定立案侦查，由检察机关公诉，法院定罪量刑。《刑法》第234条（故意伤害罪）规定：“**故意伤害他人身体的，处3年以下有期徒刑、拘役或者管制。犯前款罪，致人重伤的，处3年以上10年以下有期徒刑；致人死亡或者以特别残忍手段致人重伤造成严重残疾的，处10年以上有期徒刑、无期徒刑或者死刑。**”本法另有规

定的，依照规定。第235条（过失致人重伤罪）规定：“**过失伤害他人致人重伤的，处3年以下有期徒刑或者拘役。**”从这两个条文中可以看到，如果是轻伤，一般判刑在3年以下有期徒刑，如果是重伤，最高刑期可以是死刑。

如果是轻微伤，《刑法》第13条规定：“**情节显著轻微危害不大的，不认为是犯罪，但仍然属于违法行为，由公安机关给予行政处罚。**”《治安管理处罚法》规定：“**故意伤害他人身体的，处5日以上10日以下拘留，并处200元以上500元以下罚款；情节较轻的，处5日以下拘留或者500元以下罚款。**”

（一）《损伤标准》的主要内容

从内容来看，新的损伤鉴定标准提高了损伤门槛，取消了“脑震荡”这个名词；此外，鼻骨骨折、鼓膜穿孔、血尿从轻伤中删除，归为轻微伤，而按照旧标准这三项属于轻伤，可以判处3年以下有期徒刑、拘役或者管制的刑罚，但按照新标准的后果是治安拘留或罚款。

旧的鉴定标准规范不明晰，轻伤与重伤之间的界限模糊不清，尤其是在轻伤害案件中，鉴定过程中很容易加入人为因素。比如在一些伤害纠纷案件中，一方当事人为了让对方赔钱，或追究对方的刑事责任，便想方设法把本不构成轻伤的轻微伤情鉴定成为轻伤。此外，许多受害人为获得较多的医药费赔偿，或加重对方的刑事责任，会故意隐瞒真情或夸大伤情，以取得有利的鉴定结论。

新标准充分考虑了医学发展成果，将CT、MRI等已在临床实践中普遍应用的技术方法应用于法医学伤情鉴定。新标准对于伤情鉴定的准则更加标准化、规范化，减少了适用标准的不确定性，使鉴定结论更客观、更合理，将会在一定程度上减少伤情造假。

此外，长期以来，人们将人体损伤程度划分为重伤、轻伤和轻微伤三个等级，但每个等级的实际伤情相差悬殊。比如按照旧标准同为重伤的“颅内血肿”和“植物人”，前者完全可以通过治疗康复，而后者却是永久性损伤。因此，在以前的鉴定实践中，为细化伤情，鉴定人往往应法院的要求在鉴定结论中注明“轻伤偏轻”“轻伤偏重”“重伤偏轻”“重伤偏重”。针对上述情况，新的损伤标准将损伤程度分为重伤一级、重伤二级，轻伤一级、轻伤二级，轻微伤五级标准，各级之间达到上下限存在衔接，普通皮肉痛苦不列入损伤评定范围。分级的细化既便于鉴定人操作，又对量刑规范化起到促进作用。比如“轻伤处3年以下有期徒刑”，依据旧标准，法官可以判3年，也可以在1年或半年中量刑。这让法官在量刑中难以拿捏，甚至导致司法腐败。而新标准将轻伤分为轻伤一级、轻伤二级，这就为法官提供了更明确的量刑依据，同时也通过技术标准限制了法官的自由裁量权。

（二）如何进行伤情鉴定

伤情鉴定是通过公安机关进行的，目的在于确定受害人的伤害程度，是否需要追究加害人的刑事责任。《公安机关办理伤害案件规定》（公通字〔2005〕98号，以下简称《规定》）第18条规定，**公安机关受理伤害案件后，应当在24小时内开具伤情鉴定委托书，告知被害人到指定的鉴定机构进行伤情鉴定**。因此，受害人及其家属应当及时要求办案民警开具委托书。公安机关必须经过认真调查确认当事人存在被伤害的客观事实，才能出具伤情鉴定委托书。

鉴定工作一般由案件承办公安机关所属辖区的鉴定机构负责。鉴定时，被鉴定人必须持有办案单位开具的委托书、本人的身份证明原件和复印件、病历资料原件和复印件以及相关的辅助检查资料（如×片、CT、MRI片等）。

但是，由于病历等材料不在公安部门控制范围内，有的案件中当事人故意更换检验材料，致使出现虚假鉴定结论，这也是一些冤假错案产生的部分原因。由于实践中往往是被害人自行携带医院的CT片去做鉴定，在案件审理时，犯罪嫌疑人会提出送检的CT片不是被害人本人的，导致案件反复多次鉴定。因此，公安机关作为委托单位会审查被鉴定人提供的病历资料真实性，并在病历资料复印件上盖章确认，法医出具的鉴定文书也仅对经办案单位确认的病历资料有效。

按照规定，鉴定机构根据国家有关部门颁布的人身伤情鉴定标准和被害人当时的伤情及医院诊断证明，具备即时进行伤情鉴定条件的，应当在受委托之时起24小时内提出鉴定意见，并在3日内出具鉴定文书。对伤情比较复杂，不具备即时进行鉴定条件的，应当在受委托之日起7日内提出鉴定意见并出具鉴定文书。

《损伤标准》进一步规定，**对影响组织、器官功能或者伤情复杂，一时难以进行鉴定的，待伤情稳定后及时提出鉴定意见，并出具鉴定文书。以容貌损害或者组织器官功能障碍为主要鉴定依据的，在损伤90日后进行鉴定；在特殊情况下可以根据原发性损伤及其并发症出具鉴定意见，但须对有可能出现的后遗症加以说明，必要时应进行复检并予以补充鉴定。疑难、复杂的损伤，在临床治疗终结或者伤情稳定后进行鉴定。**

犯罪嫌疑人或者被害人对鉴定意见有异议的，可以在收到鉴定意见之日起3日内提出重新鉴定的申请，经县级以上公安机关批准后，进行重新鉴定。同一案件的同一事项重新鉴定以一次为限。当事人是否申请重新鉴定，不影响案件的正常办理。公安机关认为有必要时，也可以直接决定重新进行鉴定。

根据《公安机关办理行政案件程序规定》第84条规定，**除当事人自行鉴定以外，不论首次鉴定还是重新鉴定，鉴定费用均由公安机关承担。**当事人自行鉴定，是指非由公安机关指派或者聘请鉴定人进行的鉴定。比如，当事人不向公安机关提出申请，自行委托鉴定的，就属于当事人自行鉴定。

一般情况下，受害人一方会积极进行伤情鉴定，目的是为了尽快追究加害人的责任，但是生活中也有一部分受害人不配合公安机关进行伤情鉴定，原因多是加害人以高额赔偿作为为条件，要求被害人拒绝配合伤情鉴定，放弃追究自己的刑事责任，或者加害人是自己的亲戚、朋友，碍于情面不去做鉴定。还有一些案件涉及黑社会性质组织、地方恶势力或犯罪团伙，被害人及其家属往往会遭到对方的人身威胁，由于害怕报复，被害人往往会屈服而不做伤情鉴定。由于目前做鉴定须征得被鉴定人同意和配合才能进行，公安机关不能对拒不配合鉴定的被害人依法采取强制措施，导致案件侦破工作无法推进，无异于放纵了犯罪行为。

民事伤残等级鉴定

民事伤残等级鉴定是在人身损害赔偿案件中，为确定受损伤程度，受损害一方须经过具备鉴定资质的专业机构对损伤程度进行鉴定，从而确定伤残等级，以据此获得相应的赔偿。

有人容易将伤残等级鉴定与上面提到的伤情鉴定混淆，认为是一回事。事实上，多数情况下，特别是在伤害案件中，二者可能同时出现。但二者的目的却并不相同，伤残等级鉴定主要在于评判治疗终结后的伤残程度，即对受害人工作、生活、社交能力的影响程度，多用来确定民事赔偿或刑事附带民事赔偿责任；而伤情鉴定则多用来确定刑事责任和行政责任，比如，交通事故大小的划分是以轻、重伤或死亡多少人来划定的。所以伤情鉴定在伤情发生后由公安机关负责尽快进行，而伤残评定则应在治疗终结后进行，由受害人申请。

人身损害赔偿案件中，为确定受损伤程度，受损害一方须经过具备鉴定资质的专业机构对损伤程度进行鉴定，从而确定伤残等级。而由鉴定机构出具的鉴定书是重要证据，人民法院正是依据鉴定书来判断原告所主张的赔偿数额应否得到支持，换言之，不同的伤残级别决定着不同赔偿数额。

下面首先介绍一下我们国家主要的伤害等级鉴定标准，然后重点介绍生活中经常遇到的两种鉴定——工伤鉴定和交通事故鉴定中应当注意的事项。

（一）伤残等级鉴定的相关标准

目前，我国缺少统一的伤残鉴定标准，种类繁多，包括道路交通事故、医疗事故、工伤等行业标准，还有部分省市制定的标准，如江苏省高级人民法院制定的《人体伤残程度鉴定标准（试行）》、北京司法鉴定业协会颁发的《人

体损伤致残程度鉴定标准（试行）》等。

司法实践中经常使用的国家级伤残等级鉴定标准有以下三个：

1.《职工工伤与职业病致残等级标准》（GB/T 16180—2006，以下简称《工伤标准》）：由原劳动和社会保障部、卫生部共同提出，于2007年5月1日实施，适用于职工在职业活动中因工负伤和因职业病致残程度的鉴定。

2.《道路交通事故受伤人员伤残评定标准》（GB 18667—2002，以下简称《交通标准》）：由公安部提出，于2002年12月1日实施，适用于道路交通事故受伤人员的伤残程度评定。

3.《人体损伤残疾程度鉴定标准（试行）》（以下简称《人身伤残标准》）：由最高人民法院制定，于2005年1月1日起实施，适用于除法律、法规已明确规定适用其他有关鉴定标准以外的所有涉及人身损害赔偿的案件。由于工伤和交通事故已经明确的标准，因此，属于工作与职业病和道路交通事故所致残疾程度的鉴定不适用该标准。

从内容看，三个标准中伤残条款的级别有显著的区别，同种损伤结果依据不同的标准，评定的伤残结果差异明显。相比较而言，《工伤标准》从整体上讲条款内容全面，划分合理。但作为一部与国务院颁布的《工伤保险条例》相配套的医学鉴定标准，在制定时主要着眼于照顾劳动者的合法权益，因而规定的伤残条件较《交通标准》的条件明显宽松，同一种损伤，比照前者要比比照后者鉴定伤残等级高一至二级，比照后者构不成伤残的，比照前者却可能构成伤残，比如“身体任何部位的骨折”即规定为十级伤残，而根据《交通标准》根本不能认定为残疾。《交通标准》为国家强制标准，是所有残疾标准中级别最高的一个医学标准。虽然级别评定严格，但内容不够全面、合理。

这种标准之间的不统一就造成了人们常说的“同残不同级、赔偿不同价”的现象。具体而言，由于各种伤残鉴定标准规定不同，同等伤残状况、伤残程度下，因采用标准不同导致评定的伤残等级也不同，造成同样的伤残根据不同鉴定标准出现不同结果的现象。

我们以眼球摘除为例，假如受伤人员为60岁以下，以2013年度北京相关生活费用标准为基准，比较三种不同标准伤残赔偿金的差距。

《工伤标准》将其定为五级。残疾赔偿额=一次性伤残补助金（16个月的本人工资）+一次性工伤医疗补助金和伤残就业补助金（北京30个月的本人工资）=46个月的本人工资=46×69521（2013年度北京市职工平均工资）÷12=266497元。

《交通标准》中定为七级，赔偿比例为40%。残疾赔偿金=40321元（2013年度北京市城镇居民人均可支配收入）×20年×伤残赔偿指数（40%）=322568元。

《人身伤残标准》（北京）定为七级，赔偿比例为40%。残疾赔偿金=40321元（2013年度北京市城镇居民人均可支配收入）×20年×伤残赔偿指数（40%）=322568元。

通过上面的计算可以看出，虽然依据《工伤标准》评定的残疾等级高，但赔偿额反而较普通伤害、交通事故少。

顺便说一下伤残赔偿指数，这个指标根据伤残评定级别来算，伤情评定为一级伤残的，按全额赔偿，即100%；二级至十级的，以10%的比例依次递减。也就是说，伤残等级具体等级对应的伤残赔偿指数为：一级：100%；二级：90%；三级：80%；四级：70%；五级：60%；六级：50%；七级：40%；八级：30%；九级：20%；十级：10%。

正是由于上面所说的鉴定标准不统一情况的存在，导致重复鉴定时有发生，让很多人烦恼不已。根据《民事诉讼法》规定，起诉必须有具体的诉讼请求和事实、理由。因此，原告起诉时如果主张残疾赔偿金、被扶养人生活费，立案时就必须自行委托鉴定机构进行鉴定提交鉴定书，否则法院可能不予立案的可能。此时，由于各鉴定机构所采用的鉴定标准不同，出具的鉴定结论差异较大，当事人为了获得更多的赔偿，往往要求使用对自己有利的标准，意图获得更多的赔偿数额。

但根据《最高人民法院关于民事诉讼证据的若干规定》第28条：**一方当事人自行委托有关部门做出的鉴定结论，另一方当事人有证据足以反驳并申请重新鉴定的，人民法院应予准许。**但法律对“有证据足以反驳”并没有进一步明确规定，而且对重复鉴定无次数上的限制。这就为诉讼中鉴定相互扯皮埋下了

伏笔。法院立案后，绝大多数情况下，被告会申请法院重新鉴定，而且法院通常都予以准许。一旦当事人觉得鉴定的结果对自己不利便会申请重新鉴定，使得同一问题反复鉴定，同一待证事实出现多份鉴定，这种多头鉴定、重复鉴定导致诉讼久拖不决。

（二）工伤伤残等级鉴定注意事项

工伤伤残等级鉴定是指劳动功能障碍程度和生活自理障碍程度的等级鉴定。根据《工伤保险条例》及《工伤职工劳动能力鉴定管理办法》的规定，职工发生工伤，经治疗伤情相对稳定后存在残疾、影响劳动能力的，或者停工留薪期满（含劳动能力鉴定委员会确认的延长期限），工伤职工或者其用人单位应当及时向设区的市级劳动能力鉴定委员会提出劳动能力鉴定申请。

按照《工伤标准》，残疾等级根据劳动功能障碍情况分为十级，最重的为一级，最轻的为十级。一至四级为完全丧失劳动能力，五至六级为大部分丧失劳动能力，七至十级为部分丧失劳动能力。生活自理障碍等级根据进食、翻身、大小便、穿衣及洗漱、自我移动五项条件确定。五项条件均需要护理者为一级，五项中四项需要护理者为二级，五项中需要三项护理者为三级，五项中一至二项需要护理者为四级。

需要解释的是，在做伤残等级鉴定之前一定要先进行工伤认定。工伤认定仅仅是对劳动者受伤性质的认定，即只确定是不是属于工伤，对于受伤的程度不做鉴定，是伤残等级鉴定的前置程序。因此，工伤认定发生在伤残等级鉴定之前，只有确定受伤属于工伤之后，才进行伤残等级鉴定，根据鉴定结果享受相应的工伤待遇。而且，工伤认定有时间的限制，并且要尽快认定，而伤残等级鉴定没有时间要求，待伤势相对稳定时才进行鉴定。

1．鉴定程序

工伤伤残鉴定由用人单位、工伤职工或者其近亲属向设区的市级劳动能力鉴定委员会提出申请，区级劳动保障行政部门和未设区的市级劳动保障行政部门都不设劳动鉴定委员会。申请材料一般包括：工伤证（原件）；确认工伤时的首诊证明（复印件）；工伤导致其他疾病的诊断证明（工伤证上两个医院的诊断证明，复印件）；申请延长停工留薪期的休假证明（工伤证上两个医院的诊断证明，复印件）；单位（个人）申请鉴定信息表；个人申报工伤（立案）还需提供单位信息：即单位地址、电话、负责人姓名、联系电话等；工伤提供住院病历、门诊病历复印件及×片、CT或核磁的报告单。

劳动能力鉴定委员会应当自收到劳动能力鉴定申请之日起60日内做出劳动能力鉴定结论，必要时，做出劳动能力鉴定结论的期限可以延长30日。对鉴定结论不服的，可以在收到该鉴定结论之日起15日内向省级劳动能力鉴定委员会提出再次鉴定申请，省级劳动能力鉴定委员会的鉴定结论为最终结论。鉴定收费标准各地不一样，一般在300元左右。

劳动能力鉴定结论是技术性专业结论，它在很大程度上属于技术性和事业性的工作，如果当事人对省级劳动能力鉴定委员会的鉴定结论仍然不服，不能申请行政复议和行政诉讼。但是自劳动能力鉴定结论做出之日起1年后，工伤职工或者其近亲属、所在单位或者经办机构认为伤残情况发生变化的，可以申请劳动能力复查鉴定。

2．工伤伤残赔付标准

（1）工亡待遇标准

a．丧葬补助金＝统筹地区上年度职工月平均工资×6个月

b．一次性工亡补助金＝上一年度全国城镇居民人均可支配收入的20倍

c．供养亲属抚恤金标准为：配偶＝工伤职工生前本人工资×40%，其他亲属＝工伤职工生前本人工资×30%

孤寡老人或者孤儿每人每月在上述标准的基础上增加10%。核定的各供养亲属的抚恤金之和不应高于因工死亡职工生前的工资。

伤残职工在停工留薪期内因工伤导致死亡的，其直系亲属享受本条第一款规定的待遇。

一级至四级伤残职工在停工留薪期满后死亡的，其直系亲属可以享受本条第一款第（一）项、第（二）项规定的待遇。

（2）一级至四级伤残待遇标准

a．一次性伤残补助金

一级伤残补助金＝本人工资×24个月

二级伤残补助金＝本人工资×22个月

三级伤残补助金＝本人工资×20个月

四级伤残补助金＝本人工资18个月

b. 按月享受伤残津贴（按月支付）

一级伤残津贴＝本人工资×90%

二级伤残津贴＝本人工资×85%

三级伤残津贴＝本人工资×80%

四级伤残津贴＝本人工资×75%

伤残津贴实际金额低于当地最低工资标准的，由工伤保险基金补足差额。

（3）五级、六级伤残待遇标准

a. 一次性伤残补助金

五级伤残补助金＝本人工资×16个月

六级伤残补助金＝本人工资×14个月

b. 伤残津贴

五级伤残津贴＝本人工资×70%

六级伤残津贴＝本人工资×60%

难以安排工作的工伤职工由用人单位按照月发给伤残津贴，伤残津贴实际金额低于当地最低工资标准的，由用人单位补足差额。

（4）七级至十级伤残待遇标准

a. 一次性伤残补助金

七级伤残＝本人工资×12个月

八级伤残＝本人工资×10个月

九级伤残＝本人工资×8个月

十级伤残＝本人工资×6个月

b. 劳动合同期满终止，或者职工本人提出解除劳动合同的，由用人单位支付一次性工伤医疗补助金和伤残就业补助金。具体标准由省、自治区、直辖市人民政府规定。以上海市为例，一次性工伤医疗补助金和一次性伤残就业补助金两项合计标准为：五级30个月、六级25个月、七级20个月、八级15个月、九级10个月、十级5个月本市上年度职工月平均工资。

（三）申请交通事故伤残鉴定注意事项

近年来，我们国家机动车数量的不断增长。以深圳为例，截至2014年12月20日，深圳市机动车保有量超过314万辆，过去5年年均增长率约16%，每公里道路机动车约500辆，车辆密度全国第一。相应地，交通事故人身伤害案件也不断增加，交通事故损害赔偿问题已为社会大众所关注。

在交通事故损害赔偿中残疾赔偿金是一项重要内容，其金额多少与交通事故伤残鉴定密切相关。伤者出院后，如果希望得到合法合理的赔偿，都要进行伤残鉴定。

交通事故伤残指因道路交通事故损伤所致的人体残疾，包括精神、生理功能和解剖结构的异常及其导致的生活、工作和社会活动能力不同程度丧失。《交通标准》是交通事故伤残鉴定的依据。按照标准规定，根据道路交通事故受伤人员的伤残状况，将受伤人员伤残程度划分为10级，从第I级（100%）到第×级（10%），每级相差10%。

在具体实践中，伤者要获得有利于自己的鉴定结论，必须要注意以下几个事情：

选择恰当的鉴定方式

一是自行委托鉴定机构鉴定。这种方式的优点，一是在起诉之前自行委托鉴定机构进行鉴定的，由于已经知道了伤残等级，受害人可以大体了解自己能够获得多少赔偿；二是对鉴定结论不服，可以另行委托鉴定机构进行鉴定，重新鉴定比较容易。但缺点是，在诉讼中，对于一方当事人自行委托的鉴定机构做出的鉴定结论，对方很有可能不服，一旦要求重新鉴定，法院极有可能有会决定重新鉴定，如果这样，当事人之前自行委托鉴定所花的鉴定费只能自己承担。

二是委托律师向鉴定机构申请鉴定。律师与一些鉴定机构具有长期业务合作关系，而且熟悉鉴定工作程序，通过律师申请可以避免鉴定时走弯路，减少不必要的时间浪费，而且可能会取得比较有利的鉴定结论。

三通过向办案的交警部门申请，由交警部门委托法医鉴定机构。根据公安部《道路交通事故处理程序规定》第37条的规定，由交警部门直接委托具备资

格的鉴定机构进行，无须事先通知其他当事人。

四是如果案件已经进入诉讼阶段，可以在人民法院起诉立案后的举证期限内，向法院申请委托进行鉴定。申请经人民法院同意后，双方当事人可以协商确定有资质的鉴定机构和鉴定人员，协商不成的，由人民法院指定。这种方式的优点是鉴定结论一般双方当事人都会认可，但弊端是如果觉得鉴定结论对自己不利，申请重新鉴定很难得到法院的支持，因为根据规定，没有证据证明鉴定机构或鉴定人员存在不具备鉴定资格、鉴定程序违法、鉴定结论明显依据不足或者无法证明不能作为证据的情况，就无法重新鉴定。

总体比较而言，选择委托律师进行鉴定的人较多，而由人民法院委托进行的鉴定比当事人单方委托进行的鉴定更容易让当事人接受，这是由人民法院的公信力和中立的司法地位所决定的。

选择合适的鉴定机构

交通事故中有很多伤情都是“可评可不评，可评高可评低”，不同的鉴定机构在评残级别上会有差别，这时候选择伤残鉴定机构就显得非常重要。所以，建议当事人在选择伤残鉴定机构时要全面考虑，谨慎选择。

首先，必须选择在司法部门登记注册的鉴定机构。自《全国人民代表大会常务委员会关于司法鉴定管理问题的决定》和司法部《司法鉴定机构登记管理办法》、《司法鉴定人登记管理办法》实施以来，各个地方都发布了本地方具备资质的鉴定机构名录。当事人一定要从中选择具备交通事故伤残鉴定资格的鉴定机构进行。尤其是要选择那些信誉卓著、办事公正的司法鉴定机构。这样的鉴定机构做出的鉴定结论，容易被对方当事人接受和被法院认可。

其次，最好选择在受诉法院有办公场所的鉴定机构。有的鉴定机构在当地没有办事机构，如果需要补充或者重新鉴定，或者需要鉴定人员进行解释或者出庭时，如果鉴定机构在异地，往往会造成不便。

再次，向公安交警部门申请伤残鉴定一定要三思而后行，因为公安交警部门一般会指定自己部门内部设立的鉴定中心来做鉴定，但是很多公安部门内部鉴定机构没有取得资质，拿着这样的鉴定报告到法院打官司是不会得到法官认可的，往往会导致败诉。

此外，很多人在医院会碰到不具有代理资质的公司及个人，即所谓的“黄牛”，承诺能帮伤者从无级别做到有级别，低级别做到高级别等等。这些人往往通过一些非法的手段欺骗司法鉴定人员，或者将伤者的伤情造假获得更高的级别。当事人虽然拿到了具备较高伤残等级的鉴定报告，但是“黄牛”们做完鉴定收了好处费以后就可能“人去楼空”，不再理会案子的后续理赔，当伤者将鉴定报告提交给法院理赔时，鉴定结论往往得不到认可，伤者只能获得很少的赔偿。

选择恰当的鉴定时机

在交通事故案件中，很多当事人对伤残评定的时间往往把握不准，导致一些伤残鉴定结论在诉讼中无法得到法院的支持。

《交通标准》明确规定了伤残鉴定时机，“评定时机应以事故直接所致的损伤或确因损伤所致的并发症治疗终结为准。”而“治疗终结是指临床医学一般原则所承认的临床效果稳定”，即受伤者经过一段时间的治疗和功能锻炼后，其功能恢复到一定程度处于稳定状态，此时才能准确评定伤残的程度。如果在治疗终结前进行鉴定，此时尚未治疗终结，对治疗终结后受害人是否会留下一定的伤害影响、是否能完好如初，尚无法判断，根据此时受害人的伤情做出的评价是不客观的，无法反映和体现治疗终结后的情况。

因此，治疗终结并不等于完全康复，而是“临床效果稳定”，只要受害人病情得到控制，在短期内不再恶化，即应认为相对稳定。出院一般情况下可认为是治疗终结，医院认为病人病情稳定，已不再需要进行继续治疗的话，可以出院回家休养，这样患者出院时就是治疗终结之时。但是，如果病人出院后因原病情的反复又入院治疗，这种情况应当视为治疗没有终结。

一般而言，对因损伤造成神经功能障碍、颅脑损伤后遗留智能损害的一般应在伤后6个月后鉴定；对因损伤造成影响容貌、听力障碍、视力障碍和对组织器官损伤、骨折致功能障碍的，应在伤后4~6个月后鉴定。因此，伤者应尽可能在上述时机（伤后4~6个月）尽快去做鉴定。有些病恢复很快，鉴定时间太晚的话，可能会判为损伤级别较低或没有级别。

第十六章

精神损害赔偿：生命中不能承受的痛

精神损害赔偿是当一个人因其人身权益受到不法侵害而使其遭受精神痛苦，或精神受到损害而要求侵害人给予赔偿的一种制度。可以说，随着我们社会文明程度的不断提高，人民的权利意识不断增强，精神权利保护的观念日益深入人心。

在我国民事侵权领域，精神损害赔偿有据可查、有法可依。1987年1月1日起开始施行的《民法通则》正式建立了我国的精神损害赔偿制度，准许侵害姓名权、名称权、肖像权、名誉权和荣誉权的受害人请求精神损害赔偿。2001年3月8日最高人民法院颁布了《关于确定民事侵权精神损害赔偿责任若干问题的解释》（以下简称精神损害赔偿司法解释）对精神损害赔偿的范围、赔偿的方式等内容做出了进一步的明确规定。2010年7月1日起开始实施的《侵权责任法》更是将精神损害赔偿纳入到民事基本法中。2013年1月1日施行的新修订的《国家赔偿法》也首次将精神损害纳入了国家赔偿的范围。

在现实生活中，精神损害赔偿虽然经常出现在人们的口中，成为人们的饭后谈资，但很多人仍然对什么是精神损害、哪些权利受到侵害可以请求赔偿精神损害，以及精神损害赔偿的范围等问题不甚了解，以至于在向法院起诉时不能很好地确定自己受到的精神伤害并提出合理的赔偿要求。

你的精神受到损害了吗

提到精神损害，我们不得不先说一说“精神”这个词语。对我们来说，“精神”更像是一个虚幻的东西，这是因为在我们的观念中，精神如同意识一样属于哲学范畴，它存在于人的意识之中，不像汽车、房屋、身体等等物体我们可以直接感受到。如果通俗一点讲，精神就是我们生活中的喜怒哀乐。有形的物体受到损害会通过客观的存在表现出来，很容易被人发现，而精神受到的伤害只能由本人的身体反映出来，有时甚至没有外在的反映，其他人很难切身感受到。所以，当有人提出自己“精神”受到损害时，往往会遭受质疑。但是，这并不能否认精神的意义以及精神受到损害的现实。

法律上使用的精神与哲学意义上的精神具有不同的含义。在法律上，只有与精神损害的法律后果即精神损害赔偿联系在一起使用时，才具有特定的法律含义。精神损害是一个具有特定内涵的法律概念，不同于医学上的精神损害或人们在日常生活中所谈论的精神上的不愉快。它既可以与物质损害同时发生，也可以不同时发生。具体而言，它是指侵权行为导致受害人心理和感情遭受创伤和痛苦，无法正常进行日常活动的损害。虽然精神是抽象和无形的，但精神损害却是一种客观的事实，表现形式各种各样，比如肉体的疼痛、心理的障碍、社会价值的贬损等。

总体上我们可以把精神损害分为精神痛苦与精神利益损失两种。精神痛苦主要是一个人因受到侵害而遭受的心理痛苦，导致其出现精神障碍，或使人产生愤怒、绝望、焦虑、恐惧、忧郁、不安等不良情绪。这种精神痛苦的原因既可能是身体健康、生命等受到伤害所致，也可能是心理健康遭受侵害所致。

精神利益损失的范围更具象，理解起来也更容易，比如姓名权、肖像权、名誉权、荣誉权受到侵害而遭受损失等。

但是，也应当看到并非所有的精神损害都可以获得赔偿，比如因为自然灾害、失恋或离异、偶像结婚或者自杀而痛苦不已，或者因为目睹血淋淋的凶杀或交通事故现场而感到精神痛苦，再比如在餐厅用餐服务员态度不好或者饭菜不合胃口等而气愤不已，这些情况并不属于法律上的精神损害范围，如果用法言法语来表示就是指这些精神伤害不具有“可赔偿性”。此外，公司由于是拟制的人格，不可能像人一样拥有精神和意识，因此没有精神损害可言，也不能获得精神损害赔偿。精神损害赔偿司法解释第5条就明确规定：**“法人或者其他组织以人格权利遭受侵害为由，向人民法院起诉请求赔偿精神损害的，人民法院不予受理。”**

对个人来说，最大的破产就是绝望，最大的资产就是希望。精神是一个人最重要的财富，就像一首歌唱的“有啥别有病，没啥别没精神”。一个人的精神面貌至关重要，用良好的精神武装起来的人自信而强大，可以坚不可摧。因此，对精神利益的保护至关重要，法律通过责令加害人承担赔偿责任，使其受到惩罚，防止其再次实施侵权行为，同时也可以平复受害人的精神创伤，慰藉其感情损失，帮助其恢复身心健康。

民事领域中的精神损害赔偿

（一）精神损害赔偿范围有限

1．侵害人格权的精神损害赔偿

人格是人之所以为人的尊严和价值。当与一个人不能分离的人格利益被法律确认为民事权利时就是人格权。我国《宪法》明确规定，公民的人格尊严不受侵犯。精神损害赔偿司法解释以列举的方式明确了对生命权、健康权、身体权，姓名权、肖像权、名誉权、荣誉权，人格尊严权、人格自由权，以及隐私权等人格权利遭受非法侵害时应当予以法律保护。因此，对侵害人格权的行为，受害人有权请求赔偿。

日常生活中最经常遇到的是生命权、健康权、身体权受到侵害而发生的精神损害赔偿，在医疗事故、道路交通事故、触电人身损害等纠纷中多有出现。一个人的健康既包括肉体上的健康，也包括精神上的健康，而损害他人肉体上的健康很可能导致其精神上也受到伤害，比如毁坏他人容貌、肢体、脏器均可能导致他人精神上感到不同程度的痛苦。

2006年7月24日5时10分左右，王某无证驾驶无牌农用三轮车载着程某（女）及其他11位民工在公路上行驶，途中与张某驾驶的大货车相撞，王某及车上所载12名民工均受伤，其中程某重伤，后经抢救无效死亡。经公安交警部门认定张某与王某负事故的同等责任，程某及其他乘车人无事故责任。于是，程某家属将王某、张某以及张某车辆挂靠的汽车运输公司作为共同被告一并告上法庭。法院认为程某的丈夫已去世，她是整个家庭的主要经济支柱，两个子女又无经济来

源，程某的死除了造成经济损失外，还给她的家庭造成了很大的精神伤害，全家人为此陷入巨大的痛苦之中。最终判决3名被告人除赔偿受害人丧葬费、被抚养人生活费等一系列费用外，同时赔偿受害人精神损害抚慰金5万元。

实践中另一类比较常见的精神损害是对姓名权、肖像权、名誉权和荣誉权的侵害。其中名誉权案例较多，尤其是对名人名誉的侵权案件。其实生活中这类情况也非常常见，比如村干部胡某因某司法局开办的网站发表了一篇以其为主人公的文章，导致在村内被人非议，于是以侵犯名誉权为由将司法局告上法庭，后在法院的调解下与网站和作者达成内容为网站停止侵害、发表致歉声明、赔偿精神损失费1角的和解协议。在这个案子中1角钱对于胡某来说微不足道，但却是宣示其人格尊严的重要方式。

关于侵犯肖像权的现象也同样值得引起我们注意。不仅名人肖像被乱用的情况非常普遍，如黄磊肖像上公厕性病广告、林丹半裸写真登性病广告等等，有时人们在旅游的过程中会留影拍照作为纪念，但某些不良商家却把这些照片用作自己的广告宣传。我们每个人的面容都是独一无二，每个人对自己的肖像拥有权利，当被人恶意使用时往往会损害我们的名誉、声誉。因此，在遇到这种情况，我们一定要拿起法律的武器，维护自己的人格权利。

2．违反社会公共利益、社会公德侵害他人隐私或者其他人格利益的精神损害赔偿

隐私是每个人不愿告人或不愿公开的私密事情，是我们每个人内心最秘密的部分，不愿意被他人轻易触及。公民享有保护私生活安宁与秘密的隐私权，任何他人有义务尊重别人的隐私，不宣扬、公布、披露他人的私密信息。公民的隐私受到国家法律的保护，民事诉讼法、刑事诉讼法中明确规定涉及个人隐私的案件不公开审理。

在生活中，我们每个人在关注自己隐私的同时，往往在有意无意之间侵犯了他人的隐私，有人甚至违反社会公德，有意为之。我们看下面这个案例：

男方李某和妻子王某离婚后，李某多次到王某家无理取闹，并公开宣扬王某患有“先天性无阴道症”的个人隐私，使王某精神受到极大损害，并导致王某的母亲病情恶化。最终法院判决李某不得再直接或者变相宣扬原告的隐私，并赔礼道歉，赔偿王某精神损失费1100元。

是在网络发达的今天，借助网络迅速传播的特点个人私密的信息会被迅速传播，给当事人造成巨大的心理伤害。在广为人知的“人肉搜索第一案”中，两家网站被判侵犯隐私权和名誉权，赔偿被告精神抚慰金8000元。2000年1月《全国人大常委关于维护互联网安全的决定》更是进一步规定，利用互联网侮辱他人或捏造事实诽谤他人及非法截获、篡改、删除他人的电子邮件或者其他数据资料，侵犯公民通信自由和通信秘密，构成犯罪的，依刑法追究刑事责任。

3．侵犯特定身份权利的精神损害赔偿

这种身份权利主要包括亲权、配偶权、亲属权等，通常表现在婚姻、家庭关系中，如夫妻关系、母子关系、父子关系等等。精神损害赔偿司法解释第2条明确规定：“**非法使被监护人脱离监护，导致亲子关系或者近亲属间的亲属关系遭受严重损害，监护人向人民法院起诉请求赔偿精神损害的，人民法院应当依法予以受理。**”比如由于夫妻矛盾，一方老人擅自将孩子带走并且拒绝父亲或母亲的探望，以及离婚夫妻中享有孩子抚养权的一方无正当理由拒绝对方探视孩子都是侵犯了父母与孩子之间的亲子关系，被拒绝的一方可以要求精神损害赔偿。

此外，媒体报道的“婚后20年发现孩子不是自己亲生的，丈夫盛怒之下将妻子告上法庭，请求20万元精神损害抚慰金”的案例正是侵害了一个人作为父亲应有的身份权利。按照法律规定丈夫没有法定的抚养义务，在不明真相的情况下对孩子进行了抚养，所以，抚养费用应由妻子全部承担并返还。但在这个案子中法院并没有对20万元精神损害赔偿请求全部支持，而是将其酌定为5000元。

4．侵害死者权益的精神损害赔偿

精神损害赔偿司法解释第3条规定：**自然人死亡后，其近亲属因下列侵权行为遭受精神痛苦，向人民法院起诉请求赔偿精神损害的，人民法院应当依法**

予以受理：①以侮辱、诽谤、贬损、丑化或者违反社会公共利益、社会公德的其他方式，侵害死者姓名、肖像、名誉、荣誉；②非法披露、利用死者隐私，或者以违反社会公共利益、社会公德的其他方式侵害死者隐私；③非法利用、损害遗体、遗骨，或者以违反社会公共利益、社会公德的其他方式侵害遗体、遗骨。

之所以对死者进行保护是因为侵害死者时往往会对死者近亲属的精神造成伤害。因此，为维护人性尊严与尊重社会风俗，死者人格利益理应纳入法律保护。

2012年2月我国已故著名作家冰心的三个子女因某报社及北京某公司未经其同意在广告宣传中使用母亲冰心的肖像，向北京市东城区人民法院提起诉讼。法院经审理认为，广告公司未经原告许可，擅自将原告母亲冰心的肖像用于商业广告，构成侵权，应当承担赔偿责任。报社未按照《广告法》的规定尽到审查义务，应承担赔偿责任。判决二被告共同赔偿原告精神损害抚恤金3万元，并刊登书面致歉声明。

5. 损毁具有人格象征意义的物品的精神损害赔偿

精神损害赔偿通常是针对人格权和身份权受到侵害而言，但情侣之间的信物、夫妻的结婚照片、家族祖传物件等某些特定的物品对持有人具有特殊的意义，是持有人的一种精神寄托，具有人格象征意义。由于侵权致使这类物品损毁就是对持有人精神的一种伤害，比如照相馆不慎遗失顾客仅有的一张已逝世先人的遗照，会令照片的所有人深受打击，极为悲痛。

这类物品不能以其价值而论，对其他人而言它们可能一文不值，但是持有人来说却是价值连城，无可替代。一对夫妇举行婚礼后发现婚纱影楼拍摄的婚礼全程母带损坏，于是法院判决由影楼赔偿原告录像带费及精神损失费共计3200元。从形式上看这对夫妇只是损失了一盘胶带，但实质上他们因此所遭受的精神痛苦远远大于此，影楼只赔偿一个胶卷的损失是无法弥补他们精神痛苦的。对于这类案件法院在审理时一般会酌情在精神上给受到伤害者以适当的补偿和抚慰，同时也是对有过错一方的惩戒。

（二）精神损害赔偿额不高

根据精神损害赔偿司法解释第8条和第9条的规定，除停止侵害、恢复名誉、消除影响、赔礼道歉外，因侵权致人精神损害造成严重后果的，法院还可以判令侵害人相应的精神损害抚慰金。

精神损害是一种无形损害，本质上不可计量，因为一个人的精神无法用金钱来衡量。法律规定以金钱赔偿作为精神损害赔偿的方式之一并不是要给精神损害"明码标价"，因为这两者之间根本不存在商品货币领域里等价交换的对应关系。在当侵权人承担其他形式的民事责任不足以弥补受害人精神损害的情况下，采取金钱赔偿的方式，目的在于通过经济方式使侵权人受到惩罚，同时从一定程度上弥补受害人的损失。

关于精神抚慰金的具体金额，解释第10条规定了参考因素，法院在做出判决时正是根据这些因素确定最终的精神抚慰金数额。

1. 侵权人的过错程度。法院会考虑侵害人主观上是出于故意还是过失而造成的损害，故意的恶性程度显然要大于过失，因而也要承担较重的赔偿责任。

2. 侵害的手段、场合、行为方式等具体情节。比如在公共场合和在私下场合造成的伤害后果明显不同，通过网络、报纸或者贴大字报等形式造成的侵害后果也不一样。

3. 侵权行为所造成的后果。有证据表明侵害行为使被侵害人的精神受到伤害，感受到痛苦，被侵害者就应当获得赔偿，不一定非要使被侵害人自杀或者精神失常才给予赔偿。此外，对不同的人造成的伤害也是不同的，比如对社会名人名誉权的侵害，其影响空间、范围肯定大大超过一般人名誉受侵害所造成的影响，对其所造成的损失也会比较大。

4. 侵权人的获利情况。将获利作为赔偿依据之一是基于精神损害赔偿的惩罚性。例如有人未经同意为名人做传记，由于名人的影响使传记非常畅销，侵权人也获利丰厚。如果不考虑侵权人获得的巨大利益，无异于放纵他们的侵权行为，社会上其他人员也会群起而效仿，造成恶劣的社会影响。

5. 侵权人承担责任的经济能力。这个因素也是从经济角度考虑对侵害人

的惩罚，只有精神损害赔偿达到让侵权人感到“疼痛”的程度，才能起到应有的惩戒和教育作用，否则隔靴搔痒式的轻微经济惩罚不足以让侵权人放弃再次侵害的企图。

6. 受诉法院所在地平均生活水平。我国地域宽广，各地经济发展程度差异很大。在贫困地区支付少量的精神损害赔偿金就可以弥补受害人的精神创伤，而在经济发达的地区赔偿金的数额必须增长数倍甚至数十倍才能起到同样的作用。

目前，很多地区的法院也都结合地方实际制定了精神损害抚慰金的标准，目的在于一方面防止受害人因其精神受到损害而漫天要价，另一方面避免法官任意裁量决定赔偿的数额。总体上各地规定的赔偿金额并不高，大致在1000元~10万元之间浮动，下面列举了一些省份的精神抚慰金标准供大家参考：

★北京市：《北京市高级人民法院关于审理人身伤害赔偿案件若干问题的处理意见》规定，因侵害行为致受害人残疾，受害人请求精神损害抚慰金的，赔偿数额一般不超过我市城镇职工上一年平均工资收入的5倍。死者的近亲属以受害人死亡给自己造成精神痛苦为由请求死亡赔偿金的，赔偿金额一般不得超过北京市城镇职工上年平均工资的10倍。（注：2012年度北京市职工月平均工资为5223元）

★山东省：《山东省高级人民法院关于审理人身损害赔偿案件若干问题的意见》规定，侵害人是自然人的，一般性精神损害赔偿标准为1000元~3000元，严重精神损害，赔偿标准为3000元~5000元；侵害人是法人或其他社会组织的，一般按照公民赔偿标准的5~10倍予以赔偿。

★福建省：《福建省高级人民法院关于审理人身损害赔偿案件若干问题的意见》规定，一般侵权行为的精神损害赔偿在1000元~1万元之间酌情判定；严重侵权行为的精神损害赔偿在1万元~5万元之间酌情判定；特别严重侵权行为的精神损害赔偿在5万元~10万元之间酌情判定。

★河南省：《河南省高级人民法院关于当前民事审判若干问题的指导意见》规定：侵害自然人生命权，死亡抚慰金参照在5000元~10万元之间酌定。侵害自然人健康权造成残疾，受害人完全丧失劳动能力的，精神损害赔偿数额类推侵害自然人生命权予以酌定，丧失部分劳动能力的，精神损害赔偿数额在5万元以下酌定。侵害自然人姓名权、肖像权、名誉权；荣誉权、隐私权，精神损害赔偿数额在2万元以下酌定。侵害自然人健康权但未造成残疾以及侵害自然人其他权利或法益的，精神损害赔偿数额在1万元以下酌定法律法规或司法解释有规定的依照其规定。

★安徽省：《安徽省高级人民法院审理人身损害案件若干问题的指导意见》规定，公民身体权、健康权遭受轻微伤害，不支持赔偿权利人的精神抚慰金请求；公民身体权、健康权遭受一般伤害没有构成伤残等级的，精神抚慰金的数额一般为1000～5000元；公民身体权、健康权遭受的伤害已经构成伤残等级，精神抚慰金的数额可以结合受害人的伤残等级确定，一般不低于5000元，但不高于8万元；造成公民死亡的，精神抚慰金的数额一般不低于5万元，但不高于8万元。

★云南省：《云南省高级人民法院关于审理人身损害赔偿案件若干问题的会议纪要》规定，精神抚慰金的赔偿数额一般不得超过5万元，情况特殊的不得超过10万元。

★四川省：《四川省高级人民法院贯彻执行最高人民法院〈关于确定民事侵权精神损害赔偿责任若干问题的解释〉的意见》规定，侵犯他人姓名权、肖像权、名誉权、荣誉权、人格尊严权、人身自由权、监护权、隐私及其他人格利益等精神性人格权利的，其精神损害抚慰金的数额标准原则上应掌握在500元至5万元的幅度内。因侵权行为导致具有人格象征意义的特定纪念物品永久性毁损、灭失的，其精神损害抚慰金数额参照该标准。

★陕西省：《审判委员会审判工作会议纪要》规定，致人死亡的，精神赔偿数额一般不少于1000元，最高不能超过2万元。致人残疾的，精神赔偿数额一般不少于1000元，最高不能超过2万元。因民事侵权致人精神损害，造成严重后果的，精神抚慰金可分为四个等级：一级1.5万～2万元，二级1万～1.5万元，三级5000～1万元，四级1000～5000元。若在以上规定的最高限额内仍不足以给当事人精神抚慰的，经该院审判委员会讨论决定，可在2万元～5万元范围内决定赔偿数额。

刑事附带民事中的精神损害赔偿

在现实生活中因他人的犯罪行为而遭受精神损害的情况非常普遍，比如故意伤害、强奸、强制猥亵妇女、诬告陷害、侮辱、诽谤等犯罪行为都会对被害人造成严重的精神创伤。那么在国家依法对犯罪分子进行惩罚时，受害人在提起刑事附带民事诉讼中能否同时申请获得精神损害赔偿呢？

根据我国现行的法律规定，答案是否定的。2013年1月1日开始施行的新《刑事诉讼法》第99条明确规定：**“被害人由于被告人的犯罪行为而遭受物质损失的，在刑事诉讼过程中，有权提起附带民事诉讼。”**该条规定将刑事附带民事诉讼限定在“物质损失”，不支持被害人提起的精神损害赔偿要求。《最高人民法院关于适用〈中华人民共和国刑事诉讼法〉的解释》（以下简称新刑事诉讼法司法解释）第138条第2款进一步规定，因受到犯罪侵犯，提起附带民事诉讼或者单独提起民事诉讼要求赔偿精神损失的，人民法院不予受理。

其实，早在2002年7月15日公布的《最高人民法院关于人民法院是否受理刑事案件被害人提起精神损害赔偿民事诉讼问题的批复》已经明确规定：**“对于刑事案件被害人由于被告人的犯罪行为而遭受精神损失提起的附带民事诉讼，或者在该刑事案件审结以后，被害人另行提起精神损害赔偿民事诉讼的，人民法院不予受理。”**这就意味着受害人及其亲属不仅不能基于附带民事诉讼就精神抚慰金获得支持，即使通过另行提起民事诉讼也将无法获得支持。

但这并不表示受害人或者家属没有任何途径获得救济。新刑事诉讼法司法解释第155条第4款规定：**“附带民事诉讼当事人就民事赔偿问题达成调解、和解协议的，赔偿范围、数额不受第二款、第三款规定的限制。”**因此，被害人或者其近亲属可以通过法院调解、被告人自愿给付等途径获得相应的赔偿。实践中，很多被告人及被告人的家属为了获得被害人或者被害人近亲属的谅解书，争取法院从轻处罚的量刑，一般都会自愿与被害人或者被害人的亲属就赔偿范围和数额达成一致的调解协议，支付一定数额的金钱补偿受害一方的精神损失。因此，调解是刑事附带民事诉讼原告获得最大利益赔偿的有效途径。

但是，如果犯罪人一方经济条件差，无力支付赔偿或者不愿意赔偿，受害人想要获得精神赔偿恐怕就很困难。实践中就发生过为了替被奸淫幼女“迂回”索赔精神损失，代理律师迫不得已将其处女膜“定价”20万元以求在诉讼中为受害人取得“物质赔偿”，令人唏嘘不已。

有人指出，刑罚是刑事责任，精神损害赔偿是民事责任，二者是两种不同性质的责任形式，前者是公法范畴，后者是私法范畴。对犯罪分子刑罚处罚的目的是惩罚犯罪，保护人民，并不是为抚慰被害人的精神创伤而设立的，因此两种责任不能混淆，也不能相互替代。所以有必要在刑事附带民事诉讼中支持受害人一方的精神损害赔偿请求。实践中也有突破法律规定的案例，比如2005年发生在北京的公交售票员掐死清华大学教授女儿案中，一审法院判定加害人以及所属的公交公司赔偿受害人父母10万元精神抚慰金，二审法院撤销了原赔偿10万元的一审判决，将精神抚慰金提高到30万元。也有法院根据《侵权责任法》第4条第1款的规定，即侵权人因同一行为应当承担行政责任或者刑事责任的不影响依法承担侵权责任，在强奸、故意杀人等性质恶劣的案件中支持受害一方的精神赔偿请求。但是这样的做法因为突破了法律的规定，争议较大，因此法院往往会顾虑较多，支持精神损害赔偿的情况也少之又少。

国家赔偿中的精神损害赔偿

自1995年起实施的《国家赔偿法》在消除精神损害影响方面，根据当时社会状况，考虑到不增加国家的经济负担，采用了抚慰性的赔偿原则，只规定了为受害人消除影响，恢复名誉，赔礼道歉，并未规定精神损害抚慰金。然而，随着我们社会经济的飞速发展，这种精神损害赔偿方式越来越遭受诟病，远远无法弥补受害人遭受的精神损失，不利于督促国家工作人员依法履行职责。发生在2001年的“处女嫖娼案”更加使人认识到国家赔偿中精神损害赔偿的重要性。在这个案件中，受害人将公安局告上了法庭，要求赔偿精神损失费500万元。但是最后仅获得了74.66元作为被违法限制人身自由两天的赔偿金，而受害人所提出的精神损害赔偿被驳回，理由是该诉讼请求无法可依。

2012年10月26日第68号中华人民共和国主席令发布了修订后的《国家赔偿法》，自2013年1月1日起施行。这个法律将精神损害抚慰金也纳入了精神损害赔偿范围，其中第35条规定：**“有本法第3条或者第17条规定情形之一，致人精神损害的，应当在侵权行为影响的范围内，为受害人消除影响，恢复名誉，赔礼道歉；造成严重后果的，应当支付相应的精神损害抚慰金。”**第3条和第17条分别规定了行政机关及其工作人员和刑事司法机关及其工作人员在行使行政职权时侵犯公民人身权利的共计10种情形。如果出现这些情形造成严重后果的，国家就应当支付精神损害抚慰金。可以说，将精神损害抚慰金的赔偿纳入国家赔偿制度是我国法制建设的一大进步，体现了国家重视人权的态度。

但是，新修订的《国家赔偿法》并没有像民事领域一样对精神损害抚慰金有具体的标准。一般认为国家机关侵害行为所造成的伤害要远远大于民事侵权行为对人造成的精神伤害，因此精神损害抚慰金的赔偿标准相应地也应当高于民事标准。目前来看，法院在确定精神损害抚慰金时主要参照精神损害司法解释第10条的规定。不过有一些地区已经制定了精神损害抚慰金的国家赔偿标准，比如广东省出台了《关于在国家赔偿工作中适用精神损害抚慰金若干问题的座谈会纪要》，规定确定精神损害抚慰金数额应当以丧失人身自由的时间长短为主要依据，结合其他损害或者损失的情况综合确定，具体标准如下：

1．20日以下的，1000元以下；精神损害后果特别严重的，2000元以下；

2．20日以上，2个月以下的，3000元以下；精神损害后果特别严重的，5000元以下；

3．2个月以上，3个月以下的，1万元以下；精神损害后果特别严重的，3万元以下；

4．3个月以上，1年以下的，2万元以下；精神损害后果特别严重的，5万元以下；

5．1年以上，3年以下的，5万元以下；精神损害后果特别严重的，10万元以下；

6．3年以上，5年以下的，10万元以下；精神损害后果特别严重的，15万元以下；

7．5年以上，10年以下的，15万元以下；精神损害后果特别严重的，20万元以下；

8．10年以上的，20万元以下；精神损害后果特别严重的，30万元以下；

9．致受损害人重伤、残疾或者死亡的，可不受受损害人丧失人身自由时间长短限制，在30万元以下确定。

从广东省的标准可以看出，国家赔偿的精神损害抚慰金数额高于民事标准。对于精神损害赔偿标准等实体问题，由于目前没有明确具体的标准。正是由于精神损害抚慰金标准的立法空白，导致大量国家赔偿案件未能获得精神损害抚慰金，即使获得赔偿，名目也各异，比如救助金、补助款等，而且相当多的获赔案件往往是由于多年的上访上诉，使司法机关迫于维稳的压力而给予一定的补偿。

时效和期限：维权时注意“过期不候”

时效，顾名思义指的是时间的效力，是法律为某种权利行使设定的期限，超过这个期限权利就归于消灭，不能再行使了。

时效是一项非常重要的法律制度，无论是民事、行政还是刑事领域都有时效和期限的规定。由于法律规定了一定的时间期限，因此不仅是公民包括国家机关都必须遵守，我们每个人不能因为一个很久以前的事情而被人“查后账”受到骚扰，影响正在进行的生活。也就是说法律规定你必须在一定的时间期限内去干一件事情，比如提起民事起诉、行政复议或行政诉讼，司法机关追究犯罪人的刑事责任等等。毫不夸张地说，时效直接涉及当事人权利，一旦超出了法律规定的时间限制，就可能丧失既有的权利，使自己的利益遭受损失。

然而，在生活中公众对时效的认知程度相对较低，即使是一些法律专业人士有时也会不经意地忽略了时效的规定。就像一句法律谚语说的那样“法律不保护躺在权利上睡觉的人”，相比较因为缺少实体证据而败诉，一个案件如果因为超过诉讼时效而被法院驳回诉讼请求无疑是非常可惜的，让人有种“哑巴吃黄连，有苦说不出”的感觉。

所以，在我们行使法律权利时，一定要关注“时间”，不要让宝贵的时间或者说时效悄悄地溜走，在自己的合法权益无法得到保护之后才想起一句风靡大江南北的话：时间都去哪儿了！

为了更好地让读者了解和掌握时效的相关知识，下面按照民事、行政、刑事的顺序对各领域法律对于时效的规定进行梳理。

民事诉讼有时限，维权切莫超时效

民事诉讼时效是指权利人请求人民法院保护其合法权益而提起诉讼的法定有效期限，如果在法律规定的诉讼时效期间内权利人向法院起诉的，法院审理案件后可以支持权利人的请求，但是在法定的诉讼时效期间届满之后权利人才行使请求权的，法院就不再保护权利人的胜诉权了。诉讼时效具有强制性，由法律明文规定，任何单位或个人对时效的延长、缩短、放弃等约定都是无效的。民事诉讼时效主要规定在《民法通则》之中。此外，2008年8月，为了在民事案件审理中正确适用时效规定，最高人民法院印发了《关于审理民事案件适用诉讼时效制度若干问题的规定》（法释〔2008〕11号，以下简称诉讼时效司法解释）。

（一）不同类型民事纠纷的诉讼时效不同

《民法通则》第135条至第137条共三个条文规定了具体的诉讼时效，分为以下四种情况：

1．一般情况下普遍适用的时效期间是2年。

2．但是下列时效为1年：①身体受到伤害要求赔偿，②出售质量不合格的商品未声明，③延付或拒付租金，④寄存财物被丢失或被损坏。

3．从权利被侵害之日起超过20年的，人民法院不予保护。

4．但是法律另有规定的除外，这种情况主要包括以下情况：

（1）诉讼时效司法解释第1条规定，请求支付存款本息，请求兑付国债、金融债券和向不特定对象发行的企业债券本息，以及请求基于投资关系产生的缴付出资3类不受诉讼时效限制。前两种债务关系涉及社会公共利益的保护，

如果适用诉讼时效将使公众切身利益受到损害，而缴付出资请求权如果适用诉讼时效的规定就与公司资本充足原则相违背，不利于对其他足额出资的股东及公司债权人的保护。

（2）《合同法》第129条规定，因国际货物买卖合同和技术进出口合同争议提起诉讼或者申请仲裁的期限为4年。

（3）《环境保护法》第42条规定，因环境污染损害赔偿提起诉讼的时效期间为3年。

（4）《产品质量法》第45条规定，因产品存在缺陷造成损害要求赔偿的诉讼时效期间为2年。

（5）民法通则司法解释第170条规定，未授权给公民、法人经营、管理的国家财产受到侵害的，不受诉讼时效期间的限制。

（6）《个人独资企业法》第28条规定，个人独资企业解散后，原投资人对个人独资企业存续期间的债务仍应承担偿还责任，但债权人在5年内未向债务人提出偿债请求的，该责任消灭。

（二）民事诉讼时效的后果是丧失“胜诉权”

大家更关心的是如果超过时效会造成什么样的后果。根据法律规定，超过时效的后果是权利人丧失胜诉权。我们可以从三个方面理解这一点：

一是胜诉本身是指当权利人起诉到法院，如果义务人以超过时效作为抗辩，一经查证属实，法院只能判权利人败诉，驳回其诉讼请求。生活中许多人对诉讼时效制度缺乏足够的了解，有时把钱借给了亲戚朋友同事，过了约定的还款期限，往往碍于面子不好意思及时要求返还，只是消极等待，最后只好对簿公堂。而一旦超过诉讼时效，不仅要不回钱，还要花费时间和精力去打官司，“赔了夫人又折兵”。

二是虽然丧失了胜诉权，但是权利人仍然有起诉的权利，也就是说即使超过诉讼时效，也可以向法院起诉，法院不能拒绝受理。民事诉讼法司法解释规定，权利人在超过普通诉讼时效期间后起诉的，人民法院仍应予以受理，不得以普通诉讼时效届满为由不予受理。原因在于法院只有在受理之后才能查明普通诉讼时效是否届满。当然，如果法院受理后查明没有中止、中断、延长事由

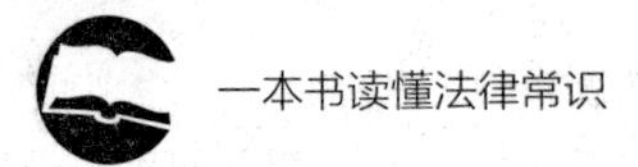

的，就会依法判决驳回其诉讼请求。有人会问，既然不能胜诉，我还干吗起诉呢？这就需要转变思维了，比如你和别人做生意被拖欠了货款，虽然钱要不回来了，但是不妨碍你利用诉讼的方式“鄙视”对方的行为，所谓“不争馒头争口气”呀！

三是即使没有了胜诉权，但是实体权利还在，比如在借贷纠纷中，即便诉讼时效届满，但债权人和债务人之间借贷关系仍然存在。所以，法律规定，债务人在时效届满后自愿向权利人履行义务，权利人仍然有权接受。义务人在自愿履行义务后，又以超过诉讼时效为由反悔的，法院不予支持。其实现实生活中并不是所有的债务人都懂法律，都知道用诉讼时效来规避逾期债务，而且有些人即使知道了诉讼时效的期限，也并不想规避债务，比如关系非常好的长期客户之间没有必要因为一点利益破坏了彼此之间的合作关系。即使超过诉讼时效，义务人仍然依约履行合同义务是诚实信用原则的体现，有利于鼓励义务人的诚实履约行为，也有助于我国社会诚信体系的建立。

正是由于诉讼时效可以使权利人丧失胜诉权的后果，诉讼时效司法解释中明确规定当事人一方未提出诉讼时效抗辩，人民法院不应对诉讼时效问题进行释明。也就是说法院不能“提醒债务人”可以行使诉讼时效已经届满的抗辩权，这是因为如果法院主动对诉讼时效问题进行提醒说明，无异于提醒和帮助义务人逃债，有违诚实信用的基本原则，也与法院居中裁判的中立地位不相符合。

其实，法律之所以规定诉讼时效，目的不是鼓励债务人不履行债务，不劳而获，也不是鼓励债务人想方设法拖延义务的履行，其根本意义在于督促权利人及时行使自己的权利，也就是“两利相权取其重”。如果权利人在规定期限内没有正当理由不去行使权利，这说明他已不关心自己的权利，国家也就不用为他提供保护了。通过权利人及时行使权利可以避免使法律关系比如借方和欠方之间的债务纠纷长期处于不稳定的状态，可以保证社会经济秩序处于良好的运行状态之中。而且，如果不及时行使权利，纠纷的证据就会灭失，再也无法取得，法院也会无从判断当事人之间的是非曲直，所以年代久远的案件只能不了了之。

（三）民事诉讼时效的计算方法——起算点、中止以及中断

民事诉讼时效的起算点

《民法通则》第137条规定，诉讼时效期间从知道或者应当知道权利被侵害时起计算。而且，当事人在法院一审期间未提出诉讼时效抗辩，在二审期间提出的，人民法院一般不予支持。

根据上述规定，时效的起算时间是从当事人知道或者应当知道权利被侵害时起计算。那么什么才是“知道或者应当知道”呢？法律对此语焉不详，法官在审理案件的过程中会根据不同的案情来决定。一般而言，根据客观情况，权利人有知道的条件和可能的，就推定其应当知道，而不管当事人是否实际知道。比如，在人身伤害案件中，身体伤害案发时没有发现，事后经过检查确诊并证明是由该侵害所引起的，就可以伤势确诊之日作为诉讼时效的起算点。我们可以举一个案例：

2001年5月张某向原告王某借款10万元，并出具了借条，约定借款期限为3年。张某在2003年3月去世。2009年11月原告向张某的妻子（被告）催讨借款，但被告未予理会。在这个案例中，原告王某在2003年3月就应当知道权利受到的侵害，最迟应当在2005年3月诉讼，由于没有及时行使诉讼权利，诉讼请求无法得到法院的支持。

此外我们还需要注意几种特殊的债务关系。比如当事人约定分期履行的债务，诉讼时效司法解释规定，这类债务的诉讼时效期间从最后一期履行期限届满之日起计算，这样可以避免当事人为主张权利而激化矛盾，避免频繁起诉。其次，对于没有约定债务履行期限也无法确定履行期限的，比如欠条中没有注明还款日期，诉讼时效期间从债权人要求债务人履行义务的宽限期届满之日起计算，但债务人在债权人第一次向其主张权利之时明确表示不履行义务的，诉讼时效期间从债务人明确表示不履行义务之日起计算。

民事诉讼时效的中止

时效中止是在诉讼时效进行中，因一定的法定事由产生而使权利人无法行使请求权，暂停计算诉讼时效期间，从中止时效的原因消除之日起，诉讼时效期间再继续计算。《民法通则》第139条规定，在诉讼时效期间的最后6个月内，因不可抗力或者其他障碍不能行使请求权的，诉讼时效中止。需要注意的是，中止只能发生在诉讼时效期间的“最后6个月内”，在6个月之前出现的，不产生中止的效果，持续到最后6个月时仍然存在，则应在最后6个月开始的第一天中止时效的计算。

“不可抗力”是一个法律专属概念，顾名思义就是没有办法抵抗的力量，《民法通则》将其界定为不能预见、不能避免和不能克服的客观情况，通常包括以下三种情况：①自然灾害，如洪水、地震、台风、冰雹、海啸、火山爆发、山体滑坡等；②政府的行为，如征收、征用；③社会异常事件，如战争、武装冲突、罢工、骚乱、暴动等。

根据诉讼时效司法解释，“其他障碍”包括：①权利被侵害的无民事行为能力人、限制民事行为能力人没有法定代理人，或者法定代理人死亡、丧失代理权、丧失行为能力；①继承开始后未确定继承人或者遗产管理人；③权利人被义务人或者其他人控制无法主张权利，比如被限制人身自由。

民事诉讼时效的中断

中断的效果是从中断时起，诉讼时效期间重新计算，这也是与中止的区别。中止是暂停计算，待阻碍时间消除后继续计算，而中断则是经过的时间一概不算，重新计算。这对于债权人非常有利，因为一旦诉讼时效中断，他就又重新取得了一个新的诉讼时效，比如销售方在诉讼时效截止的最后一天打电话要求购买方支付拖欠的货款，只要有证据证明催要事实的发生就可以中断原有的诉讼时效，重新产生一个2年的时效。

从法律上来解释中断的理由是：由于出现了权利人积极主张的事实，使诉讼时效期间继续计算的事实基础不再存在，因此诉讼时效期间应当中断计算，待中断事由完成后再重新起算，目的在于合法地阻止诉讼时效的完成，保护权利人的权利。

至于能够触发诉讼时效中断的原因，根据《民法通则》第140条的规定有三个：提起诉讼、债权人提出要求、债务人同意履行义务。对于这三个原因，

为了明确起见，诉讼时效司法解释做出了进一步的规定。

提起诉讼是中断的第一个原因。只要其向法院提交起诉材料或者口头起诉，就可以认定其向法院提出了权利主张，诉讼时效就应当中断，而无须等待法院受理，中断的起点为“从提交起诉状或者口头起诉之日起中断”。诉讼时效司法解释进一步规定，以下八种向法院提起的申请可以与向法院提起诉讼一样产生诉讼时效中断的效力：①申请仲裁；②申请支付令；③申请破产、申报破产债权；④主张权利而申请宣告义务人失踪或死亡；⑤申请诉前财产保全、诉前临时禁令等诉前措施；⑥申请强制执行；⑦申请追加当事人或者被通知参加诉讼；⑧在诉讼中主张抵销。此外，权利人向人民调解委员会以及其他依法有权解决相关民事纠纷的国家机关、事业单位、社会团体等社会组织提出保护相应民事权利的请求，向公安机关、检察院、法院报案或者控告请求保护其民事权利的，也可以作为诉讼时效中断的原因

“当事人一方提出要求”具体包括：①当事人一方直接向对方当事人送交主张权利文书，对方当事人在文书上签字、盖章或者虽未签字、盖章但能够以其他方式证明该文书已经到达对方当事人。对方当事人如果是法人或者其他组织的，签收人可以是它的法定代表人、主要负责人、收发室、值班室等负责收发信件的部门或者被授权的人；对方当事人为自然人的，签收人可以是自然人本人、同住的亲属或者被授权的人。②当事人一方以发送信件或者数据电文方式主张权利，信件或者数据电文到达或者应当到达对方当事人；③当事人一方为金融机构，依照法律规定或者当事人约定从对方当事人账户中扣收欠款本息的；④当事人一方下落不明，对方当事人在国家级或者下落不明的当事人一方住所地的省级有影响的媒体上刊登具有主张权利内容的公告的。

债务人同意履行义务比较容易理解，比如做出分期履行、部分履行、提供担保、请求延期履行、制定清偿债务计划等承诺或者行为都属于“同意履行义务”。

行政法中的时效

（一）行政处罚的时效

一般情况下，行政处罚的时效为2年，《行政处罚法》第29条规定：“**违法行为在2年内未被发现的，不再给予行政处罚。法律另有规定的除外。前款规定的期限，从违法行为发生之日起计算；违法行为有连续或者继续状态的，从行为终了之日起计算。**”

“法律另有规定的”主要指《治安管理处罚法》第22条，该条规定：“**违反治安管理行为在6个月内没有被公安机关发现的，不再处罚。前款规定的期限，从违反治安管理行为发生之日起计算；违反治安管理行为有连续或者继续状态的，从行为终了之日起计算。**”

也就是说如果违法行为时在6个月后被公安机关发现，或者在2年后被其他行政机关发现，无论何时发现了这一违法事实，对当时的违法行为人不能再给予行政处罚。法律这样规定的目的在于督促行政机关集中精力查处案件，克服效率低下的官僚主义作风，提高工作效率，同时也可以防止因事过境迁而增加案件调查取证的难度，减少行政处罚发生错误的可能性。

但是由于时效届满而对违法行为人不再处罚，是不是意味着放纵违法，让违法分子有机可乘呢？事实上违法行为人在追诉期内没有再实施违法行为，不再危害社会，从行政处罚的目的来看再惩罚也没有意义了。法律不是为惩罚而惩罚，是为了防止违法后果的进一步蔓延，教育违法行为人改正违法行为，遵守国家法律，这正是“处罚和教育相结合”原则的具体体现。

违法行为发生之日很容易理解，是指违法行为完成或者停止之日。如销

售侵犯注册商标专用权的商品，应当以销售完毕的最后一天起开始计算追责时效。

上述规定中的“连续或者继续状态”含义又是什么呢？

所谓连续状态是指行为人由于同一个或者概括的同一违法目的，连续多次实施性质相同的违法行为，而触犯同一个法条的情况。比如在不长的时间内多次贩卖盗版光盘、多次制售伪劣食品等，就要从最后一个违法行为实施完毕时计算。对于有连续状态的违法行为，各个行为也是单独的违法行为，但由于性质相同，所以视为一个行为进行处理。

所谓继续状态是指行为人的一个违法行为实施后，该行为及其造成的不法状态处于不间断持续的状态。比如运输违禁品，在路途上用了5天时间，应当以最后一天将违禁品转交他人起开始计算期限；施工噪音扰民，这些行为虽然经过的时间可能较长，但实质上只是一个行为，因此只能适用一次行政处罚；再比如《广告法》中的虚假宣传以及工商管理中的无照经营都是继续违法的典型形态。

此外，对于一些特殊领域的违法行为，由于界定非常模糊，国家有关部门会通过规范性文件的形式确定是否属于继续状态。

最后应当提醒的是，超过追究时效不再予以处罚不等于就默认为该行为就合法了，该行为仍然构成违法，只是不再处罚而已，但行政机关仍然可以采取行政处理措施，比如责令改正，否则违法行为或其结果继续存在就与立法本意相违背了。所以，试图钻时效空子的想法是要不得的。

（二）行政复议的“60”日规定

行政复议是公民、法人或者其他组织不服行政机关做出的具体行政行为而要求有关部门重新对行为进行审查的一种制度，它是行政救济的途径之一。受理复议的部门一般是作出行政行为部门的同级政府或者上一级主管部门。

行政复议作为一种救济方式同样需要在一定的时间期限内进行，一旦超过时限，复议机关可以裁决不予受理，法律就视为当事人自动放弃了复议申请权，从而导致其权利不能得到救济。《行政复议法》第9条规定：“公民、法人**或者其他组织认为具体行政行为侵犯其合法权益的，可以自知道该具体行政行**

为之日起60日内提出行政复议申请；但是法律规定的申请期限超过60日的除外。”（需要说明的一点是，法律为申请行政复议以及下面提到的行政诉讼所规定的时间限制并没有像《民法通则》中那样明确使用“时效”这个称谓，更准确地讲，这应当属于一种申请期限。但是为方便起见，这里统称为时效。）

根据上面的规定，行政复议的起算点应当是“自知道该具体行政行为之日起60日内”，那么什么情况下当事人才算是“知道”呢？为了明确这个问题，《行政复议法实施条例》做了进一步的解释：

1．当场做出具体行政行为的，自具体行政行为做出之日起计算。比如交警现场处罚的，那么被处罚人当场就知晓了处罚内容，因此从处罚当日起开始计算60天的期限。

2．载明具体行政行为的法律文书直接送达的，自受送达人签收之日起计算。比如行政机关撤销单位资质证书的，从被撤销单位签收行政机关的处理决定之日开始计算。

3．载明具体行政行为的法律文书邮寄送达的，自受送达人在邮件签收单上签收之日起计算；没有邮件签收单的，自受送达人在送达回执上签名之日起计算。这主要适用于行政机关邮寄送达的情况。

4．具体行政行为依法通过公告形式告知受送达人的，自公告规定的期限届满之日起计算。这主要适用于行政机关公告送达的情况，比如由于联系不上当事人而公告送达行政处罚决定书等。

5．行政机关做出具体行政行为时未告知公民、法人或者其他组织，事后补充告知的，自该公民、法人或者其他组织收到行政机关补充告知的通知之日起计算；

6．被申请人能够证明公民、法人或者其他组织知道具体行政行为的，自证据材料证明其知道具体行政行为之日起计算。

此外，如果行政机关做出具体行政行为，依法应当向有关公民、法人或者其他组织送达法律文书而未送达的，视为该公民、法人或者其他组织不知道该具体行政行为。媒体就曾报道过一农妇向海南省高院上诉讨回申请复议权的案例：

2004年5月1日镇政府向农妇王某送达一个关于土地纠纷的决定，王某当即提出异议并拒绝签收，工作人员便将决定书拿回。6月23日，村干部又将决定书送到王某家中。7月5日，王某就处理决定向县政府提出了行政复议的申请，却被以“王某的申请超过60天的申请复议期限”为由，决定终止行政复议。王某不服提起诉讼，一审法院支持县政府的决定，但二审法院海南省高院认为证据不足以证明5月1日进行了留置送达，因此判决撤销了政府的“终止行政复议”通知，并且限其在判决生效之日起60天内，向王某做出行政复议决定。

从这个案例中我们可以看到，法律为了保护公民的行政复议权利，对行政机关作出行政决定的程序做出了严格规定。行政机关必须按照法定程序履行职责，否则会由于行政行为存在瑕疵而影响其效力。

根据《行政复议法》的规定，由于不可抗力或者其他正当理由耽误法定申请期限的，行政复议的申请期限可以中止，自障碍消除之日起继续计算。中止的理由包括：作为申请人的自然人死亡，其近亲属尚未确定是否参加行政复议的；作为申请人的自然人丧失参加行政复议的能力，尚未确定法定代理人参加行政复议的；作为申请人的法人或者其他组织终止，尚未确定权利义务承受人的；作为申请人的自然人下落不明或者被宣告失踪的等等。还需要注意的是，行政复议的时效与民事诉讼时效不同，没有中断的规定。

（三）行政诉讼的期限

行政诉讼对于社会大众而言已经非常熟悉了，就是人们常说的“民告官”。我们国家从1990年10月1日开始实施行政诉讼制度。过去是民不与官斗，现在是民可以告官。很多人还记得三十多年前电影《秋菊打官司》里那个挺着大肚子“要讨一个说法”的农村妇女秋菊，可以说，她就是行政诉讼的代表。三十多年来，行政诉讼发挥了化解行政争议，消除民怨，密切官民关系的作用，在一定程度上倒逼着行政机关去依法行政。

生活中由于当事人对时效缺乏了解和重视，致使起诉超过时效被法院驳回，丧失通过司法途径主张权利的情况经常发生。因此，在本身就存在“告状难”的情况下，如何不会因为自身的失误而败诉也是一个非常值得重视的问题。

行政诉讼起诉期间是行政相对人认为自己的权益被国家机关及其工作人员侵犯而向法院提起行政诉讼的法定时限。根据新《行政诉讼法》第46条："公民、法人或其他组织直接向人民法院提起诉讼的，应当在知道做出具体行政行为之日起6个月内提出。法律另有规定的除外。"

如果公民根本不知道行政机关做出的具体行政行为内容，《最高人民法院关于执行〈中华人民共和国行政诉讼法〉若干问题的解释》（以下简称行政诉讼法司法解释）规定起诉期限就应当从知道或者应当知道该具体行政行为内容之日起计算。

对涉及不动产的具体行政行为从做出之日起超过20年、其他具体行政行为从做出之日起超过5年提起诉讼的，人民法院不予受理。如果发生当事人被依法行政拘留等人身自由受到限制的情况，那么被限制人身自由的时间不计算在起诉期间内。

法律之所以做出上面的这些规定，不是为了限制公民的权利，而是为了督促公民尽快行使权利和履行义务，同时也便于法院及时收集证据，解决纠纷，避免无限期地拖延时间。

但是根据行政诉讼法司法解释的规定，行政机关做出具体行政行为时，如果没有告知公民、法人或者其他组织诉权或者起诉期限，起诉期限从公民、法人或者其他组织知道或者应当知道诉权或者起诉期限之日起计算，不过从知道或者应当知道具体行政行为内容之日起最长不得超过2年。我们可以看一个案例：

郭女士是一个房屋的业主，2010年4月19日某区建设局对她的房屋进行了强制拆除。郭女士不服于2012年10月23日向该区法院提起了行政诉讼。法院查明建设局已在拆除当天告知了郭女士丈夫及其儿子，她的丈夫和儿子在审理中也承认与建设局协商了拆除事宜，因此认定郭女士应当知道2010年4月19日拆除的事实，并判决驳回起诉。

在这个案例中，法院就是根据相关案件事实推定郭女士知道建设局的拆除事实，虽然当时建设局没有告知郭女士行政诉讼的权利，但由于已经超过了2年，郭女士最终仍然没有取得法院的支持。所以，对于试图通过行政诉讼维护自己权益的人来说一定要树立“时间”意识，要与诉讼时效赛跑，在法定的期限内收集证据，完成起诉工作。

在本次《行政诉讼法》修改时，考虑到目前我国大多数群众法律知识欠缺、法律咨询渠道不畅的实际情况，将原来规定的3个月的诉讼时限延长到了6个月，因为过短的起诉期限会直接导致当事人难以有充分时间认识自己的权利是否受到具体行政行为侵害，无法及时提起诉讼。

还有一个值得注意的问题，行政诉讼的起诉时限与民事诉讼起诉时限不同，上面我们已经说过，**超过诉讼期限提起民事诉讼当事人丧失的是“胜诉权”，而在行政诉讼中当事人丧失的不仅仅是胜诉权，还包括诉权，也就是起诉的权利，既然诉权都没有了，更谈不上胜诉了**。从法院的判决结果看，超过诉讼时效的民事诉讼，法院会判决“驳回诉讼请求”，也就是说你可以起诉，但是法院不会支持你的任何诉讼要求；超过诉讼时效的行政诉讼，法院会“裁定不予受理；已经受理的，裁定驳回起诉”，即直接否定起诉的权利。

此外，与行政复议时效相比，行政诉讼没有中止的规定，而是可以延长，即公民、法人或者其他组织因不可抗力或者其他特殊情况耽误法定期限的，在障碍消除后10日内，可以申请延长期限，但需要由法院决定是否可以延长；而且行政诉讼时效与行政复议一样同样没有中断的规定，这也是与民事诉讼时效的不同之一。上面我们已经说过，在民事诉讼中，只要当事人有意识地提出自己的主张，权利人主张权利、义务人同意履行义务，那么时效就可以中断而重新计算。但是在行政复议和行政诉讼中即使行政相对人通过信访、投诉等形式向行政机关主张自己的权利，由于法律没有规定，仍然不会起到时效中断的效果。

（四）国家赔偿的期限

1995年1月1日起开始实施的《国家赔偿法》被誉为“中国法治建设的里程碑”，但由于在执行过程中存在赔偿案件少、数额低、获赔困难等情况，被戏称为“国家不赔法”。因此，2010年和2012年我们国家先后对《国家赔偿法》进行了修订，降低了申请赔偿的门槛，完善了赔偿程序，更重要的是首次对精神损害抚慰金做出了明确的规定，使《国家赔偿法》实至名归，切实成为保障公民权利的法律。

根据新《国家赔偿法》，**赔偿请求人请求国家赔偿的时效为2年，自其知道或者应当知道国家机关及其工作人员行使职权时的行为侵犯其人身权、财产权之日起计算。**

这个2年时效是行使国家赔偿请求权的时效，而不是诉讼时效。如果请求人在2年内不行使请求权请求赔偿义务机关处理，他就丧失了请求权，赔偿义务机关有权拒绝赔偿。当然，如果当事人被羁押等限制人身自由，比如正在服刑期间，失去人身自由的时间不计算在2年的期间内。

如果当事人在申请行政复议或者提起行政诉讼时一并提出赔偿请求的，适用行政复议法、行政诉讼法有关时效的规定。

国家赔偿请求适用时效中止，但是不适用中断和延长。赔偿请求人在赔偿请求时效的最后6个月内，因不可抗力或者其他障碍不能行使请求权的，时效中止。从中止时效的原因消除之日起，赔偿请求时效期间继续计算。

刑法中的时效

刑法上的时效是我们国家刑事法律规定的国家对犯罪人行使刑事追诉权和刑罚执行权的有效期限。在有效期限内，国家如果不行使刑事追诉权和刑罚执行权，这些权力即归于消灭，就不能对犯罪人再追诉或者执行刑罚。

法律做出如此规定，从刑法立法本意的角度讲，目的在于一个人犯罪后经过一定期限虽未被追诉或未被执行刑罚，但也没有再犯新罪，可以大体上推断这个人已经改过自新，不致再危害社会，所以也就失去追诉或行刑的意义；从司法机关的角度讲是希望节约刑事司法资源，一些案件经过很长时间以后，证据灭失，再去侦查审判往往无劳而获，造成大量案件积压，浪费纳税人的钱；从公民个人的角度讲，就像上面我们提到的“法律不保护躺在权利上睡觉的人”，法律不希望司法机关或者一些自诉案件的受害人养成法律的“惰性”，怠于行使自己的权利，采用“旧账重提”的方式破坏本已经恢复的社会秩序和民众心理，否则势必引发新的不安定因素，不利于社会的稳定团结。

我国《刑法》第87条对时效的规定非常明确，该条规定犯罪经过下列期限不再追诉：

法定最高刑为不满5年有期徒刑的，经过5年；

定最高刑为5年以上不满10年有期徒刑的，经过10年；

法定最高刑为10年以上有期徒刑的，经过15年；

法定最高刑为无期徒刑、死刑的，经过20年。如果20年以后认为必须追诉的，须报请最高人民检察院核准。

从上面可以看出，我们国家是根据一个犯罪行为的“法定最高刑”来决定对应的追诉时效的。那么“法定最高刑”应当如何理解呢？这里的法定最高刑不是指罪犯应判决的具体刑期，也不是指某种性质犯罪全部刑罚的最高刑，而是根据犯罪分子的犯罪性质和法定情节，与其所犯罪行相对应的刑法分则条文规定的处刑档次中的最高刑。

最高人民法院在《关于适用刑法第十二条几个问题的解释》中做了明确的解释：如果刑法规定的某一犯罪只有一个法定刑幅度，法定最高刑是指该法定刑幅度的最高刑；如果刑法规定的某一犯罪有两个以上的法定刑幅度，法定最高刑是指具体犯罪行为应当适用的法定刑幅度的最高刑或者最低刑。

如果大家觉得上面的规定过于拗口，难以理解的话，我们可以举两个例子，比如重婚罪，刑法规定：“有配偶而重婚的，或者明知他人有配偶而与之结婚的，处二年以下有期徒刑或者拘役。”由于只有一个量刑幅度，最高刑是2年有期徒刑，即不满5年，因此追诉时效是5年。再比如故意伤人罪，刑法规定“处死刑、无期徒刑或者十年以上有期徒刑；情节较轻的，处三年以上十年以下有期徒刑。”这里有两个量刑幅度，应当根据案件的基本情况确定属于哪个幅度，然后再确定追诉期限，如果是社会危害极大可以判处无期徒刑甚至死刑的故意杀人案件，那么它的追诉时效是20年，如果是一般的激愤杀人等案件，属于情节较轻幅度的，由于最高刑是10年有期徒刑，因此追诉时效是15年。

此外，刑法第88条还规定，追诉期限从犯罪之日起计算；犯罪行为有连续或者继续状态的，从犯罪行为终了之日起计算。在追诉期限以内又犯罪的，前罪追诉的期限从犯后罪之日起计算。这里的“连续或者继续状态”，与我们在行政处罚时效中讲到的含义是相同的，如非法拘禁罪、非法持有毒品罪、遗弃罪、重婚罪等都是比较典型的连续犯。

对于滥用职权罪、徇私枉法罪等渎职犯罪，2012年最高人民法院出台司法解释规定以危害结果为条件的渎职犯罪的追诉期限，从危害结果发生之日起计算，有多个危害后果的，以最后一个危害后果发生之日开始计算追诉时效。这是因为渎职犯罪的危害结果通常具有滞后性，有时甚至在渎职行为实施多年之后才发生或呈现出来，因而难以追究刑事责任，而等到危害结果发生或呈现出来后，又可能因渎职行为已过追诉期限不能追究刑事责任。

为了防止少数犯罪分子利用时效制度逃避法律制裁，刑法在规定时效的同时又规定了时效中断、延长制度，主要包括：

中断是指在追诉期限以内又犯罪的，前罪追诉的期限从后罪成立之日起计算。即在追诉期限以内又犯罪的，前罪的追诉时效便中断，其追诉时效从后罪成立之日起重新计算。后来所犯的罪既可以与前罪是相同罪名，也可以是不同罪名，既可以是故意犯罪，也可以是过失犯罪。

延长有两种情况，一是在检察院、公安机关、国家安全机关立案侦查或者在人民法院受理案件以后，逃避侦查或者审判的，不受追诉期限的限制。二是被害人在追诉期限内提出控告，法院、检察院、公安机关应当立案而不予立案的，不受追诉期限的限制，这是针对侮辱诽谤罪、虐待罪、侵占罪、重婚罪等自诉刑事案件做出的规定。

劳动仲裁的时效

2008年5月1日起施行的《劳动争议调解仲裁法》对劳动争议申请仲裁的时效进行了规定，劳动仲裁的时效期间为1年。仲裁时效期间从当事人知道或者应当知道其权利被侵害之日起计算。该时效可中止或中断，即符合中止或者中断的情形时，即便过了1年时间仍可以申请仲裁。

仲裁时效因当事人一方向对方当事人主张权利，或者向有关部门请求权利救济，或者对方当事人同意履行义务而中断。从中断时起，仲裁时效期间重新计算。

因不可抗力或者有其他正当理由，当事人不能在1年仲裁时效期间申请仲裁的，仲裁时效中止。从中止时效的原因消除之日起，仲裁时效期间继续计算。

劳动关系存续期间因拖欠劳动报酬发生争议的，劳动者申请仲裁不受1年仲裁时效期间的限制；但是，劳动关系终止的，应当自劳动关系终止之日起1年内提出。不过劳动关系解除或者终止后产生的支付工资、经济补偿金、福利待遇等争议，劳动者能够证明用人单位承诺支付的时间为解除或者终止劳动关系后的具体日期的，用人单位承诺支付之日为劳动争议发生之日，此时就可以从用人单位承诺支付之日起计算1年的时效。

如果超过时效，劳动争议仲裁委员会做出因超过劳动争议申诉时效不予受理的决定书，法院也会以超过法律规定的申诉期限为由驳回原告的诉讼请求。

诉讼成本大起底：打官司牵涉的基本费用

古代人常说：“衙门八字朝南开，有理无钱莫进来”，还有一句古话叫作“饿死不做贼，屈死不告状”。在旧社会，富人有钱没理丢银子，穷人有理没钱挨板子，所以老百姓都有“恐诉”“厌诉”的心理，也就是怕打官司。

如今时代不同了，法治在不断进步，可是很多人还是怕打官司，因为打官司毕竟不是什么好事，费钱、费时、费心、费力，一场官司下来，不管原告被告，都会搞得筋疲力尽、焦头烂额。尤其是打官司的花费更是惊人，一场官司下来花上万元钱很常见，官司双方不光打官司还要比拼财力，用一句文绉绉的话讲，这叫“维权成本高”，有些官司虽然打赢了却收不回成本，“赢了官司输了钱”，为了一锭银子花费一锭金子的事情很常见。可以说，“打官司难”已经和“看病难”“上学难”一起成为老百姓担忧的难事之一，法律越来越成为一种“奢侈品”。难怪有人会发狠话：“我就是倾家荡产，也要和你打官司！”

维权成本中，除了个人实际花费的复印费、交通费、住宿费、餐饮费、误工费等外，诉讼费和律师费是其中最重要的两个支出。这些都是有形的、可以实际计算出来的成本，而诸如吃饭、喝茶、唱歌、请客、送礼等支出却是无形的，无法计算的，这部分成本也是老百姓最怕的成本。但是，这部分成本终归属于“隐性支出”，没有法律依据和出处，无从计算。下面就介绍一下诉讼费和律师费这两项纸面上的，也是最重要的诉讼成本，好使准备打官司的人在进法院之前先算一算经济账，看看官司是不是值得打。

诉讼费用

诉讼费是向法院交纳的费用。具体而言，诉讼费用是当事人向人民法院提起民事诉讼、行政诉讼时，依照法律规定向人民法院交付的费用，包括案件受理费、申请费以及其他费用三种。

一场官司下来，从立案、开庭、判决、执行等一系列程序，法定总计时间短则数月，长则经年，即便使用简易程序，最短也得持续数十天。时间上的花费倒是其次，每次到法院办事，也势必会产生诉讼费、误工费、交通费等支出，如果聘请律师成本会更高，有些标的额较高的，甚至要交几万元的诉讼费。再碰上执行难，最后的结局很可能是用钱换来一张“一文不值”的判决书。想打官司的不敢打，敢打的打不起，打得起的打不赢，打赢了执行不了也没用。有时候不是老百姓不愿意拿起法律武器维护自己的权利，而是没钱、没门路打官司。

对诉讼案件征收一定的费用是国际通例，国家之所以规定打官司要交钱也是出于经济角度的考虑，法院收取诉讼费用可以减少国家开支，同时防止滥诉，避免司法资源的浪费。

问题关键在于收取多少费用才是合理的，过高的诉讼收费有可能将无力承担诉讼成本的老百姓阻挡于法院门外，无法得到法院的救济。我们国家诉讼费用交纳的依据是2007年4月1日起开始施行的《诉讼费用交纳办法》。这个办法最大的亮点就是诉讼费全面下调，比如财产案件收费比例的起点大幅降低由4%下调为2.5%；将以往劳动纠纷案件按件收费及财产数额加收费用的做法，统一改为劳动纠纷案件只收取10元的案件受理费，不再加收财产数额比例费

等，从而让“有理没钱”的人打得起官司。

（一）案件受理费

案件一审和二审都应当分别缴纳案件受理费，再审案件除以下两种情况外，则不用缴纳案件受理费：一是当事人有新的证据，足以推翻原判决、裁定，向人民法院申请再审；二是当事人对人民法院第一审判决或者裁定未提出上诉，第一审判决、裁定或者调解书发生法律效力后又申请再审。

案件受理费原则上是财产类案件按照诉讼标的额的比例收取，非财产类案件按件收取（具体标准见表2《案件受理费标准计算表》）。当事人在诉讼中变更诉讼请求数额，需要根据增加和减少的数额“多退少补”。以调解方式结案或者当事人申请撤诉的，以及适用简易程序审理的案件，均减半交纳案件受理费。

表2 案件受理费标准计算表

案件类型	缴纳标准			备注
财产案件	标的额（万元）	比率（%）	速算数（元）	计算公式：诉讼费＝标的额×比率＋速算数
	≤1	0	＋50	
	1～10（含）	2.5	－200	
	10～20（含）	2	＋300	
	20～50（含）	1.5	＋1300	
	50～100（含）	1	＋3800	
	100～200（含）	0.9	＋4800	
	200～500（含）	0.8	＋6800	
	500～1000（含）	0.7	＋11800	
	1000～2000（含）	0.6	＋21800	
	＞2000	0.5	＋41800	

<table>
<tr><th colspan="2">案件类型</th><th>缴纳标准</th><th>备注</th></tr>
<tr><td rowspan="3">非财产案件</td><td>离婚案件</td><td>50～300元／件，涉及财产分割，财产总额不超过20万元的，不另行交纳；超过20万元的部分，按照0.5%交纳。</td><td></td></tr>
<tr><td>侵害姓名权、名称权、肖像权、名誉权、荣誉权及其他人格权案件</td><td>100～500元／件，涉及损害赔偿，赔偿金额不超过5万元的，不另行交纳；超过5万元至10万元的部分，按照1%交纳；超过10万元的部分，按照0.5%交纳。</td><td></td></tr>
<tr><td>其他非财产案件</td><td>50～100元／件</td><td></td></tr>
<tr><td colspan="2">劳动争议案件</td><td>10元／件</td><td></td></tr>
<tr><td colspan="2">知识产权民事案件</td><td>没有争议金额或者价额的，500～1000元／件；有争议金额或者价额的，按照财产案件的标准交纳。</td><td></td></tr>
<tr><td rowspan="2">行政案件</td><td>商标、专利、海事行政案件</td><td>100元／件</td><td></td></tr>
<tr><td>其他行政案件</td><td>50元／件</td><td></td></tr>
<tr><td colspan="2">管辖权异议案件</td><td>异议不成立的，80元／件</td><td></td></tr>
</table>

案件受理费由原告、有独立请求权的第三人和上诉人预交。原告自接到人民法院交纳诉讼费用通知次日起7天内交纳案件受理费，一般法院附近都有指定的银行可以缴纳费用。被告提起反诉，由被告自提起反诉次日起7日内交纳案件受理费。上诉案件的受理费由上诉人向人民法院提交上诉状时预交。双方当事人都提起上诉的，分别预交。当事人逾期未交纳又不提出缓交申请的，法院将按照当事人自动撤诉处理。

从某种意义上讲，诉讼费又带有制裁性质。因为诉讼是由于违反法律规

定，不履行义务或侵害他人利益的一方引发的，由其负担诉讼费用实际上是对他的一种惩罚，从经济角度讲是合理的。因此，案件受理费一般由败诉方负担，但胜诉方自愿承担的除外。如果是部分胜诉、部分败诉的案件，法院可以根据案件的具体情况决定当事人各自负担的诉讼费用数额。经法院调解达成协议的案件，以及离婚案件的诉讼费用的负担由双方当事人协商解决，协商不成的，再由法院决定。原告或者上诉人申请撤诉，人民法院裁定准许的，案件受理费由原告或者上诉人负担。

实践中，由于一些当事人利用某些案件受理费用较低的规定滥用诉权，“一元钱”官司经常见诸报端，甚至一些人恶意诉讼，浪费国家司法资源。比如法律规定每件10元的劳动案件受理费，主要是考虑到劳动争议案件往往涉及劳动者被单位开除，扣发、停发或者拖欠工资等，涉案劳动者通常生活上不富裕。但是，正是由于较低的受理费对败诉方的惩罚功能不足，一些用人单位为了拖延承担责任的时间，打完一审又打二审，不仅导致整个诉讼周期延长，还导致了二审案件数量上的增加，浪费了审判资源。

此外，还有不少上诉人利用诉讼程序规则恶意行使上诉权，尤其是一些一审的败诉人由于输了官司心里不舒服，明知上诉胜诉概率，仍然要求上诉。但是在受到法院《非税缴费通知书》后故意不按规定期限交纳上诉费拖延时间，延缓判决的执行。

（二）申请费

申请费往往是许多人在打官司是容易忽略的一项费用。当事人向法院申请一些事项，应当交纳申请费，因为法院毕竟不是公益机构，处理当事人的申请事项时需要付出一定的成本。下面是当事人需要交纳申请费的事项：①申请执行法院发生法律效力的判决、裁定、调解书，仲裁机构依法做出的裁决和调解书，公证机构依法赋予强制执行效力的债权文书；②申请保全措施；③申请支付令；④申请公示催告；⑤申请撤销仲裁裁决或者认定仲裁协议效力；⑥申请破产；⑦申请海事强制令、共同海损理算、设立海事赔偿责任限制基金、海事债权登记、船舶优先权催告；⑧申请承认和执行外国法院判决、裁定和国外仲裁机构裁决。

申请费的收取原则和案件受理费基本相同，涉及财产的，按照执行额的一定比例收取，其他申请按件收取。具体标准见表3《申请费标准计算表》。

申请费的负担方法有以下几种：①由被执行人负担。申请执行法院发生法律效力的判决、裁定、调解书，仲裁机构依法作出的裁决和调解书，公证机构依法赋予强制执行效力的债权文书的，申请费由被执行人负担。②双方协商负担。在执行中当事人达成和解协议的，申请费的负担由双方当事人协商解决；协商不成的，由法院决定。③申请人负担：申请保全的申请费由申请人负担。④法院决定：申请撤销仲裁裁决或者认定仲裁协议效力申请费，由法院决定申请费的负担。

表3 申请费标准计算表

案件类型		缴纳标准			备注
申请执行	无执行金额或者价额	50～500元／件			
	有执行金额或价额	执行额（万元）	比率（%）	速算数（元）	不由申请人预交，执行后交纳
		≤1	0	＋50	
		1～50（含）	1.5	－100	
		50～500（含）	1	＋2400	
		500～1000（含）	0.5	＋27400	
		＞1000	0.1	＋67400	
申请保全措施		保全额（元）	比率（%）	速算数（元）	最多不超过5000元
		≤1000	0	＋30	
		1000～100000（含）	1	＋20	
		＞100000	0.5	＋520	
申请支付令		比照财产案件受理费标准的1/3交纳			
申请公示催告		100元／件			
申请撤销仲裁裁决或者认定仲裁协议效力		400元／件			

案件类型	缴纳标准	备注
破产案件	依据破产财产总额计算，按照财产案件受理费标准减半交纳	最高不超过30万元，清算后交纳
海事案件	1．申请设立海事赔偿责任限制基金的，每件交纳1000元至1万元； 2．申请海事强制令的，每件交纳1000元至5000元； 3．申请船舶优先权催告的，每件交纳1000元至5000元； 4．申请海事债权登记的，每件交纳1000元； 5．申请共同海损理算的，每件交纳1000元。	

（三）其他费用

1．出庭费

即证人、鉴定人、翻译人员、理算人员在法院指定日期出庭发生的交通费、住宿费、生活费和误工补贴。一般而言，出庭费由申请出庭作证、鉴定等事项的当事人预先支付，由败诉方负担，法院代为收取。至于出庭费的标准，一些地方已经做出了规定，比如青海省鉴定人出庭作证误工补贴标准为每天或每次100至150元；浙江省鉴定人出庭费标准是本地每人每次500元，外地的700元；福建省鉴定人的出庭费用标准是一般人员100元，副高级人员150元，正高级人员200元。

2．复印费

即当事人复制案件卷宗材料和法律文书向法院交纳的工本费。大家不要小看了复印费，对于普通老百姓而言这可能会是一大笔支出。比如2013年有律师爆料“近万页卷宗在法院复印每页3元，当事人仅此一项向法院付29000余元”。可是一些材料只能在法院复印，“只此一家，别无分店”，当事人明知被“宰”，也得把脖子伸出去让人家砍，承受那“天价复印费”。

3．其他费用

诉讼过程中因鉴定、公告、勘验、翻译、评估、拍卖、变卖、仓储、保管、运输、船舶监管等发生的依法应当由当事人负担的费用，法院根据谁主张、谁负担的原则，决定由当事人直接支付给有关机构或者单位，而非统一由败诉方负担，法院也不得代收代付。

法院依照民事诉讼法的规定提供当地民族通用语言、文字翻译的，不得向当事人收取费用。

（四）诉讼费用的缓、减、免

当事人交纳诉讼费用确有困难的，可以向法院申请缓交、减交或者免交诉讼费用，这被称为司法救助。但需要注意的是，诉讼费用的免交只适用于自然人，不适用于公司、事业单位等组织。法院准予减交诉讼费用的，减交比例不得低于30%。

人民法院对一方当事人提供司法救助，对方当事人败诉的，诉讼费用由对方当事人负担；对方当事人胜诉的，可以视申请司法救助的当事人的经济状况决定其减交、免交诉讼费用。

可以免交诉讼费用的情况：①残疾人无固定生活来源的；②追索赡养费、扶养费、抚育费、抚恤金的；③最低生活保障对象、农村特困定期救济对象、农村五保供养对象或者领取失业保险金人员，无其他收入的；④因见义勇为或者为保护社会公共利益致使自身合法权益受到损害，本人或者其近亲属请求赔偿或者补偿的。

可以减交诉讼费用的情况：①因自然灾害等不可抗力造成生活困难，正在接受社会救济，或者家庭生产经营难以为继的；②属于国家规定的优抚、安置对象的；③社会福利机构和救助管理站。

可以缓交诉讼费用的情况：①追索社会保险金、经济补偿金的；②海上事故、交通事故、医疗事故、工伤事故、产品质量事故或者其他人身伤害事故的受害人请求赔偿的；③正在接受有关部门法律援助的。

律师费

在很多老百姓的心目中，法律文件纷繁复杂，法律程序繁多，法律用语拗口难懂。从这个角度讲，法律是一门“技术”，律师也如同医生、会计一样是一个技术工种。而且，根据法律规定，律师参加诉讼活动可以享有一般人不能享有的权利，比如收集查阅与案件有关的材料，与被限制人身自由的犯罪嫌疑人、被告人会见和通信等等，这些权利可以让律师更加便利、有效地维护委托人的利益。精通法律的律师作为代理人替人打官司，省去了当事人好多时间和精力，有需求就有市场，这也正是律师能够存在的原因。但是，现在老百姓普遍反映律师费贵，请不起律师。那么律师费究竟怎么收？究竟高不高呢？

（一）按哪种方式支付律师费最划算？

律师收费一般分为咨询和打官司两种。咨询分为两类，一类是一般意义上的咨询，比如碰见法律问题找个律师问问，一般律师收几百块钱；另一类是法律顾问类的咨询，也就是非诉案件，比如公司上市、企业并购、改制等等，这类费用法律并没有给出指导价格，由双方协商，一般也涉及不到普通老百姓。

让老百姓感觉收费高的是往往是打官司的收费，也就是诉讼类收费，具体收费方式一般采取计件收费、按标的额比例收费和计时收费等方式。计件收费一般适用于不涉及财产关系的案件，比如不涉及财产分割的离婚案件等；按标的额比例收费适用于涉及财产关系的法律事务；计时收费是律师根据服务时间的长短收取费用，与涉案金额没有直接关系，可以避免因为标的金额巨大而付出巨额律师费的情况。计时收费虽然目前已经被越来越多的律所和当事人采用，但与国外相比我们国家律师计时收费的方式还比较落后，委托人往往担心律师的时间无法准确计算，律师会为了多收费而故意延误时间，因而多不愿意采用这种方式。

此外，还有一种方式大家都比较熟悉——风险代理。风险代理有很多种说法，比如“打赢官司再收费费”“不成功不收费”“不成功退还律师费”等等。简单说就是当事人先不支付律师费或只支付很少数额的律师费，双方在合同中约定一个比例，等律师成功办理了委托人的委托事项后，再根据完成情况、当事人的收益情况收取约定比例的律师费。风险代理的好处就在于客户的利益和律师的利益是一致的，当事人不用担心律师不尽力的问题。所以风险代理往往适用于一些大额的合同纠纷以及比较棘手的案件，说白了当事人就是去“赌一把”，官司赢了更好，不赢也不用支付太多的律师费。风险代理的收费比例一般在10%~30%，但是根据规定最高不能超过合同标的额的30%，其中法院的诉讼费、申请费等费用仍由当事人承担。

需要注意的是，根据规定，有几类案子不能实行风险代理：①刑事诉讼案件、行政诉讼案件、国家赔偿案件以及群体性诉讼案件；②婚姻、继承案件；③请求给予社会保险待遇或者最低生活保障待遇的案件；④请求给付赡养费、抚养费、扶养费、抚恤金、救济金、工伤赔偿的案件；⑤请求支付劳动报酬的案件。

其实，风险代理对律师而言也是存在风险的，有时即使赢了官司，但是客户却拒绝支付之前约定好的律师费，有的律师抱怨“耗尽心力了，客户却跑了”。事后当事人往往认为风险代理的律师费远高于政府指导价，因此不认账，导致双方对簿公堂，再次发生诉讼。当事人怀疑律师没办事，律师怕当事人事后不认账，双方陷入了恶性循环。

（二）明明白白付费

目前我国的律师事务所基本上都是自主经营、自负盈亏的合伙制和合作制。律师费是律师付出智力劳动得到的酬金，律师就是靠出卖自己的“知识”生存，所以在市场经济条件下，想请律师帮你挽回损失，自然也应付出一定的费用。律师也是人，也需要挣钱才能生存。这是天经地义、无可厚非的事情。而且，律师需要具备执业资格，国家司法考试的门槛比较高，不是每个人都可

以通过的。一个人通过司法考试然后进行实习最终拿到律师执业资格，往往需要数年的时间，而且花费不菲。因此，这个群体走上工作岗位担任律师之后自然要求自己的工资水平高于社会平均的工资水平。所以，老百姓对于律师的收费一定要有正确的认识。

媒体上也经常报道天价律师费的事情，更是加深了老百姓对律师的负面印象。一说到律师，很多人都会说其“收入高”、“挣钱多”之类的，其实律师行业两极分化的现象也很严重，即“富得富死，穷得穷死”，80%的律师案源不足，仍在为填饱肚子而发愁，尤其是年轻的律师这种情况更为严重。

2006年国家发改委、司法部制定的《律师服务收费管理办法》明确规定律师提供法律服务实行政府指导价，而且各个地方都结合自身的经济发展制定了具体的指导价格（以北京市政府指导价为例，参见表4）。大家有需要的时候，可以随时关注北京市司法局网站的信息。

表4 北京市律师诉讼代理服务收费政府指导价

收费项目	收费标准
刑事案件	一、刑事案件收费按照各办案阶段分别计件确定收费标准。 1．侦查阶段，每件收费2000～10000元。 2．审查起诉阶段，每件收费2000～10000元。 3．一审阶段，每件收费4000～30000元。 4．上述收费标准下浮不限。
刑事案件	二、二审、死刑复核、再审、申诉案件以及刑事自诉案件按照一审阶段的收费标准收取律师服务费。 三、一个律师事务所代理一个案件的多个阶段，自第二阶段起酌减收费。 四、被害人提起刑事附带民事诉讼案件的，按照民事诉讼案件收费标准收取律师服务费。 五、犯罪嫌疑人、被告人同时涉及几个罪名或者数起犯罪事实的，可按照所涉罪名或犯罪事实分别计件收取。

<table>
<tr><th>收费项目</th><th>收费标准</th></tr>
<tr><td>民事案件</td><td>一、民事诉讼案件按审判阶段确定收费标准。
1．计件收费标准
每件收费3000～10000元。
2．按标的额比例收费标准
10万元以下（含10万元），10%（最低收费3000元）；
10万元至100万元（含100万元），6%；
100万元至1000万元（含1000万元），4%；
1000万元以上，2%。
按当事人争议标的额差额累进计费。
3．上述收费标准下浮不限
二、实行风险代理收费，最高收费金额不得高于与委托人约定的财产利益的30%。
三、再审、申诉案件分别按照一个审判阶段确定的收费方式和收费标准收取律师服务费。
四、一个律师事务所代理一个案件的多个阶段，自第二阶段起酌减收费。</td></tr>
<tr><td>行政诉讼案件和国家赔偿案件</td><td>一、行政诉讼案件和国家赔偿案件以每个审判阶段计件确定收费标准。
二、计件收费标准为每件3000～10000元。下浮不限。
三、涉及财产关系的，可比照民事诉讼案件按标的额比例收费标准执行。</td></tr>
<tr><td>计时收费</td><td>100～3000元/有效工作小时。下浮不限。</td></tr>
<tr><td>特殊案件</td><td>下列案件经律师事务所与委托人协商一致，按照不高于规定收费标准的5倍收费，协商不成的，执行规定的收费标准：
（一）案件法律关系复杂，律师办案时间明显多于同类案件的；
（二）案件涉及疑难专业问题，对律师专业水平要求明显高于同类案件的；
（三）重大涉外案件及有重大社会影响的案件。
诉讼标的额不超过10万元（含10万元）的民事案件，给予社会保险或者最低生活保障待遇的案件，请求给付赡养费、抚养费、扶养费、抚恤金、救济金、工伤赔偿的案件，请求支付劳动报酬的案件，以及风险代理案件、计时收费案件不适用前款规定。</td></tr>
</table>

注：以上内容摘自北京市司法局网站

找律师和买东西有一些类似的地方，每一个当事人都想找一个“物美价廉”的律师，既要能力强，又要收费低。但是，找律师又不完全像买东西，毕竟律师是一个人，他的责任心、水平、经验等主观因素都可能会影响案件的结果，因此好律师的价格自然不菲。以北京市为例，如果按照指导价格，一个刑事案件从侦查、起诉到开庭审理，一个完整的诉讼阶段下来，几万块钱就行了。但是实践中这个价格往往是不行的，一个知名律师能够以数十万元甚至百万元代理刑事案件。所以，如果案情简单明了，只是想找个律师履行诉讼程序，找几个一般的律师比较一下价格即可；如果案情比较复杂，就需要考虑律师的专业能力，而不能只盯着律师费的高低了。

实际上，律师费最终还得靠律师和当事人去协商确定，因为不同地区、不同案情、不同的纠纷、当事人的不同要求都会影响律师的工作量，相应的律师费也会有高低。政府的指导价毕竟意在“指导”，约束效力很低，委托人和律师之间你情我愿，可以约定案件的律师费。

不过老百姓找律师往往有一些错误的观念，认为找律师就是找关系，律师主要是跑关系的，也常常以案件的胜诉和败诉作为评价律师好坏的标准。假如某家决定打官司，别人就会问“有人吗”？这里的“人”就是“关系”。有人甚至形象地比喻，两家打官司其实是两家的关系在打官司。没有关系，往往就会想着找律师，毕竟律师经常和法院打交道，“怎么着都应该和法院熟啊！”因此，一些人也愿意付出高额的律师费，希望通过这些钱买到律师背后的“关系”。委托人以为“拿人钱财，替人消灾”，既然给了律师钱，律师就要尽一切手段把案子办好，要胜诉。只要人被抓进了看守所，家属就会陷入了一个误区，觉得律师成了救星，认为请了律师，法院将来就能轻判或不判刑。他们都不懂：律师的能力也是有限的，打官司不是律师说了算，最后的判决结果是由法官来定夺的。而且，所谓的胜诉和败诉并没有一个明确的界限，如果一个人被检察院公诉要求判刑5～8年，最后通过律师努力判了6年刑期，你能够说案件败诉了吗？如果本身证据不充分却要求对方赔偿100万元，通过律师努力最后获得了10万元的赔偿，就可以说败诉了吗？所以，在打官司和聘请律师之前，对诉讼结果一定要抱有一颗平常心，通过与律师配合收集证据，确保自己利益最大化就达到了诉讼的目的，而不能仅仅盯着判决书中的判决金额。

当然，不可否认为了获得高额的律师费，一些“精明”的律师也往往会采取迂回战术，钻政府指导价规定的空子。比如指导价规定不包括法律顾问和咨询费用，因此有很大一部分律师费都采取顾问费、咨询费的名义，而非案件代理费；比如现在律师办案一般采用“包干”的方法，所以如果需要异地出差的，交通费、住宿费、长途电话费等由委托方承担，该笔费用就可以被人为地增加，一些超出指导价的律师费就可以计入全部包干费用里面；比如政府指导价中都会对“案件法律关系复杂”、“案件涉及疑难专业问题”以及“重大涉外案件及有重大社会影响的案件”等规定远高于一般指导价的收费标准，而这些案件具体包括哪些却没有规定，带有很大的弹性，因此就给一些律师规避带来了便利。

那么，如果当事人与律师因为律师费发生争议应该如何处理呢？首先，当事人可以与律师所在的律师事务所协商，一般律师事务所都有收费标准和财务制度，可以从中斡旋协商；如果协商不成，可以提请当地的律师协会调解处理；如果达不成和解，可以按照委托协议约定的处理方式，申请仲裁或者向法院提起诉讼。

（三）律师费应该由败诉方承担？

有一些原告认为律师费用应由败诉方被告负担。这个制度在国外是有明确规定的，但是我们国家却没有类似的规定。法律并没有强制要求当事人聘请律师代理诉讼，因此当事人应当根据自身的经济、知识等情况决定是否找律师。因为打官司而产生的律师费与对方当事人的违约、侵权等行为没有因果关系，一般法院也不会支持当事人要求对方负担律师费的请求。

但是，也有一些例外情况可以请求法院判决由败诉一方承担律师费：

一是双方自愿约定。如果双方当事人明确在合同中约定将律师费作为违约赔偿内容，这属于双方的自愿行为，法院会予以支持。但需要注意的是，在签订合同时，一定要明确写明“律师费”是违约赔偿内容之一，不要笼统写成“追究对方违约责任的支出”之类模糊不清的用语。

二是著作权、商标、专利等侵权案件以及不正当竞争案件中，律师费可以作

为“制止侵权行为所支付的合理开支”，作为赔偿的内容由侵权人承担。

三是法律援助案件中法律援助人员办理法律援助案件所需差旅费、文印费、交通费、通讯费、调查取证费等办案开支也可以由败诉方承担。

四是担保权纠纷案件中，律师费作为“实现债权的费用”由不履行义务的债务人承担。

五是人身损害赔偿、名誉权侵权、交通肇事案件中，律师费是受害人一方支出的费用，可以作为己方的损失请求法院由侵权人承担。

（四）怎样获得法律援助？

法律援助是由政府设立的法律援助中心提供律师，为经济困难或特殊案件的人免费提供法律服务。2003年我们国家制定了《法律援助条例》，规定了哪些情况下当事人可以申请获得法律援助。法律援助是政府的责任，通俗讲，法律援助就是帮助穷人打官司，让弱势群体不因为贫穷而失去法律救济的机会。

根据《法律援助条例》的规定：对下列需要代理的事项，老百姓因经济困难没有能力请律师的，可以向当地法律援助中心申请法律援助：①依法请求国家赔偿的；②请求给予社会保险待遇或者最低生活保障待遇的；③请求发给抚恤金、救济金的；④请求给付赡养费、抚养费、扶养费的；⑤请求支付劳动报酬的；⑥主张因见义勇为行为产生的民事权益的。

在刑事诉讼中，如果遇到以下情况，也可以申请法律援助：①犯罪嫌疑人在被侦查机关第一次讯问后或者采取强制措施之日起，因经济困难没有聘请律师的；②公诉案件中的被害人及其法定代理人或者近亲属，自案件移送审查起诉之日起，因经济困难没有委托诉讼代理人的；③自诉案件的自诉人及其法定代理人，自案件被人民法院受理之日起，因经济困难没有委托诉讼代理人的。

此外，公诉人出庭公诉的案件，被告人因经济困难或者其他原因没有委托律师作为辩护人，人民法院为被告人指定辩护时，法律援助中心应当提供法律援助。被告人是盲、聋、哑人或者未成年人而没有委托辩护人的，或者被告人可能被判处死刑而没有委托辩护人的，人民法院为被告人指定辩护时，法律援助机构应当提供法律援助，无须对被告人进行经济状况的审查。

附录：本书引用的法律文件汇总

一、民商事法律文件

1．婚姻法

2．继承法

3．物权法

4．侵权责任法

5．担保法

6．合同法

7．公司法

8．合伙企业法

9．个人独资企业法

10．专利法

11．商标法

12．著作权法

13．民法通则

14．最高人民法院关于贯彻执行《中华人民共和国民法通则》若干问题的意见（试行）

15．最高人民法院关于贯彻执行《继承法》若干问题的意见

16．最高人民法院关于适用《中华人民共和国婚姻法》若干问题的解释（二）

17．最高人民法院关于适用《中华人民共和国婚姻法》若干问题的解释（三）

18．最高人民法院关于人民法院审理离婚案件处理子女抚养问题的若干具

体意见

19. 最高人民法院关于审理人身损害赔偿案件适用法律若干问题的解释

20. 最高人民法院关于审理食品药品纠纷案件适用法律若干问题的规定

21. 最高人民法院关于确定民事侵权精神损害赔偿责任若干问题的解释

22. 最高人民法院关于审理民事案件适用诉讼时效制度若干问题的规定

23. 最高人民法院关于审理不正当竞争民事案件应用法律若干问题的解释

24. 北京市高级人民法院关于审理人身伤害赔偿案件若干问题的处理意见

25. 山东省高级人民法院关于审理人身损害赔偿案件若干问题的意见

26. 福建省高级人民法院关于审理人身损害赔偿案件若干问题的意见

27. 河南省高级人民法院关于当前民事审判若干问题的指导意见

28. 安徽省高级人民法院审理人身损害案件若干问题的指导意见

29. 云南省高级人民法院关于审理人身损害赔偿案件若干问题的会议纪要

30. 四川省高级人民法院贯彻执行最高人民法院《关于确定民事侵权精神损害赔偿责任若干问题的解释》的意见

31. 广东省关于在国家赔偿工作中适用精神损害抚慰金若干问题的座谈会纪要

二、刑事法律文件

1. 刑法

2. 最高人民法院关于办理侵犯知识产权刑事案件具体应用法律若干问题的解释

3. 最高人民法院关于审理未成年人刑事案件具体应用法律若干问题的解释

4. 最高人民法院关于适用刑法第十二条几个问题的解释

三、宪法、行政法律文件

1. 宪法

2. 行政处罚法

3. 治安管理处罚法

4．国家赔偿法

5．行政复议法

6．税收征收管理法

7．行政复议法实施条例

8．公司登记管理条例

9．企业法人法定代表人登记管理规定

10．个体工商户名称登记管理办法

11．关于禁止侵犯商业秘密行为的若干规定

12．工商行政管理机关行政处罚程序规定

13．最高人民法院关于执行《中华人民共和国行政诉讼法》若干问题的解释

14．广东省关于在国家赔偿工作中适用精神损害抚慰金若干问题的座谈会纪要

15．全国人大常委会法工委对关于违反规划许可、工程建设强制性标准建设、设计违法行为追诉时效有关问题的意见

四、诉讼法律文件

1．民事诉讼法

2．刑事诉讼法

3．行政诉讼法

4．诉讼费用交纳办法

5．最高人民法院关于适用《中华人民共和国刑事诉讼法》的解释

6．最高人民法院关于适用《中华人民共和国民事诉讼法》执行程序若干问题的解释

7．最高人民法院关于人民法院是否受理刑事案件被害人提起精神损害赔偿民事诉讼问题的批复

五、劳动法律文件

1．劳动法

2．劳动合同法
3．劳动争议调解仲裁法
4．未成年工特殊保护规定
5．禁止使用童工规定
6．女职工劳动保护特别规定
7．最高人民法院关于审理劳动争议案件适用法律若干问题的解释（二）
8．劳动部关于贯彻执行《中华人民共和国劳动法》若干问题的意见
9．违反《劳动法》有关劳动合同规定的赔偿办法
10．原劳动保障部关于劳动争议案中涉及商业秘密侵权问题的复函
11．江苏省劳动合同条例

六、其他法律文件

1．未成年人保护法
2．预防未成年人犯罪法
3．老年人权益保障法
4．妇女权益保障法
5．野生动物保护法
6．消费者权益保护法
7．动物检疫法
8．食品安全法
9．环境保护法
10．反不正当竞争法
11．产品质量法
12．广告法
13．公证法
14．保守国家秘密法
15．陆地野生动物保护实施条例
16．法律援助条例

17. 全国人大常委关于维护互联网安全的决定

18. 公证服务收费管理办法

19. 关于调整公证服务收费标准的通知

20. 最高人民法院关于当事人对具有强制执行效力的公证债权文书的内容有争议提起诉讼人民法院是否受理问题的批复

21. 司法部、中国银行业监督管理委员会关于在办理继承公证过程中查询被继承人名下存款等事宜的通知

22. 司法部、建设部关于房产登记管理中加强公证的联合通知

23. 司法部关于公证处办理居民身份证复印件与原件相符公证的批复

24. 安徽省陆生野生动物造成人身伤害和财产损失补偿办法

25. 北京市重点保护陆生野生动物造成损失补偿办法

26. 上海市实施《中华人民共和国妇女权益保障法》办法

27. 江苏省实施《中华人民共和国妇女权益保障法》办法

28. 广东省实施《中华人民共和国妇女权益保障法》办法

29. 北京市实施《中华人民共和国妇女权益保障法》办法

30. 浙江省技术秘密保护办法

31. 深圳经济特区企业技术秘密保护条例

32. 宁波市企业技术秘密保护条例